「わたし」を知るための月星座・月相占い

絹華

池田書店

月、それは私たちの住む地球の
まわりを公転する、ただ一つの星。
強い光を放つ太陽の裏で、
ひっそりと輝く美しい月は
古くから私たちを見守り、
休息や回復を促し、
生活や文化、果ては動植物の成長に
深い影響を与え続けてきました。

満月の夜には狼男が人から狼に変身し、
ヴァンパイアは不死に近づく。
かつての人々が綴った神話や伝承の中でも、
月はミステリアスで不思議な力を持つ
星として語られています。

そんな底知れぬ神秘さを持つ
「月」の魅力をひもといていきましょう。

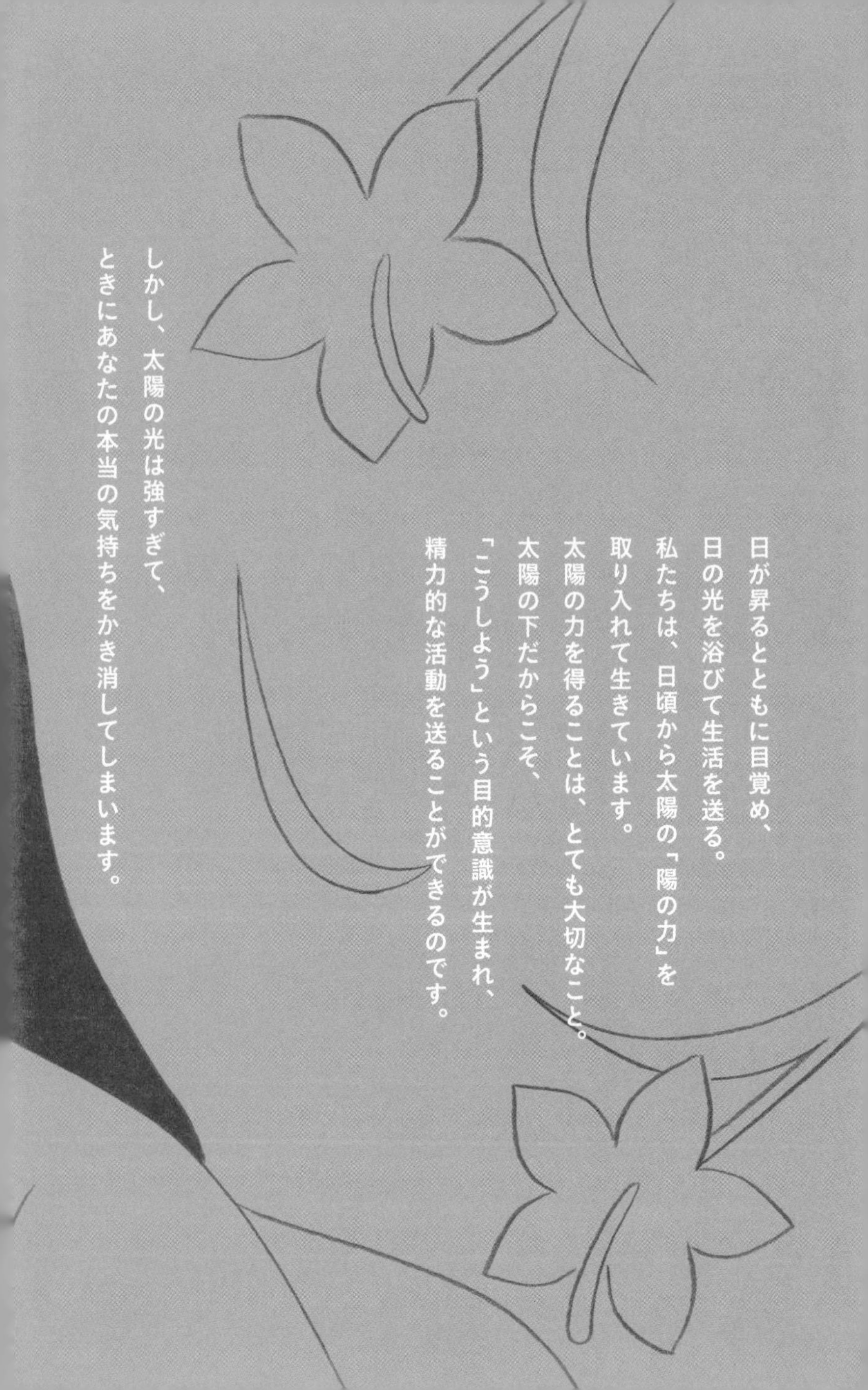

日が昇るとともに目覚め、
日の光を浴びて生活を送る。
私たちは、日頃から太陽の「陽の力」を
取り入れて生きています。
太陽の力を得ることは、とても大切なこと。
太陽の下だからこそ、
「こうしよう」という目的意識が生まれ、
精力的な活動を送ることができるのです。

しかし、太陽の光は強すぎて、
ときにあなたの本当の気持ちをかき消してしまいます。

一方、月は自ら光を放つことはできません。
月が輝いて見えるのは、
燦然と輝く太陽の光が月を照らしているから。
太陽と月は、陽と陰。
いわば表裏一体の存在です。
そのため、太陽の「陽」の力を取り入れたら、
月の「陰」の力も取り入れなくては
バランスをくずしてしまうのです。

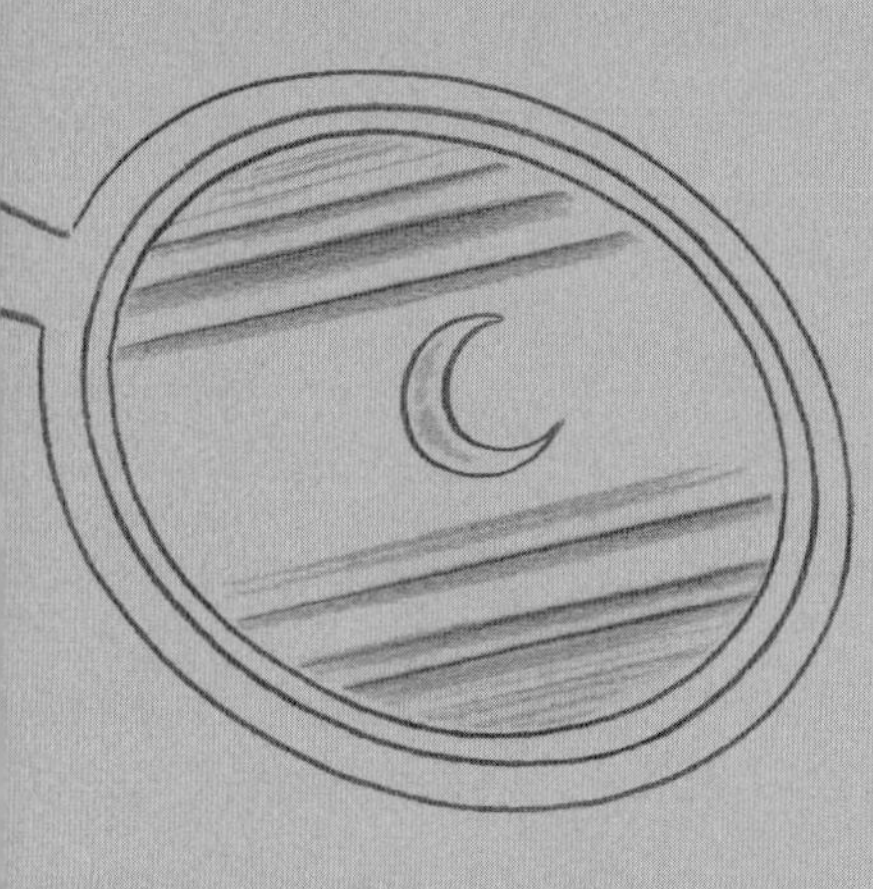

「本当の自分はこうじゃないのに」

そう思ったことはありませんか？

だれかと話していて、

「今の私、なんか違うな」と
違和感を抱いたことはありませんか？

自分の言動に違和感を
持つことが増えたなら、
月の持つ「陰」のパワーが
足りていないのかもしれません。
陰と陽、二つのパワーを等しく受け取ることで、
心と体のバランスが整うのです。

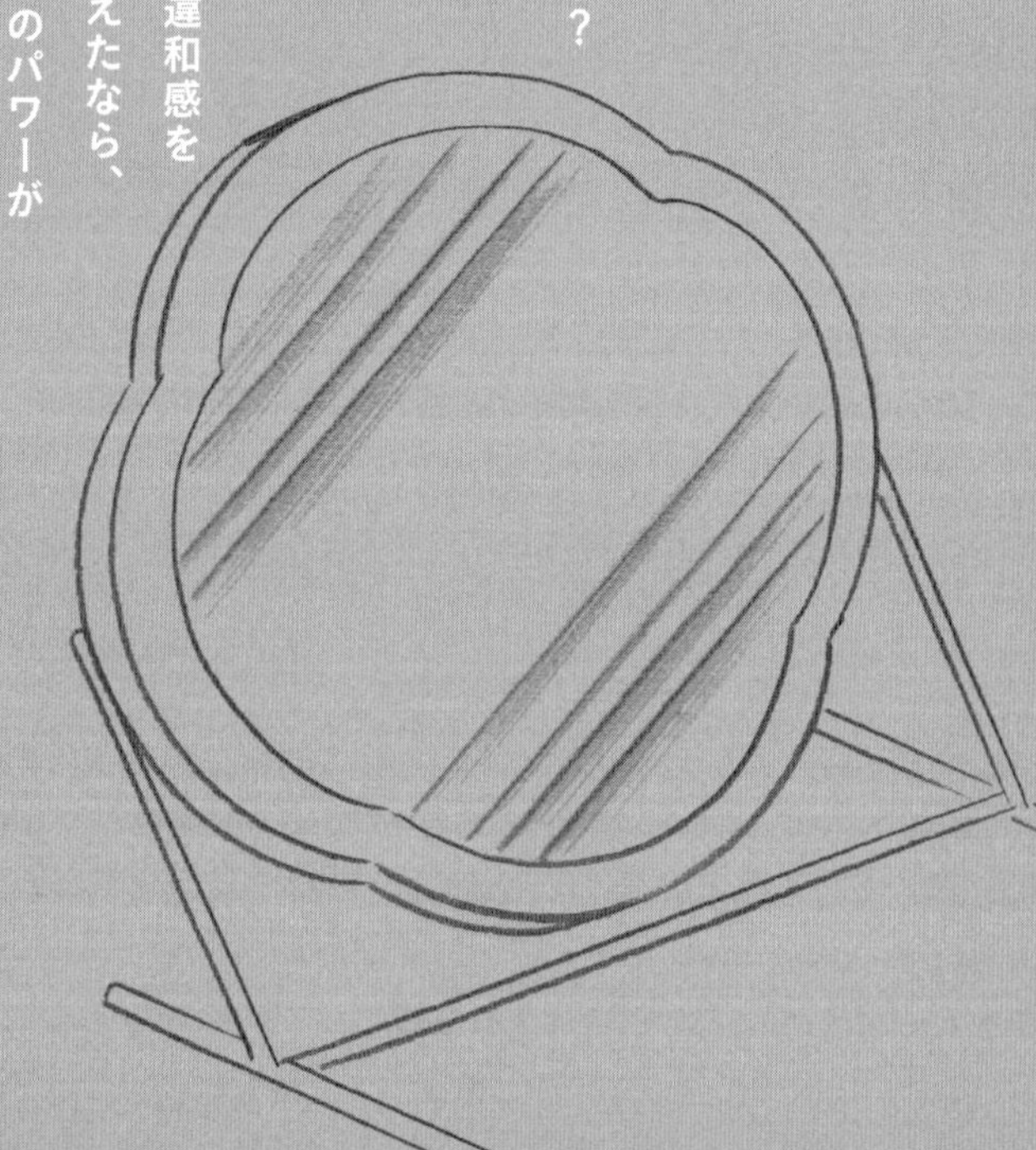

月は、あなたが心の奥に
しまっている感情や弱さ、
そして隠れた魅力を語りかけてくれます。
「なんとなくつらい」
「心がざわざわする」
そんなときは、ぜひ月に意識を
向けてみてください。

月の読み解き方はさまざまです。
生まれたときの月の位置から読み解く「月星座」は、
まわりの人に見せている表の自分の奥に隠れた
「秘めたる思い」を見つけてくれます。

地球から見える美しい月は、
太陽の光が当たっている部分だけを
映し出した姿です。
太陽によって照らされていない部分は
影になっていて見えず、
光と影の比率は
月の満ち欠けとともに変化します。

太陽に照らされ輝く光の部分と、影に隠れた闇の部分。
「月相」は、今この瞬間の太陽と月のバランスを表しています。
月相の変化に身を委ね、心の奥に目を向けてみると、
心身のバランスが整い、日々が過ごしやすくなるはずです。

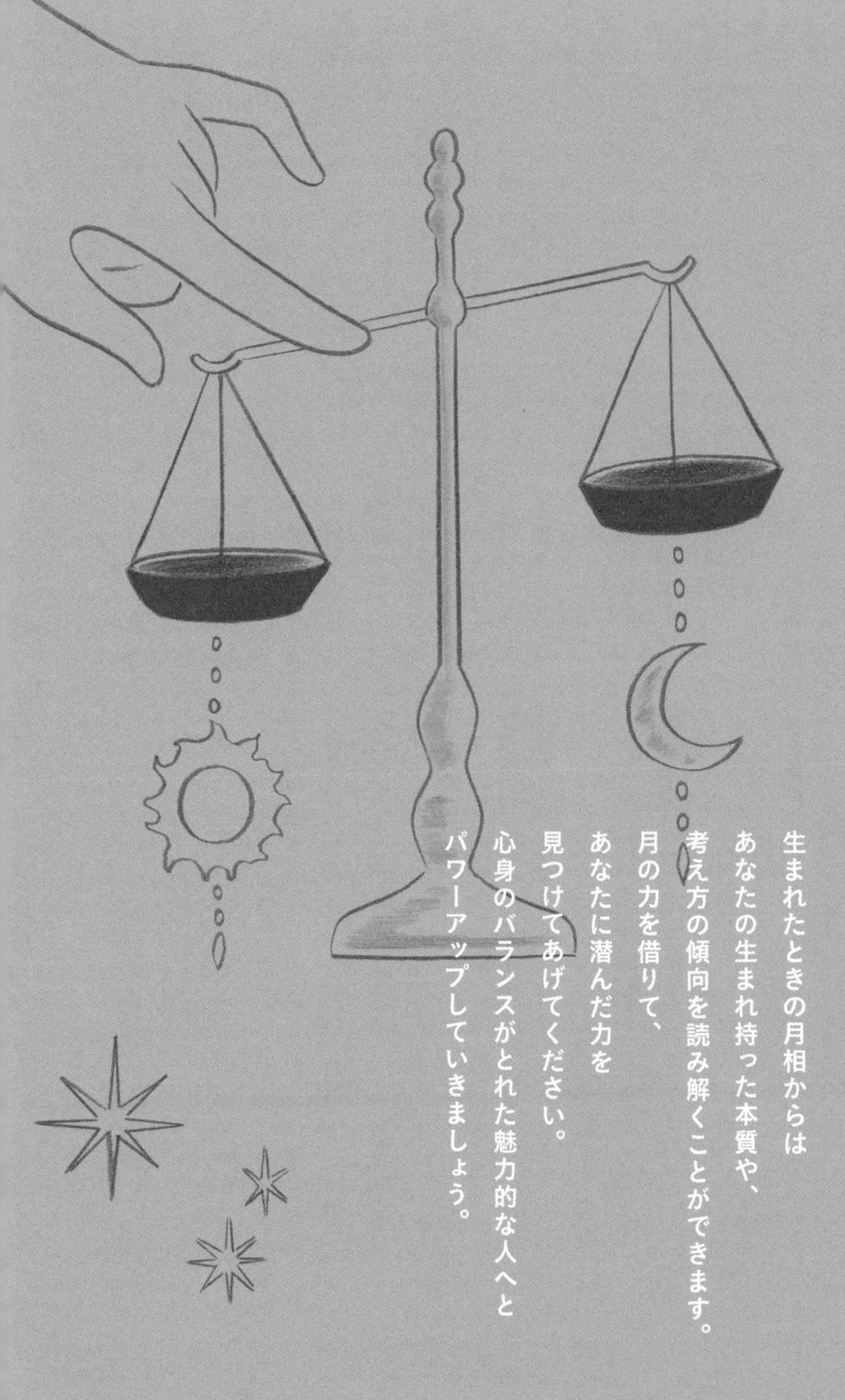

生まれたときの月相からは
あなたの生まれ持った本質や、
考え方の傾向を読み解くことができます。
月の力を借りて、
あなたに潜んだ力を
見つけてあげてください。
心身のバランスがとれた魅力的な人へと
パワーアップしていきましょう。

はじめに

朝になると太陽が昇って世界を暖かく明るく照らし、夜になると暗闇の中に浮かぶ月が煌々と輝きます。当たり前のように繰り返す光景を私たちは地球から見ていますが、そこには壮大で奥深い神秘が潜んでいます。

西洋占星術（星占い）では、太陽や月を始めとした10個の天体を使ったホロスコープという図表を用いて、それぞれのパーソナリティを読み解きます。占星術では太陽は「意識」を表すとても重要な天体ですが、それと合わせて読み解きたいのが「月」です。占星術で月は「無意識」を表します。

無意識、それは本能であり、素の自分です。つまり、月には太陽よりも「自分らしさ」が出やすいのです。ですから、月星座は、ときに太陽星座以上に重要なポジショニングであるといえます。

なんでもほしいものが手に入る便利な現代社会ですが、その一方で、心の悩みを抱える人も増えています。自分が何をしたいのかがわからない、人間関係を築くうえで悩んでしまう、先の見えづらい将来への不安を感じるなど……。ともすると、小さな闇に陥ることもあるかもしれません。しかし、自分や相手の本質や考え方がわかれば、少しずつ解決策は見えてくるはずです。

そのためにも、自分の「月」を知ることはとても有効です。「やっぱり私はこのままでいいんだ」「こうすればもっと無理せず生きられる」など、新たなうれしい発見があるかもしれません。

本書は月星座、月相という二つの側面から、隠れていた本当の自分を探し出すことができます。これまで気づかなかった魅力を発見、または再確認することで、あなたをさらに輝かせていただければと思います。

絹華

CONTENTS

はじめに …… 010
本書の使い方 …… 015
WEBページの使い方 …… 016

CHAPTER 1
月星座でみる
あなたの本質

月星座でわかること …… 018
月星座と太陽星座の違い …… 020
あなたの月星座は何? …… 022
牡羊座 ARIES …… 024
牡牛座 TAURUS …… 030

双子座 GEMINI …… 036
蟹座 CANCER …… 042
獅子座 LEO …… 048
乙女座 VIRGO …… 054
天秤座 LIBRA …… 060
蠍座 SCORPIO …… 066
射手座 SAGITTARIUS …… 072
山羊座 CAPRICORN …… 078
水瓶座 AQUARIUS …… 084
魚座 PISCES …… 090

COLUMN 01
エネルギーをチャージする
月光浴のすすめ …… 096

CHAPTER 2
月相が映しだす
あなたの魅力

月の満ち欠けのしくみ …… 098
月相でわかること …… 100
月相タイプの種類 …… 102
あなたの中にある月はどんな形？ …… 104
月相タイプの導き方の例1 …… 106
月相タイプの導き方の例2 …… 107

ニュームーン〈新月〉 …… 108
クレセントムーン〈三日月〉 …… 114
ファーストクォーター〈上弦の月〉 …… 120

ギバウスムーン（十三夜月）…… 126
フルムーン（満月）…… 132
ディセミネイティングムーン（種蒔き月）…… 138
サードクォーター（下弦の月）…… 144
バルサミックムーン（鎮静の月）…… 150
COLUMN 02 月の力が失われる ボイドタイム …… 156

CHAPTER 3 暮らしに月を活かす

月の4つの期間 …… 158
新月 …… 160
上弦の月（満ちてゆく月）…… 164
満月 …… 166
下弦の月（欠けてゆく月）…… 170
COLUMN 03 満月・新月が位置する星座からわかる生活のポイント …… 172
COLUMN 04 恋と月の満ち欠けの関係 …… 176
月の運行表 …… 177

✳本書の使い方

＼用意するもの／

☑ 自分の生年月日

☑ 出生時刻 ※わからない場合はおおよそで導いていきます

この本でわかること 1

月星座から見たあなた → CHAPTER.1

P.23の「月星座の探し方」から自分の月星座を導きます。自分の月星座を導けたら、その星座の項目を目次から探してみましょう。**あなたの本質**や**抱えやすい悩み**、**解決方法**が見えてきます。

この本でわかること 2

月相から見たあなた → CHAPTER.2

P.104の「月相の探し方」から月相（生まれたときの月の形）を導きます。自分の月相がわかったら、その項目を目次から探してみましょう。あなたの**パーソナリティ（性格や個性、考え方など）や自分の魅力をさらに高めるコツ**がわかります。

この本でわかること 3

月相と月星座からみる日々の過ごし方のヒント → CHAPTER.2

あなたの月星座と月相の組み合わせで、**よりハッピーな生活を送るために実践していきたい生活のヒント**がわかります。

この本でわかること 4

4つの時期に合わせた暮らし方 → CHAPTER.3

それぞれの時期の月が持つ力を借りて、**イキイキとした生活を送るために取り入れたいポイント**を紹介しています。

✳WEBページの使い方

ここから アクセス！

http://www.ikedashoten.co.jp/space/moon&me5826

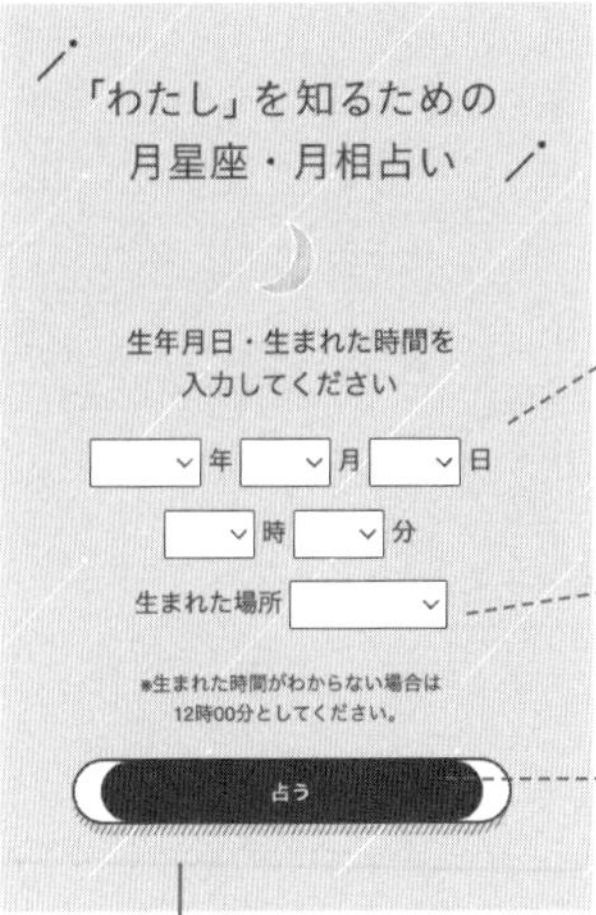

「わたし」を知るための
月星座・月相占い

生年月日・生まれた時間を
入力してください

年 月 日
時 分
生まれた場所

※生まれた時間がわからない場合は
12時00分としてください。

占う

STEP. 1
生年月日、
出生時刻を入力

STEP. 2
生まれた場所を選択

STEP. 3
「占う」をクリック！

**あなたの月星座と
月相が導ける！**

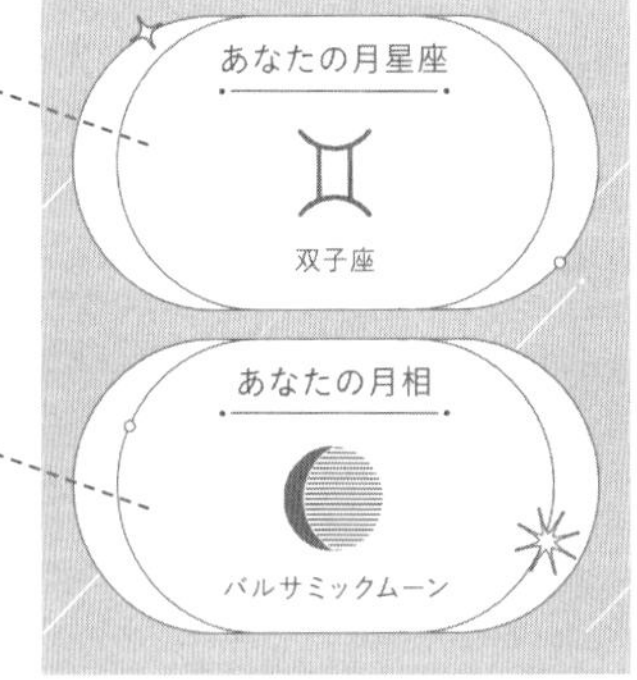

あなたの月星座

P.24からはじまる
月星座のページで、
自分の月星座をチェック！

あなたの月相

P.108からはじまる
月相のページで、
自分の月相をチェック！

CHECK

P.104の方法とWEBページの方法では、導かれる月相が異なる場合があります。「誕生日直前の新月の日から、誕生日までの経過時間で月相を調べる」という考え方は同じですが、結果が分かれる場合は、より詳細な計算ができるWEBページの月相を参考にしてください。

CHAPTER.

1

月星座でみるあなたの本質

生まれたとき、月がどの星座の位置にあったかで決まる月星座。そんな月星座には、あなたの「本能的な部分」が表れます。心の内側に潜む、隠れた本音を覗いてみましょう。

月星座でわかること

月は心の深い部分にある本能であり、素の自分

雑誌やテレビで見る「星占い」は、「太陽星座」を使用したものです。太陽星座は、生まれたときの太陽の位置から導き、その人の基本的な性格を表します。これに対して、生まれたときの月の位置から導くのが「月星座」。月星座では、自分の心の奥底に潜む「内なる性格」を知ることができます。

星占いといわれる占星術では、月は0〜7歳頃の幼児期や過去世（前世）とつながっているとされています。人は年齢を重ねるごとに環境や社会に合わせて行動していくようになりますが、月星座でわかるのはその前の段階。普段は理性で見えにくくなっている、わがままな子どものような欲求や本能など、素の部分です。これらの感情を無理に抑え込むと、ストレスが溜まり、心が不安定になりやすくなります。

月の日ごとに表情を変える様子は、揺れ動く感情ともリンクしています。特に女性は、月経や出産など月の周期に合わせて体を変化させることから、太陽よりも月の影響が強く出やすいといわれています。

太陽星座は「花」、月星座は「根」そろってこその「自分」

太陽星座と月星座の違いを植物で例えるならば、地表に出ている部分が太陽で、地下に埋まっている根っこの部分が月。そのすべてを合わせて自分なのです。

花と根、どちらも合わせて「自分」

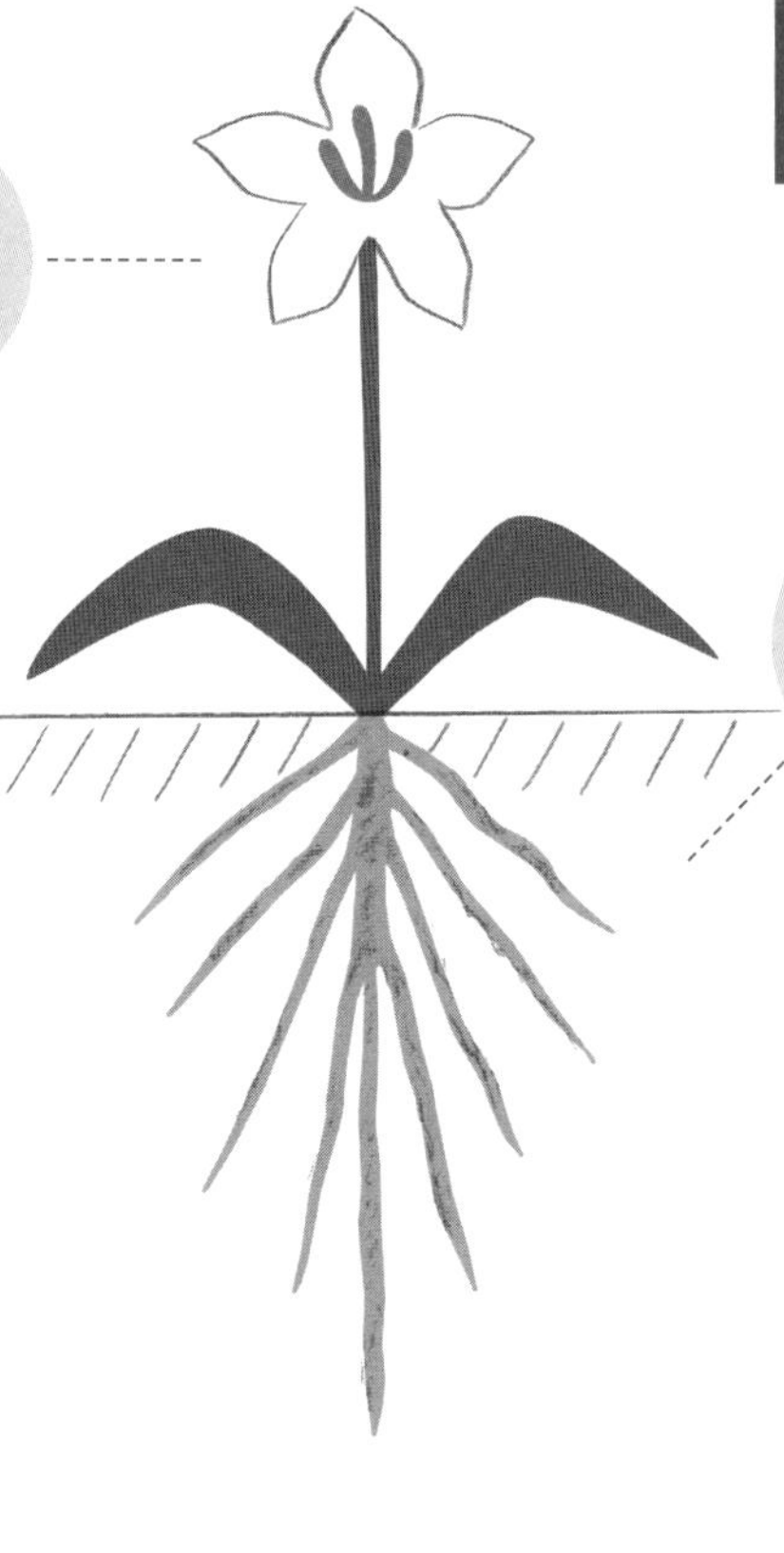

太陽星座の示すもの

〈地表から出ている花の部分〉
・基本的な性格
・人に対して見せている自分

月星座の示すもの

〈地下に隠れている根っこの部分〉
・内なる性格
・心に秘めている素の自分

月星座と太陽星座の違い

太陽は顕在意識でオフィシャル 月は潜在意識でプライベート

人は誰しも、外に向けた公の顔と私的なプライベートの顔を持っています。それは太陽星座が表す「意識」「思考」と、月星座が表す「無意識」「感情」とも言い換えられます。

太陽は「これから○○をしよう」と目的を決め、理性的に判断をして行動するときの意識的な思考を指します。一方、月は無意識のうちに発している感情や、安らぎたいという内なる心の揺らぎを指します。このように、太陽と月は真逆の要素を持っているのです。

日常生活においても、自分の中に太陽と月の要素は混在しています。片方の要素に寄り過ぎていると、心がモヤモヤしたり、疲れの原因になります。このバランスをどう取っていくかが、人生を楽しく、そして輝かせるカギ。自身の月星座を知ることで、なかなか気がつかない、「無意識の自分」にも目を向けることができるようになります。それぞれの月星座が持つパワーを活かし、自分の望む幸せをしっかりと引き寄せましょう。

太陽と月のキーワード

太陽のキーワード

- 顕在意識
- 思考
- 公的（オフィシャル）
- 男性的（父）
- 陽のエネルギー
- 未来と現在
- 昼

月のキーワード

- 無意識
- 潜在意識
- 感情
- 私的（プライベート）
- 女性的（母）
- 陰のエネルギー
- 過去と現在
- 夜

あなたの月星座は何？

177ページから始まる「月の運行表」を使ってあなたの月星座を見つけましょう

まず、177ページから始まる「月の運行表」から、自分の生年月日に当てはまる日付と時刻を探しましょう。表は、日付、時刻、月星座の順に並んでいます。

たとえば、あなたが1985年6月25日14時生まれだとします。月の運行表で生年月日が当てはまる欄を確認すると、時刻が「20:47」と書いてあり、さらに月星座が「天秤」と書いてあります。これは、6月25日20:47に月が天秤座に移動したということです。

あなたの出生時刻は14時ですから、20:47より前の時刻なので、月星座は、そのひとつ前の「乙女座」ということになります。出生時刻が23時など、20:47より後の時刻の場合は、あなたの月星座は「天秤座」となります。

このようにして、自分の月星座を導きましょう。

出生時刻が不明だと、誕生日によっては正しい月星座を出せないことがあります。母子手帳やへその緒を確認する、両親や家族に聞いてみるなどして、調べてみてください。

月星座の探し方

STEP 1
誕生日をチェック

STEP 2
次に出生時刻をチェック

STEP 3
月星座をチェックする

P.177から始まる月の運行表から、自分の月星座を探しましょう。月星座を導くためには、生年月日と出生時刻が必要です。

P.16にあるQRコードからアクセスできるWEBサイトでも簡単に算出できます。

1985年			
06/19		02:22	蟹
06/21		10:32	獅子
06/23		16:32	乙女
06/25		20:47	天秤
06/27		23:37	蠍
06/30		01:30	射手
07/02	○	03:22	

例1　1985年6月25日
14:00生まれの場合

6月25日生まれでも、出生時刻が20:47より前なら「乙女座」になります。

1985年6月25日 14:00生まれ → 乙女座

1991年			
07/06		18:52	牡牛
07/08		21:42	双子
07/10		22:03	蟹
07/12	●	21:35	獅子
07/14		22:12	乙女
07/17		01:34	天秤
07/19		08:41	

例2　1991年7月13日
21:30生まれの場合

誕生日当日の記載がない場合は、その日に月が別の星座へ移動していないということ。誕生日の一つ前の月星座をチェックしましょう。この場合、「獅子座」があなたの月星座になります。

1991年7月13日 21:30生まれ → 獅子座

I AM 牡羊座 ♈

“私は存在する”

自分の成功は自分でつかむ！
刺激的なチャレンジを我が人生に

自分の欲求に素直に反応し、目の前の目標を全身で体現することで、心が満たされるという性質を持つ月牡羊座。ただ、その充実期は短く、一度満足したらすぐにまた新たなターゲットを見つけます。常に新鮮な刺激を味わうことこそが、チャレンジの醍醐味でもあるからです。

また、人に頼ることを嫌い、すべてを自分だけで完結させようとするのも特徴。他人のアドバイスより、自分の直感を信じて行動するタイプで、誰かの力を借りて得た成功は無意味だと感じます。人間関係では、気持ちをストレートに伝えます。それは恋愛においても同じ。その分、一気に盛り上がることもあるでしょう。ただし、気遣いや忍耐力に欠けるため、些細なことでカッとなりやすい面も。ケンカから折り合いが悪くなりがちなので、注意が必要です。

KEYWORD

01.

挑戦

「行ってみたい！」
「やってみたい！」と思ったら、
欲望のままに即行動します。
開拓精神が旺盛で、
未知の世界を切り開くという
スリルとドキドキ感が
何よりの心の栄養なのです。

02.

潔さ

ウソをつけないまっすぐな性格。
感情をストレートに表現するサバサバした
タイプです。短気ですが自分の非を認める
潔さがあり、根に持たないので
喧嘩が長引くことはありません。

03.

直感力

生まれ持った直感力で
的確な判断をしていくタイプ。
直感力は素早い行動力の
源であり、強み。
それは無意識のひらめきなので、
事が終わってからスイッチを
入れた自分を振り返ることも。

04.

スピード

あれこれ考えるよりも先に体が反応してしまうタイプ。
まわりが迷ったり悩んだりしている間にも、
月牡羊座はあっという間に答えを出します。
また、短期決戦に持ち込むほど勝率が上がるのも特徴。

陥りやすい闇

短絡的に突っ走り 同じ失敗を繰り返す

持ち前のバイタリティで、自分の欲求のまま果敢に突っ走る月牡羊座は、**本能のままに体が動くあまり、同じ失敗を繰り返すことが少なくありません。**

「あぁ、やってしまった……」と、その一瞬は猛省しても、やらかした失敗をすぐ忘れ、何事もなかったかのようにスタート地点に戻ります。

それは、自分のやり方は間違っていないという独自の自信を持っているから。失敗の原因がよくわかっていない場合もあるかもしれません。

ですから、「えっ、また？」「このあいだも同じ間違えをしてたよね」などとつっこまれても、まわりからの忠告は耳に入りません。

そんな月牡羊座は、**衝動的に行動する前に一度立ち止まってみましょう。**大雑把でもいいので計画を立てるようにすると、痛い失敗は回避できるようになります。

心と体の回復法

頭と顔まわりのケアと勝負事でモヤモヤを一掃

月牡羊座に関連する体の部位は、「頭、顔まわり」。頭痛、目のトラブル、鼻のトラブルに注意が必要です。ヘッドマッサージやフェイスパックなどを、日常のルーティンにするといいでしょう。

調子が悪いなと感じたら、頭や目が疲れるような作業は控えめに。酷使してしまったときは、マッサージやアイマスクなどで、しっかりとケアしてあげてください。

また、1対1で行うスポーツもおすすめ。「勝負」や「競い合う」ことで闘争心が刺激され、気持ちが盛り上がります。何事も一番を目指す人であるため、勝ったときの喜びはひとしお。爽快感とともに、気分もグンッと上向きになるはずです。

ただし、勝負が長引くと逆にイライラしてくるので、15分など、短時間の勝負に設定しておくといいでしょう。

自分の直感を信じて初チャレンジも積極的に

月牡羊座の一番の魅力は、恐れを知らない勇敢な行動力。純粋な子どものような感覚を持っていて、衝動のままに動くので、失敗もしますが立ち直りも早いです。

すぐに起き上がり、次へ前へと向かうところが強みなので、興味のあることは結果を気にせずどんどんチャレンジしていってください。月牡羊座はもともと直感の鋭い人。まわりにとやかく言われても、最後は自分を信じて突き進むことが、成功への一番の近道です。

そんな月牡羊座がさらに輝くために必要なことは、「初体験」。新しいゲームで勝負する、バンジージャンプに挑戦するなど、たくさんの「新しいこと」にチャレンジしてみてください。初めての場所に行くのもおすすめです。スリルや勝負のドキドキ感が精神を高揚させてくれ、今までよりさらに美しく輝けるでしょう。

心にとめておきたいこと

大胆で勇敢。自分がこうだと思ったら、後先を考える前に行動に移す。そんな猪突猛進気質の月牡羊座は、自分の欲求に即反応して行動するため、周囲にはやることがザツだと感じる人がいるかもしれません。

基本的に自分以外に目がいきにくいため、下手をすると、まわりの人にぶつかり放題で大ケガをさせても気づいてない……、なんてことも。

ヒートアップしているなと感じたら一旦立ち止まり、自分以外のまわりに目を向けてみましょう。周囲の状況を把握し、心に余裕が生まれればさらに前進できるはず。

また、社会をエネルギッシュに生き抜く月牡羊座にも、ホッと一息つく時間は必要です。誰にも邪魔されない一人の時間を作るなど、火照っていた心身を冷ますような、リラックスタイムを過ごしてみてください。

CHOICE OF AROMA

沈香

agarwood

お線香としても有名な香木の一つ。熱を加えることで香りを発します。空気を浄化させ、心を落ち着かせる効果があります。

状況把握と冷静さがさらなる前進のカギ

♉ 牡牛座

I HAVE

“私は持つ”

揺るがない幸せを求め
自分の“モノ”にしてとことん愛する

月牡牛座が何をおいても追い求めるものは、好きな人とおいしいごはんを食べる、自然の中でのんびり過ごす、心地よい肌ざわりの布団につつまれてまどろむなどの、心満たされる安定的で平和な生活。それがかなわないと、余裕を失い、人のために動くこともままならなくなります。おいしいもの、心地よいものを求めるのは、月牡牛座は五感を満たすことでエネルギーを溜めているから。

直感も五感で受けとるタイプなので、迷ったら五感をフル稼働させることで、答えを導き出すことができます。

人間関係でも平和と穏やかさを大切にします。恋愛はスロースターターながら、惜しみなく愛を注ぐタイプで、これもモノを大切にする月牡牛座ならではの愛し方。忍耐強いタイプですが、五感で相手を感じられない遠距離恋愛は難しいかもしれません。

KEYWORD

01.

五感

人生において五感を大切にしています。
見る、聞く、味わう、嗅ぐ、
皮膚で感じることを楽しむことで
心が満たされます。心と体が活性化され、
隠れていた才能が開花することも。

02.

忍耐力

何事もじっくりと腰を据えて
取り組むのが得意。
持ち前の粘り強さから、
ロングスパンで実力を発揮します。
苦難が続いてもなかなか
音を上げないのが
月牡牛座のアドバンテージ。

03.

柔和

協調性もあり、順応性もバツグン。
感情も安定していて、温厚です。
また、のんびりしていて
スローなところもあり、おっとりした
穏やかさで周囲を魅了します。

04.

安寧

何より優先したいのは、安定した状況に身を置くこと。
スリルや不安定な状態が苦手で、
どう転ぶかわからないような挑戦は回避。
安心できるとわかったとき、心の余裕が生まれ、
実力も存分に発揮できるのです。

陥りやすい闇

手に入れたら／ずっと私のもの／絶対に手放さない

所有欲の強さが群を抜く月牡牛座。いったん手に入れたものは絶対に手放そうとしません。それは、目に見えるもの、五感で感じられるものすべてです。

精神的な喜びよりも物質的な喜びが勝つため、おいしいものを食べたり、お気に入りの洋服やアクセサリーを身に着けたりすることで、心が満たされます。しかし、逆に所有物が自分のもとからなくなると、猛烈な不安に襲われてしまいます。

物を持てば持つほど心は豊かになりますが、持てば持つほど執着してしまうのが月牡牛座の業。それは悲しいほどに泥沼です。

そんな泥沼から脱出するには、勇気を出して一度手放してみること。「何もなくなったらそこに新しいものが入ってくる」という経験をすることで、手放す勇気が出せるようになるはずです。

心と体の回復法

月牡牛座に関連する体の部位は、「首」「のど」です。ついついお手入れを怠りがちな箇所ですが、実は年齢も出やすい部分なので、日頃のケアはこまめにしておくと◎。

アロマオイルで首から肩をマッサージすると、リンパの流れがよくなり、肩こりや頭痛にも効果的。首まわりにはツボも多く、風池（少し上を向いたとき、背骨から上がって指が止まるくぼみと、耳の下の骨を結んだ中間点）や天柱（首のうしろの生え際より指2本分上にあるくぼみ）を刺激することで、心と体のバランスをとることができます。

何事もゆっくり咀嚼するタイプの月牡牛座におすすめなストレス発散法は、ジョギングやウォーキング。自分のペースでできるので、急かされて慌てることもありません。また、持久力に優れているので、同じ動作の繰り返しも飽きずに続けられます。

のどや首まわりをケアして心身のバランスを整える

心地よいと思うものを じっくり味わって

スローながら、慎重に一つのことを丁寧にこなしていく堅実さは、月牡牛座の魅力の一つ。安定を好むため、同じことの繰り返しも苦になりません。むしろ、積み重なった経験が実力として蓄えられ、信頼性が増します。

また、石橋を叩くような慎重さも、安全を求めてのこと。その先を見据え、事前に頭の中でシミュレーションしてから動くので、確実性はバツグンです。

なんといっても優れた五感が、月牡牛座の最強のアドバンテージ。五感で楽しみや喜びを味わい、そこからさらに才能や新たな感覚に目覚めていくのです。

そんな月牡牛座がもっと輝くためには、オフの時間を五感を満たすものに使うこと。自分が食べたいものを食べに行く、恋人とスキンシップをとる、親しい友人と自然の多い場所で過ごすのもいいでしょう。

心にとめておきたいこと

安心、安全、安定を求め、確実に堅実に進む月牡牛座ですが、それらを求めすぎて自己保全に走りがち。ときには堅いガードを取り払ってみてください。新しい風を取り込むことで、楽しい変化が生まれます。変化することが実は恐れるに足りないものだと気づくことができれば、こっちのもの。そこからチャンスが広がり、さらなる飛躍も期待できます。

また、月牡牛座は基本的にゆったりと構え、自分のペースをキープすることで実力を発揮することができます。いいな！や、好き！など直感的に感じたことを、まわりを気にせずマイペースに掘り下げてみるといいでしょう。

美的センスの高さも12星座随一。表面的な美だけではなく、クオリティを重視するのも特徴です。本物志向ですが、機能性も求めるので、ハイレベルな審美眼を持っているといえます。

CHOICE OF AROMA

バニラ

vanilla

スイーツでおなじみのバニラは、その独特の甘い香りが特徴。リラックス効果、月経を整える効果、不眠改善効果、鎮痛効果もあります。

クオリティを大事に「好き」をとことん追求

♊ 双子座

I THINK

"私は考える"

**好奇心のままに
新しい情報を集め
それを言葉で人に伝えたい**

好奇心のままに駆けまわり、面白そうなものはすぐにインプット。新しい情報をゲットしたら独り占めせず、目をキラキラさせた子どものように、誰を区別することなくみんなに話して伝えます。

こうして情報を集め、人に伝えていくのが月双子座の生きていくうえでの存在意義であり、人生の重要なテーマです。

また、サービス精神も旺盛で、親しみやすく、人を楽しませることに幸せを感じます。頭の回転が速くおしゃべりも大好きで、抜群のユーモアセンスで人気を独り占めすることも少なくないでしょう。空気を読むことも得意で誰とでもすぐに仲良くなれるタイプですが、深入りは苦手。恋愛では心の絆はとても大切にしますが、お互いの自由を尊重しようと考えるため、束縛を好みません。

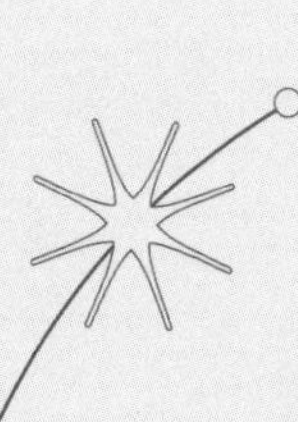

KEYWORD

01.
好奇心

知的刺激欲が旺盛です。
この世界のさまざまなことを
知りたいという欲求から、
どんな場所へも足を運び、
知識や情報をゲット。
早いうちに興味の対象が
別へと移りやすいのも特徴です。

02.
流行

最新情報や新製品など、新しいものセンサーが
フル稼働している情報通。
ゲットした情報は惜しみなく共有するので、
周囲からも喜ばれます。その根っこには
「人が知らないことを知る」という喜びがあるのです。

03.
明敏

頭の切れる月双子座。
トーク力や理解力もバツグン。
それも頭の回転の速さが
ベースにあってこそ。
どんなときにも柔軟に対応できるので、
交渉やプレゼンなどで
その実力を存分に発揮できるでしょう。

04.
交流

ユーモアセンスがあり、おしゃべり好き。
親しみやすく誰にでも気さくに接するので、
あっという間にグループの人気者になれるでしょう。
その気軽さから、軽い人というイメージがつくことも。

陥りやすい闇

飽きっぽくて根気不足　どれを極めるべきかわからない

知的好奇心が旺盛で、知りたいことがあったらすぐにトライ。常にアンテナを張っていて、**情報収集も得意な月双子座ですが、興味の対象が移りやすいのも特徴です。**

「今年こそは〇〇をマスターする！」と友だちや家族の前で誓いを立てても、気づいたら「何か目標変わってない？」とつっこまれる……、なんてことはありませんか？

月双子座は一つのことを継続することが苦手なため、なかなかビッグな成果が得られず、器用貧乏になってしまうことが。

「〇〇を達成したい」という明確な人生の目標があるならば、そこは克服しておきたいところですよね。

そんな負のループから脱出するには、**複数のことを同時並行で進めてみるのがいいでしょう。**

興味を分散させることで、飽きずに長続きでき、目標達成率も格段に上がります。

心と体の回復法

深い呼吸で頭をリセットきちんと休息を

月双子座に関連する体の部位は「腕」「肩」です。普段よく動かすところだけに、日頃のケアはしっかりと。肩のマッサージやストレッチ、腕や手のツボ押しも健康バランスがとれて効果的です。

ネイルケアやマニキュアで指先を美しく仕上げれば、気分も上がり、持ち前の魅力も高まります。

オフには体験型ゲームを楽しむのもおすすめ。最新のものや話題のものに目がないため、飽きずに続けられるでしょう。頭を使ってできるというのもポイントです。

頭を使ったあとは、意識して情報経路をオフにするタイミングを作りましょう。

また、陽と陰の二面性を持っているため、気持ちがプラスに働いているときはパワフルに過ごせますが、マイナスに働くと睡眠に障害が出がち。新鮮な空気を吸って、気分をリセットさせましょう。

もっと輝くには

優れた文才の持ち主
言葉こそが
世界を広げるカギ

頭の回転が速く、臨機応変な月双子座は、朗らかで軽快なだけでなく、柔軟に人に合わせられるタイプ。自然とまわりに人が集まってくるので、社交範囲も広いです。

また、言葉の使い方がうまく、おしゃべりはもちろん、文才も並外れています。笑いのセンスも秀逸で、さらりとまわりを笑わせることができます。人の悪口などでまわりをイヤな空気にさせることもないので、いつでも明るいムードに包まれていて、月双子座がその場に来ただけで、重苦しい空気を一変させてくれることも。

そんな月双子座がもっと輝くためには、アウトプットを行うこと。言葉選びやリズムにこだわって、文章を書いてみましょう。各種SNSへの投稿もおすすめ。得た情報をまわりにも伝えていくことで感謝され、絶妙なワードセンスで人気を集めるでしょう。

心にとめておきたいこと

月双子座は、持ち前のフットワークの軽さでどこへでも行き、誰とでもすぐに仲良くなれる社交派。初対面の人にも絶妙な言葉選びで気さくに接するので、社交の輪はどんどん広がります。

ただ、風通しのいい人間関係を求めるため、ときとして八方美人な振る舞いが目立つことも。お調子者と思われると信頼度が落ちてしまうので、必要なところは相手に合わせつつも、ときには腹を割って話してみましょう。

また、月双子座は二面性があるのも特徴。大胆な行動に出たいのに、繊細な自分がブレーキをかけることがあります。「なるようになるさ」と思う自分と、「失敗したらどうしよう」と不安になる自分。そんな相反する自分の狭間で葛藤します。とはいえ、その二面性があってこそ、広い視野を持って行動できているのです。自分の中の相反する2人を大事にしてあげましょう。

CHOICE OF AROMA

麝香
musk

甘く粉っぽい香りで、ムスクとも呼ばれています。薬にも使用されていて、自律神経の調整作用、鎮静作用、強壮作用があります。

揺れ動く心に悩みすぎず“相反する自分”を認めて

I FEEL
"私は感じる"

蟹座 ♋

安心できる居場所を確保
大事な人を守りたい

月は蟹座の守護星であるため、月蟹座には蟹座の影響が特に強く表れます。大切な人を守り、安心してくつろげる場所や環境を作ることが、月蟹座の人生のテーマ。人と親密になりたいという思いがありつつも、バリアを張り、まずは安全かどうかを確かめます。人に必要とされたいという気持ちから世話を焼き、人に寄り添おうとする面も。感情の浮き沈みが激しく、母性の中に幼児性が潜むのも特徴で、気分が乗らないと何もしないということもあります。

恋愛を含む対人面では、包容力があり聞き上手なので、一緒にいることが心地よくて癒されると、相手に感じさせるでしょう。人の気持ちに敏感なので、他人の心の動きも自然に察知することができます。相談役を引き受けることも多いでしょう。

KEYWORD

01.

共感力

感受性が強く、人の気持ちに同調しやすい人。

やわらかな母性で包み込むように人に接します。

相手の話をよく聞き、寄り添うことができるので、自分のことのように親身になって相談に乗ってくれるのです。

02.

情緒

感情をつかさどる星座だけに、感情の浮き沈みが激しいのが特徴。

また、とても繊細なので、ちょっとした言葉の端に反応し、傷ついてしまうようなデリケートな面も持っています。

03.

包容力

困っている人にはそっと手を差し伸べる面倒見のよさを持っている人。

保護的で、まめに愛情を注ぎます。

一緒にいるだけで相手を安心させることができる人です。

04.

防衛本能

基本的に人を「好き」か「嫌い」かで分けます。

家族や親友など気を許した人以外には簡単に心を開きません。自分のテリトリーを守るための防衛本能が働き、壁を作るのです。

陥りやすい闇

感情があふれ出して
コントロールできない

　感受性が強くて繊細な月蟹座。いつもは穏やかですが、周囲の些細な変化にも敏感に反応します。それは、喜び、怒り、哀しみ、楽しみといった単純な言葉では言い表せないほど複雑です。

　月蟹座は、無意識や潜在意識などの普段意識しない領域に意識が向かいやすい傾向が。意識している世界を「陽」、無意識の世界を「陰」と表しますが、その暗い陰の領域に気持ちが向かうのです。そのため、特に原因もないのに感情があふれ出して、制御できなくなってしまうことも。

　そんな闇落ちから脱出するには、無理に感情を抑え込もうとしないこと。自分の気持ちを客観的に見つめなおしてみましょう。

　また、心が不安定になったときには、癒される時間がたっぷり必要です。家族や恋人、親友に甘えたり、落ち着ける場所を確保してやすらぎましょう。

心と体の回復法

華やかなランジェリーやボディの保湿ケアで自分をいたわる

月蟹座に関連する体の部位は「胃」「乳房」。暴飲暴食は避け、冷たすぎるものや熱すぎるもの、激辛料理など、刺激の強い食事も控えるといいでしょう。

ふんわりとしたバストも月蟹座のテリトリー。猫背は魅力を半減してしまうので、まずは姿勢をよくすることを意識しましょう。

また、ランジェリー選びにこだわるのもおすすめです。自分のボディラインに合ったものや、華やかなデザインのものを選ぶと、さらに美しさに磨きがかかります。

お風呂あがりに全身にボディクリームをくまなく塗るなど、体の保湿も心がけるとなおよし。

水の星座だけに、「水」と縁が深いスポーツもおすすめです。水泳やサーフィン、シュノーケリングなど、ウォータースポーツを楽しむと、運気もアップし、気分も高まります。

大切な存在に愛情をそそぎ「育てる」ことで魅力アップ

月蟹座は母親のような包容力や温かい愛情の持ち主。豊かな感受性を持つため、他人の気持ちにも敏感で、自然と相手に寄り添うことができる人です。

面倒見がいいのも特徴で、あれこれと世話を焼きます。それは見返りを求めているわけではなく、大切な人の喜ぶ顔が見たい、理由はそれだけです。

「育てる」ことで心が満たされる月蟹座ですから、花やハーブなどの植物を育てたり、ペットを飼うのもおすすめです。人を支えたり、育成することにも充足感を感じるので、後輩や部下を育てるのも得意。人材の育成は自分自身の成長にもつながるので、積極的に取り組むことで魅力がより高まります。

また、ハンドメイドを楽しむのも◎。器用な手先を活かしたDIYや手芸、スイーツ作りでも充実した時間を過ごせるでしょう。

心にとめておきたいこと

月蟹座は無意識のうちに「好き」か「嫌い」か、もしくは「敵」か「味方」かで人を見極めようとします。

そのため、心の中では、「大切な人のためならまわりを敵に回してもいい」と思っているところも。よくも悪くも、とても愛情深く、その分身内意識が強いのです。

また、心を開くまでに少し時間がかかるのも特徴。気を許した相手にはとことん愛情を注ぎますが、そうでない相手には壁を作ってしまうのです。それが激しい拒絶となることもあり、ときには信じられないような攻撃に出る場合も。そのようなことが続くと人間関係に溝が生まれてしまうことがあるので、傷口が広がらないうちに、早めの修復を心がけましょう。

また、月蟹座は大切な人ほどあれこれと世話を焼きがち。たまには相手のダメなところに目をつむり、見過ごす覚悟も必要です。

CHOICE OF AROMA

ハッカ

mint

古くから親しまれている、スーッとした清涼感のある香りです。リフレッシュ効果、呼吸器ケアやクールダウンにもよく使われます。

愛情深いがゆえの攻撃性に注意ときには目をつむって

I WILL

"私は志す"

獅子座 ♌

楽しいことを追い続ける
唯一無二の主人公になりたい

月獅子座は、本能的に自分を表現したいと思っています。根っからの主役気質なので、人から注目されることにストレスを感じません。特別な人であることをまわりに知ってほしいというマインドの持ち主であるとともに、自分の存在価値を世界に向けて押し出していくべき人です。

称賛と尊敬の念を受けると心が安定するため、人前に立つ、リーダーとしてグループをまとめるなど、積極的に行動していくことで、理想の流れに乗れるでしょう。

また、常に楽しみを追い求めていて、芸術、芸能、レジャーなど、遊び全般が大好きです。持ち前のリーダーシップも相まって、グループの盛り上げ担当になることも。

恋愛面では情熱的。ドラマチックなムードを好み、デートではサプライズでムードを盛り上げます。

KEYWORD

01.

脚光

自分自身を周囲にアピールし、
認められたいという気持ちが強い人。
12星座中、一番華やかな
ムードを持っています。大胆な演出で
注目を集めるスター性の高い
エンターテイナーといえます。

02.

クリエイティブ

創造力豊かで、クリエイティブセンスに優れています。
アート、手芸、小説、作詩など、人のマネではなく
オリジナリティあふれる作品作りができるのも強み。
心の炎を燃やせるような「楽しみ」を大切にできる人です。

03.

プライド

自信家で、プライドが高いのも特徴。
自分の間違いや失敗を素直に認め、
頭を下げることが苦手です。
みっともない姿を見せることや
屈辱を味わうのは、
月獅子座にとって最も不快なこと。

04.

ドラマチック

自分の人生を楽しく
ドラマチックに生きたいという気持ちが強いです。
たとえば、ドラマのような恋愛を求めます。
デートはムーディーなスポットを選び、
サプライズを好むなど、生粋のロマンチストです。

陥りやすい闇

高いプライドゆえに傷ついたらどん底

プライドが高く、自分がおかしたミスを素直に認められないところも。自分に非があっても、最後まで自分が正しいと言い張り、相手を責めてしまうこともあります。

人前で恥をかくというのは月獅子座にとって最大の屈辱。「自分が正しい」と言い張ったあとに、鼻っ柱をへし折られたときのへこみ方はかなり深刻です。

もともと公明正大な面を持つ月獅子座ですから、自分の非を認めることはできるはず。周囲に素直でいることを心がけましょう。

自分を最大限に表現し、輝きながら生きる。それが月獅子座のモットーです。

自分が人生の主役であることが大切で、他の誰とも違う存在でいることを望みます。

それゆえ、自分が納得できないことに関しては、なかなか受け入れられません。

心と体の回復法

月獅子座に関連する体の部位は、「心臓」「背骨」です。「心臓」が動かす血液は体内にエネルギーを供給する大事なもの。血の巡りが悪くなると、貧血にもなりやすいので注意が必要です。バランスのよい食事と適度な運動を心がけましょう。

運動では、ストレスを溜めないのも大事なポイント。ジョギングやウォーキングなど、無理なくできる有酸素運動がおすすめです。

また、背骨のエクササイズも効果的。日頃からいい姿勢を意識しておくだけで、心身のトラブル防止につながります。

スポーツをするときは、ダンスやスケートなど、注目されるものが◎。人に見られることで、モチベーションも腕も上がります。

仕事を頑張ったら、その分、思い切り遊びの時間を作るなど、自分の好きなことをする時間をしっかりと確保しておきましょう。

ゆるやかな運動で
体を整え
ストレスフリーに生きる

もっと輝くには

先頭に立ちみんなを引っ張ることで強く華やかな光を放つ

月獅子座は、活力にあふれた華やかなムードを持つタイプ。太陽のようなまぶしい輝きを放ち、立っているだけで目立ってしまうような圧倒的な存在感が魅力。人をひきつけるカリスマ性もあります。何事もドラマチックに演出するのが大好きで、ドラマの主人公のように刺激的に楽しく生きたいと思っています。

また、姉御肌で面倒見がよいので、年下から慕われやすい人。度量があって公明正大。不正を嫌うので、信頼度も抜群です。気前もいいのでケチケチしたところがありません。リーダーとしてまわりを引っ張っていくことで実力がつき、より美しく輝けるようになります。

持ち前のクリエイティブセンスを活かして、アート作品作り、文芸作品作り、音楽活動など、各種創作活動を楽しむのもおすすめ。華やかな魅力がさらに増し、開運にもつながります。

心にとめておきたいこと

百獣の王のライオンのごとく、自信あふれる堂々とした風格を持ち、優れたリーダーシップを発揮する月獅子座。持ち前の情熱で周囲を引っ張ります。自信家で、人一倍負けん気が強く、意志が強いのも特徴です。

ただ、プライドが高く「自分が正しい」と信じているので、まわりに何を言われても聞く耳を持たない、なんて一面も。

また、自分が間違っていたことに気づいても、今更後に引けず、自分の主張を貫き通してしまうことも。人の話を聞くことを忘れないようにしましょう。年を重ねるほど頑固さは増していくものなので、今のうちに柔軟さを取り入れておいて。

プライドの高さゆえ、自分が軽んじられると、怒りから威圧的なオーラを放ちがち。自分の気持ちをコントロールできるよう日頃から意識しておくと◎。

CHOICE OF AROMA

バラ

rose

品種によって効果が異なりますが、ストレス軽減効果、安眠効果、免疫力向上効果の他に、美肌効果を得られるものもあります。

頑固で威圧的にならないようコントロールを

♍ 乙女座

I ANALYZE
〝私は分析する〟

使命を果たして人の役に立つ
秩序ある美しい世界にしたい

秩序、正義、常識のある理想の世の中にしたいという気持ちが根底にあります。その理想を実現させるために、自分に与えられた役目を果たしていく。それが月乙女座の人生のテーマです。

それはまず、自分の身のまわりを整えることから始まります。きれいに片付けるだけで気持ちがすっきり晴れやかになり、心身ともにパワーチャージされるでしょう。

また、善を求める正義感が悪に転じるなど、善と悪が曖昧になりがちな世の中でも、きちんと境界線を引きその違いを明確にすることを望んでいます。社会生活では、約束事を守ることから仕事を完璧にこなすことまでぬかりがなく、人間関係においても確かな信頼を得られます。恋愛ではロマンチストで、献身的に愛を捧げるタイプです。

KEYWORD

01.
補助

堅実で几帳面。ただし野心的ではないので、
自主性や独立性が必要なものは苦手。
ノルマをこなしていくことで充実感を味わえます。
人が喜ぶことをする、困っている人を
サポートすることで本領発揮できるでしょう。

02.
秩序

秩序を無視したルールも
決まりもない状態に身を置くと
不安になる月乙女座。
目的を達成するまでの
道筋が定まっていると、
やる気も出て実力が発揮できます。
ルーティンワークも向いています。

03.
整理

自分の部屋や机まわりがきれいに
整えられていると、元気が出るタイプ。
それは、無駄なものや余分なものは
出してしまいたいという気持ちが
心の奥に流れているから。

04.
観察・分析

どんなときでも冷静に物事を見ているので、
細かいところに目が届くタイプ。
些細な異変も見逃しません。
緻密な作業も正確にこなします。
調査や統計が好きで、細かく分析するのも得意。

陥りやすい闇

細やかな気配りができる繊細な面を持った人。なんでも完璧にこなしたいという気持ちが強く、他の人が気づかないようなところにも目が届きます。

基本的に「よくわからないものが苦手」という心理がベースにあり、目の前にあるものを観察して分析するのが得意。自分のまわりのあらゆるものを見極めて、安心感を得ていくのです。

責任感が強く、正確性を大切にしながら、物事を効率的に進めます。

ただ、完璧を求めすぎるあまり、うまくいかないことが続くと急に自信を失って、いつもの元気が出ない……、なんてことも。

そんな闇落ちから脱出するためには、毎日のルーティンを見直してみましょう。「しっかりと自己管理ができている」と再確認することで自信を取り戻せれば、いつもの流れに乗れるはずです。

完璧を求めすぎると自信を失いがち

心と体の回復法

腸活で体をリセット ルーティンワークで 心身を美しく

月乙女座に関連する体の部位は「腸」「膵臓」。内臓なので外からは見えませんが、影響は体の外に表れます。膵臓を健康に保つために、脂質を摂りすぎず、添加物は避け、暴飲暴食をしないように気をつけましょう。

腸は陰の体の支配者とも呼ばれるほど、健康を左右する内臓。副交感神経を優位にすることによって、腸の働きはよくなるので、まめなストレス解消、起床時に水を飲むなどの腸活を心がけましょう。

繊細で潔癖な月乙女座ですから、神経性の不調にも注意したいところ。仕事や家事の合間に気分転換して、ストレスを解消させましょう。もともと健康に関心が高いので、栄養管理も難なくこなせるはずです。

月乙女座はルーティンワークも得意なので、日課にウォーキングなどの運動を取り入れるのも効果的です。

ぼんやりできる時間を作り集中力と心の安定をキープ

汚れを知らない乙女のようなピュアな魅力を持つ月乙女座。立ち居振る舞いもきちんとしていて、清潔感のある清楚で上品なムードを漂わせています。人の役に立ちたいという気持ちが根底にあり、まわりの人に細やかに気配りをしながら無駄を省き、効率的かつ献身的に動きます。

他の人があきらめたり妥協したりしやすいことにも決して手を抜かず、きちんとこなす人です。

そんな素晴らしい才能と魅力を持つ月乙女座がもっと輝くためには、オフ時間は思う存分趣味を楽しむこと。とにかくオンとオフのメリハリが大事です。

新しく趣味を作るなら、好きなものを集めてコンプリートを目指すコレクションや、写経がおすすめ。

月乙女座は完璧を求める反面、不安も抱えやすいため、無心になれる時間を作るといいでしょう。

心にとめておきたいこと

繊細な感性と細やかな神経の持ち主の月乙女座。他の人が見逃したり、やり過ごしたりすることも鋭い観察眼でチェックします。

ただ、細部にこだわりすぎて、神経過敏で疲れてしまいがち。さらに、ミスを恐れるあまり、思い切った行動が取れなくなることも。

細かなことまでしっかり気を配ることは、悪いことではありません。むしろ、それは長所でもあります。しかし、何でも一人で完璧にこなせる人はいないもの。要所要所で上手に人に任せることを覚えていくといいでしょう。

また、何事も優秀にこなせるだけに、まわりにも同じレベルを求めてしまう傾向が。家族や友人、同僚などにも細かくアドバイスをしていきます。度を越すと、「口うるさい」と思われてしまうこともあるので、ときには見て見ぬふりをするのも大切です。

CHOICE OF AROMA

スズラン

lily of the valley

三大フローラルノートと呼ばれています。甘く透明感のある香りには、集中力を高める効果、疲労軽減効果、リラックス効果があります。

「完璧」じゃなくてOK 人へのアドバイスはなるべく最小限に

♎ 天秤座

LIBALANCE

〝私は均衡をとる〟

人との調和とバランスをとり
美しく上品に生きたい

自分とは異なる他者との交流の中で自分を知り、そして調和を図っていく。それが月天秤座の人生のテーマです。生まれ育った環境も立場も違う人と触れ合うことで、相手を認め、個性を尊重し、他者とは違う自分自身を再確認しながら自分を磨いていきます。

バランスをとろうとする気持ちは、対立する人の仲裁をする、感情が激したらクールダウンする、一つのことに没頭したら別のことをやる……など、あらゆることに発揮されます。そうして均衡を保っているのです。

美意識が高く、美的センスが高いのも魅力の一つ。美しいものに囲まれることで、さらに輝きが増します。対人関係や恋愛での、人気の高さも随一。干渉しすぎず、ほどよいスタンスで絆を固めていきます。

KEYWORD

01.

感性

美意識が高く、美的センスも
群を抜いています。
カジュアルな装いをしても
どこか上品さが漂う人。
洗練された審美眼を持ち、
流行を取り入れるのも上手です。

02.

社交性

人が好きで、誰とでもすんなりと
仲良くできる根っからの社交家。
友好的で協調性があり、来る者拒まずなので、
交友関係も広いのが特徴。場の空気を読めるので
ムードメーカーとしても親しまれます。

03.

交渉

その駆け引きテクは秀逸です。
相手の反応を見ながら
距離感をつかんだら、
その場の状況を察知。
ときには押してときには引く。
そんな極意が自然にできてしまうのも
優れたポイント。

04.

バランス

人間関係や社会生活においての公平な気配り、
対立する者同士の仲介役、自分自身の感情と理性の
バランスなど、すべてにおいてバランス感覚を発揮します。
公正な判断ができるのも強みです。

陥りやすい闇

気を遣いすぎてストレスが溜まりがち

社交的で誰とでも穏やかに付き合うことができる月天秤座。基本的に調和を重んじるため、周囲とのバランスをとろうとします。敵対しあう人たちがいれば、顔色をうかがいながら両者を尊重し、傷つけることなく間を取り持つような人です。

それは、自分対他者の場合も同様で、常に公平な関係を築こうとします。もともと駆け引き上手で交渉事が得意ですが、自分の感情を表に出そうとしないだけに、この緊張が続くと疲れ切ってしまうことも。自分の気持ちを優先できないことで、ストレスを溜めてしまうのです。

そんな闇落ちから脱出するには、美しいものをそばに置き、美意識を満足させること。

また、お気に入りの服で出かけたり、おしゃれスポットに足を運んだりと、自分の好きなものに触れて心を満たしてあげましょう。

心と体の回復法

月天秤座に関連する体の部位は「肝臓」「腰」です。

肝臓は、代謝と解毒・排泄などの働きを担います。必要以上のエネルギーを摂取すると、肝臓機能低下につながるので、食べ物や飲み物は適量を心がけましょう。

腰痛予防のためには、まずよい姿勢を心がけることが大切です。立ったときに左右にゆがみが出ていたら、ひどくならないうちにストレッチなどのケアをしてください。座っているときに足を組むのもNG。骨盤のゆがみによる腰痛の原因になるので避けましょう。腰の健康はくびれのある美しいボディラインにもつながります。

また、他人の目を気にしやすい月天秤座には、一人で過ごす時間も大切です。心がモヤモヤする、そんなときは、人との関わりを少なめにしてみて。自分優先で過ごす時間をきちんととることで、心も体も回復できるはずです。

体のバランスを整えて
自分優先の時間が
回復のカギ

人との縁を大切に
美的センスに
磨きをかけて

人と接することが好きで、社交上手な月天秤座は、初対面の人とも積極的にコミュニケーションをとることができます。年齢や立場を問わず、公平に接するので、社交範囲も広いのが特徴です。

また、人と争うことが何より嫌いな平和主義者で、どんな場合でも調和を重んじ、ときには仲裁役もすすんで買って出ます。

場の空気を読むことができるので、その場に馴染めずにいる人にも気を配り、温かい空気を作ります。持ち前の観察眼で人の長所を見つけ、ほめることができるので、誰からも好かれるタイプです。

そんな月天秤座がもっと輝くには、持ち前の美的センスをさらに磨くのがおすすめ。ファッションやメイク、インテリアなどにこだわるのはもちろん、写真撮影をマスターして、自分や他人の写真を積極的に撮っていくのもいいでしょう。

心にとめておきたいこと

センス抜群で、ファッションリーダー的存在になることが多い月天秤座。

流行の最先端をいき、スタイリッシュで上品な魅力をたたえる姿は、その場にいるだけで人目を引きます。同性からも憧れられることが多いタイプです。

ただし、外面にこだわるあまり、いらない見栄を張ってしまうことも。

あえて人よりいい物を持ったり、金欠なのに人におごったり……。本音が言えずに後々困る、なんてことはありませんか？　素直に打ち明けるだけで、心もお財布もラクになるはずです。

また、たくさんの人に好かれたいと思う気持ちが強く、自分の意見を封印してまで相手に合わせようとし、結局煮え切らない態度に出てしまう、優柔不断なところもあります。必要な場面ではハッキリと意思を伝えるようにしましょう。

CHOICE OF AROMA

ラベンダー

lavender

ハーブとして利用されてきたシソ科の花。万能アロマオイルとしても人気。リラックス効果、安眠効果、鎮痛・鎮静効果があります。

いらない見栄を張り
優柔不断でゆらゆら
ときには本音を伝えて

♏ 蠍座

DESIRE
“私は欲する”

物事の隠された本質を見極める
ピンチをチャンスに変えたい

知りたいことをとことん掘り下げようとする探求心旺盛な月蠍座。さらにそこから、表面だけではわからない物事の本質を見極めていくことが月蠍座の人生のテーマです。

興味を持ったことは徹底的に深掘りします。その結果、誰にもマネできないほどの実力と名誉を手に入れることができるのです。また、いったん壊れたもの（死）を再生させる力も持っています。窮地に立たされたとき、そこから逃げずに受け入れることで、別人のように生き返るチャンスをつかむことができます。

ただ、蠍座にある月は、月のよさを活かしきれない配置。むきだしの激しい感情と向き合う場面が多いかもしれません。特に対人関係や恋愛では、嫉妬や復讐心の強さがネックになることも。長引くトラブルに注意しましょう。

KEYWORD

01.
こだわり

自分の価値観や考え方を大切にしている人。
自分が信じた道を心に秘めたまま貫き、
一度決めたことは変えません。
その頑固さが吉と出るときもあれば凶と出るときも。

02.
洞察力

人や物事に対する観察力が桁外れ。
特に気になった相手や
好きな人のことはとことん観察します。
小さなボディランゲージも見逃さず、
相手を知ろうとします。
「この人に嘘はつけないな」と
思わせる人なのです。

03.
秘密

自分の欲求や願望をほとんど口にしません。
聞かれれば答えるけれど、
安易に口を開かないことで自分を
ガードしているのです。また、口が堅く、
他人の秘密もきちんと守ります。

04.
密度

好き嫌いが激しく、簡単に人を受け入れないため、
広い付き合いが苦手。好きな人とは
とことん濃い付き合いを求めます。
相手と密に接することで、自分自身が安心できるのです。

陥りやすい闇

感情を溜め込みすぎて爆発することも

月蠍座は自分の気持ちを外にさらけ出すことをしません。どんなにピンチな状況でも顔色一つ変えないので、まわりからは、とてもしっかりした人に見られることが多いでしょう。

しかし実際はとてもデリケート。何食わぬ顔の裏で、心の中はぐらぐらと揺れ動いていることもあります。

忍耐強さはピカイチなので、簡単には弱音を吐きません。オールオアナッシングの月蠍座ですから、パワーの使い方がゼロか百と極端なところがあり、つらいことがあっても最後まで我慢してしまいがち。我慢し続けた結果、限界を突破して大爆発する可能性があります。

そんな闇落ちから脱出する方法は、本音を吐ける友人や家族を持つこと。それまで簡単には見せなかった本当の気持ちを、信頼できる人に思い切り聞いてもらうことで心が軽くなります。

心と体の回復法

無理なダイエットはNG 運動や飲み物で体を温めて

月蠍座に関連する体の部位は「生殖器」「泌尿器系」です。メンタルのアップダウンが大きいため、月経前から体調不良や情緒不安定になることがあるかもしれません。

ホルモンバランスを崩さぬよう、無理なダイエットは控えましょう。まめなストレス発散、体の冷え対策など、地道な対策が功を奏します。泌尿器系対策に加えて、下半身のリンパマッサージをして老廃物を外に出すこともおすすめです。

オフの時間はスポーツを楽しんでみましょう。雪や氷に関するスポーツと縁があるので、寒い季節ならスキーやスケートが◎。季節を問わずできるランニングや水泳もおすすめです。筋肉を動かすことで体温が上がるので、冷え対策にも効果的。ただし、汗は放置すると体を冷やします。こまめに拭き取ることを意識しましょう。

ミステリアスな魅力を放つ不思議な世界に浸ってみる

多くを語らないため、一見何を考えているのかわからないと言われる月蠍座。親しい関係になるまでは一定のスタンスをキープし、決して深入りしようとはしません。

その寡黙さと距離感がミステリアスに映ります。しかし、いったん心を開いた相手には親身に向き合い、核心を突いたアドバイスができる人。頼れるだけでなく、カリスマ的存在としても輝きます。

また、抜群の集中力と探求心で目標達成のために徹底的に努力を重ねます。そして目標を見事に実現させるのです。正義感が強く、嘘や卑怯なことが嫌いです。

そんな月蠍座は不思議な世界、スピリチュアルな世界に浸ってみることで、魅力がさらに輝きます。独自の世界観を楽しめるホラー動画を鑑賞したり、ドラマや映画の聖地巡りで舞台裏を覗いてみるなどして、充実した時間を過ごしましょう。

心にとめておきたいこと

根が真面目で、引き受けたことは全力で取り組むタイプ。たとえ他の人が音を上げた案件でも、月蠍座は途中で投げ出すことはありません。何事にも真剣に取り組む。それが偉業を成し遂げる力の源でもあります。

常に渇望感があるのも特徴です。それは命の危機や絶望の淵に追いやられているときに抱く必死さに近く、そんな危機感から、何でも深刻に考えてしまうところが。中途半端を嫌うため、決して途中放棄はしません。しかし、体を壊しては元も子もありません。ときにはリタイアという道があることを覚えておいてください。

また、愛情が深いだけに、相手にも同じ大きさの愛を求めます。その分、裏切られたときのダメージは甚大。愛が恨みに変わらないよう、同じ経験をした友だちに打ち明けてみましょう。時間はかかっても心は軽くなるはずです。

CHOICE OF AROMA

白檀

sandalwood

扇子やお香の原料に使われてきた香木から抽出される香り。邪気を祓う効果の他に、リラックス効果、血流促進効果もあります。

深刻に考えすぎない
愛情を恨みに
変えない

I SEE 射手座 ♐

"私は理解する"

好奇心のままに世界を渡り歩く
さらなる高みを目指したい

もっと別の世界を覗いてみたいと、好奇心のまま常に新しい景色を求めて世界を渡り歩く。それは、さらなる高みを目指そうとする月射手座の本能であり、人生のテーマでもあります。月射手座にとって、「発展・拡大」は心躍るキーワード。持ち前のフットワークで、ワクワクしながら精神的にも知識的にもレベルアップを図ります。多少の障害ものともしません。

おおらかで明朗ですが、細かいことに目が届きにくく、うっかりミスをしたり、生活のこまごました面で雑になりやすい傾向があります。対人面・恋愛面では、基本的に成長し合える関係を理想とします。社交的だけど移り気な傾向があるのも特徴。尊敬できる人に惹かれますが、相手に刺激を感じなくなると、あっさり距離を置くことも。

KEYWORD

01.

楽観

基本的に楽天的でおおらか。
細かいことを気にしないため
一つのことについて
うじうじ悩むことは少なめ。
「なんとかなる」精神で
余計な心配はしません。

02.

冒険心

一度飛んだら戻ってこない弓矢のごとく、面白そうと思ったら、まっしぐらに突き進む冒険家タイプ。未知の世界に不安や恐れを抱くことなく、喜々として飛び込んでいくのです。

03.

自由

何にもとらわれず、何にも縛られず、
自由に生きていくのが月射手座。
時間や人に縛られることなく、
自由奔放に生きたいと思っています。
ただし、自分の行動に
責任は持っています。

04.

前進

過ぎ去ったことや過去は振り返らず、
いつでも未来を見て進み続ける前向きなタイプ。
これからの人生を楽しみたいという気持ちが強く、
「上へ上へ」「先へ先へ」と楽しみを広げていきます。

陥りやすい闇

弓矢のように飛んでいき まわりを振り回す

何ものにもとらわれず、自由に生きる月射手座。旺盛な好奇心とチャレンジ精神で、いつも何かを求めて飛び回ります。誰にも縛られることなく自由奔放に生きたいと思っていて、誰かに指図されて動くのは苦手です。

また、悪気はないけれど、発言がストレートな傾向にあり、さらっとキツイ一言を口にしてしまうことが。憎めないキャラゆえにトラブルには発展しにくいですが、少し意識しておきたいところです。

視野が広い分、細かいことはあまり気になりません。ポジティブでさっぱりしていますが、そこに無神経さや飽きっぽさが加わると、人を振り回し、ダメージを与えてしまうこともあります。

そんな闇落ちから脱出するには、持ち前の柔軟性を発揮すること。相手の出方を見ながら対応することを意識してみるといいでしょう。

心と体の回復法

月射手座は、12星座のうち一番運動との縁が深い星座。体を動かすことでリフレッシュでき、それが運気アップにもつながります。

おすすめの運動は、太ももの筋肉を使うサイクリング。買い物に自転車を使う、自転車で遊びに行くなど、日常できる範囲でOKです。

また、「動物を愛する」月射手座ですから、ペットを飼うことで、心癒される時間を過ごせるでしょう。

月射手座に関連する体の部位は「太もも」「お尻」です。

運動と縁のあるサインだけに大腿部は要となります。デスクワークで座りっぱなしだと、血流不良を招くので、こまめに立ち上がり、上体反らしやストレッチで緊張をほぐしましょう。スクワットなどのエクササイズでヒップアップに磨きをかけるのもおすすめです。エクササイズ後には、筋肉痛のケアも欠かさず行いましょう。

下半身のケアを重点的に
体を動かすことで
身も心も高まる

もっと輝くには

ドライブや海外旅行でさらに視野を広げてみて

向上心旺盛で、常に上のレベルを目指しているのが月射手座。

冒険心が強く、いつも前向き。新しい刺激を求めて積極的に行動するので、イキイキしていて快活です。

心が広く、誰とでも分け隔てなく接することができます。キャパが広く、偏見を持たないので、どんな相手とも対等に付き合い、相手の出方を見て、ときには相手から学びながら、柔軟に対応します。相手の魅力を引き出すのも得意です。

そんな月射手座は、安定した一つの環境にとどまらず、自分の知らない世界に飛び込むことで、自身の魅力を十分に発揮できるでしょう。

オフの時間はちょっと足を伸ばしてドライブで遠出をしてみるのがおすすめです。海外旅行もいいでしょう。得るものが多く、よりイキイキとした魅力を引き出せるようになります。

心にとめておきたいこと

視野が広く、おおらかですが、その分、細かいところに目が行きにくく、きめ細やかさに欠けることがあります。

また、瞬発力はあるものの、興味が移ろいやすいので、持続力は低めな傾向に。何かを頼まれたら、嫌な顔一つせずに引き受けますが、時間が経つにつれて責任感が薄れ、最終的にフェードアウトしてしまう……、なんてことはありませんか？

そのフォローはまわりがすることになるので、責任感を持ち続けるよう、意識していきましょう。

束縛を嫌う月射手座は、自由に動き回ることができないと息苦しくなってしまいます。本来の力を出しきれず、自分らしさも失いやすいので、束縛や干渉の多い場に身を置くのはなるべく避けたほうがいいでしょう。ただ、月射手座は経験を成長につなげられる人。どんな体験も必ず成長の糧になるはずです。

CHOICE OF AROMA

伽羅

aloeswood

線香に使われる沈香の中で質の高いものを伽羅と呼びます。熱することで香りが出て、イライラや興奮を抑制する鎮静効果があります。

責任感を忘れずに自分らしさを曇らせる環境は遠ざけて

I USE

"私は使う"

山羊座 ♑

コツコツと努力を重ねる
社会に認められる存在になりたい

自分が掲げた目標は何があってもやり遂げる根性の持ち主。求める結果を出すためには、どんなに高い壁も乗り越えようとします。達成までに長い時間を要することを知っているだけに、完成された本物には敬意を払います。そういった理由から、伝統を重んじるタイプです。

また、出世や名誉などを求める野心の強い人。社会に評価されたいという気持ちが根幹にあります。そして、求めるポジションを得るために、自信喪失や不安を抱えながらも粉骨砕身していく。それが月山羊座の人生のテーマです。

対人関係や恋愛面でも、時間をかけて距離をつめていきます。自分から人付き合いを広げていくタイプではありません。駆け引きなどはせず、少しずつ本物の信頼関係を築いていくのです。

KEYWORD

01.

責任感

真面目で誠実。与えられた役割は
全力を尽くして果たします。
ただ、頼まれごとをノーということもあります。
冷たいと感じるかもしれませんが、
安請け合いはしないということ。
それだけ責任感を持ってやっているのです。

02.

努力

大きな目標を見据えながらも
結果を急がず、
コツコツと努力を積み重ねる人。
たとえつまずいても不屈の精神で
熱いエネルギーを注ぐので、
最後には必ずや
ビッグな成果を得られます。

03.

堅実

月山羊座はどんなに大きな障害でも
最終的に乗り越える力を持っています。
それは堅実で慎重な行動の賜物。
危ない橋を避け、より確実に
結果を出すための方法を探りながら
進んでいるのです。

04.

計画

いざというときや、予定がくるったときのために、
あらかじめ自分で綿密に計画を立てておきます。
あらゆることを想定内にしておくために、
万全の準備をするのです。
時間の使い方も上手なタイプです。

陥りやすい闇

人と関わりたいのに
安心できないと進めない

何事も無駄を嫌い、合理的に物事を進めようとする月山羊座。おしゃべりも無駄を省こうとするため、周囲とのコミュニケーションが業務連絡並の固さや少なさになってしまうことも。

心には熱い思いを秘めているのに、人見知りや不器用さも相まって積極的な交流が苦手な傾向にあります。次の一歩を踏み出したいのに、相手への警戒心がなかなか解けず、本人ももどかしい思いをしているのです。

一気に距離を縮めようとするのではなく、自分のペースでゆっくりと信頼関係を築いていきましょう。人のためになることを意識してやってみるのもおすすめです。

また、基本的に変化を嫌うため、意地を張りがちな面もあります。人の好意や優しさをスルーして、勝手に閉鎖的な態度をとることで、まわりから孤立してしまわないように気をつけましょう。

心と体の回復法

登山で頂を目指す ときにはホッとできる 時間を作って

月山羊座に関連する体の部位は「膝」「骨」です。なかでも骨はエネルギーが集まる場所。摩耗すれば、関節痛や膝の痛みが出てくるようになります。同じ姿勢を続けていると感じたら、体を伸ばすなどしてこまめなケアを。また、骨格の歪みを整えるストレッチもおすすめです。

オフにはスポーツをして体のバランスを整えましょう。大地や山に縁が深いので、登山もおすすめ。山頂を目指して進んでいくのは、月山羊座の人生そのものです。

また、自分に厳しく我慢強いので、意識的にホッとできる時間を持つことも大切です。自分を解放し、素直な気持ちを表に出してみましょう。

月山羊座は熟成ワインのごとく年を重ねるごとに、人との付き合い方も上手になっていくので、活動の幅を広げ、人生を豊かなものにしていってください。

自然と触れ合い チャーミングな一面を見せて

危ない橋は渡らない手堅さナンバー1の月山羊座。律儀で真面目、責任感の強いタイプです。無謀な挑戦もしないので、信頼度はピカイチ。まわりからの評価も高く、年上から一目置かれることも少なくないでしょう。

そんな月山羊座がもっと輝くには、茶道や着付けなど、和の習い事がおすすめです。

伝統あるものと触れることで、月山羊座の魅力はさらに輝きを増します。大地や自然と触れ合うことで、エネルギーチャージができるので、ガーデニングなどの土いじりも効果的。

熟成された風格を持つ、少々お堅めなイメージの月山羊座ですが、真剣さの中にも意外な一面を持っています。不思議なタイミングで思わぬミスをしたり、まさかの天然ボケを発揮したり……。自覚のないところが絶妙な魅力となるので、人との関わりを警戒しすぎず、交流を図っていきましょう。

心にとめておきたいこと

月山羊座は人に頼ることが苦手です。プライドが高く、人に弱みを見せて甘えるくらいなら、どんなにキツくても自分でやってしまったほうが楽だと思っています。ピンチに立たされても、「助けて」の一言が言えないのです。

また、豊かな感情をあらわにするのを恐れるところもあります。無意識に自らに緊張を強いるため、人に頼ることができません。

しかし、甘えるのも頼るのも苦手なままだと、年を重ねるほど生きづらくなります。

ですから、一歩踏み出して、そんな自分を変えてみましょう。まずはお願い上手になってみるところから。難しいと感じるかもしれませんが、「次のデートは○○に行きたいな」など、自分の希望を言うだけでOKです。

このプチ自己主張の積み重ねで、甘え下手から少しずつ抜け出せるようになるでしょう。

CHOICE OF AROMA

ゼラニウム

geranium

葉から抽出した香り。華やかさの中に爽やかさを持つのが特徴。自律神経を整える効果、ホルモンバランスを整える効果に優れています。

感情を見せるのを恐れずに甘え上手を目指す

♒ 水瓶座

I KNOW
"私は知る"

ルールや常識にとらわれない
個性を発揮して自由に生きたい

独創的でユニークな発想の持ち主で、既成概念をくつがえすような常識破りのオリジナリティを発揮します。これまで常識として受け入れられてきたものを見つめなおし、ゼロから自分の頭で考えることができる人です。たとえそれが当たり前のように続いてきた社会ルールであろうと、納得できなければ改革しようとします。そして、それぞれが個人を尊重しながら自由に生きることを求める。それこそが月水瓶座の人生のテーマです。

対人面ではオープンで社交的ですが、深入りが苦手です。束縛されることを嫌うため、いつでも一人になれるようなスタンスをキープしています。とはいえ、機知に富んだ会話、的を射た発言から信頼度はバツグン。恋愛面でも互いの自由と個性を尊重しながら、愛を育んでいきます。

KEYWORD

01.

アイデア

発想力が豊かで斬新。
オリジナリティあふれるアイデアを
生み出しては周囲を驚かせます。
保守的なものが苦手で、
人と同じでないことに
価値を見出しているのです。

02.

一視同仁

気さくでフレンドリー。
老若男女国籍や共通点の有無に関わらず、
誰とでもすぐに仲良くなれる博愛主義者。
壁を作らず、複数の人にも公平に接するので、
明るく楽しい時間を過ごすことができます。

03.

自由

束縛が苦手で、自由を求めるタイプ。
自分が自由でいたいからこそ、
人の自由も尊重します。
個人主義ではあるものの、
グループの和を乱すことはしません。
周囲との調和を
しっかりと図っているのです。

04.

独立心

他人に依存せず、自分だけの力で
物事をこなしていこうという気持ちが強い人。
周囲と足並みをそろえるのが苦手で、
自分の考えで行動します。

陥りやすい闇

ひねくれやすいアマノジャク ありがとうを伝えて

クールに見えて、実は豊かな感受性の持ち主。美しいものや心地よい音楽などを楽しみます。人が好きで人見知りもしないため、誰とでもすぐにコミュニケーションをとり、楽しく盛り上がることができます。一方で、社交辞令や建前を使うのが苦手。嘘をつくことができず、さらりと辛辣な発言をしてその場を凍りつかせることも。

そんな月水瓶座ですが、相手との距離が近づいてくると、自分の気持ちに嘘をつくことがあります。楽しいのに不機嫌そうにしてみたり、わざと意地悪な発言をしたりなど、裏腹な態度をとることがあるのです。

理解してくれている人なら問題ないのですが、それ以外の人からは、「空気の読めないひねくれ者」というレッテルを貼られることも。特に感謝の言葉は素直に言えるようにしておくといいでしょう。

心と体の回復法

月水瓶座に関連する体の部位は「足首」「循環器系」です。

日頃から、足首からふくらはぎにかけて重点的にケアしましょう。ふくらはぎのマッサージ、アキレス腱伸ばしのストレッチも効果的です。

循環器系の病気の予防は生活習慣を見直すことから始めるのがおすすめ。よくないクセに気づいたら直していきましょう。

基本的に束縛を嫌い、自由を求める月水瓶座。しかし、自由を手に入れる代わりに「孤独」に陥りやすいというジレンマもあります。

「変わり者」と呼ばれることをうれしく感じながらも、心のどこかで「自分を理解してくれる人にそばにいてほしい」と思っていて、そのジレンマが心のモヤモヤにつながることも。

そんなときは、一つでいいから本音を吐いてみましょう。人の温かさに触れることで、心が軽くなるはずです。

孤独がモヤモヤの原因に
本音を伝えて
心のジレンマを解消

もっと輝くには

自由で独創的な発想力を活かして人気者に

世間体に縛られず自分のペースを守りつつも、興味や趣味が同じ人とは楽しみを共有したいと思っています。

また、未来をよりよくしたいという気持ちが強いのも特徴です。その思いの強さは、小さな革命家とも呼ばれるほど。必要だと判断したら、迷わず大胆なカードを切ることもあります。

そんな月水瓶座がもっと輝くためには、持ち前の発想力を活かしたアイデアの発明に取り組んでみること。日頃から読書や情報収集に取り組んだり、人との交流を広げていくことで、常識にとらわれない、革新的なアイデアを生み出すことができるでしょう。そしてその力は、仕事でも強みになるはずです。

また、天文学も月水瓶座に縁の深い分野。インスピレーションが欲しいときは、天体観測やプラネタリウムに足を運ぶと、いいアイデアが思いつくかもしれません。

心にとめておきたいこと

自分が大衆の中の一部になることを嫌い、自分の個性を発揮できるような自由な生き方を求めます。

人との交流は好きですが、感情的になった人がそこにいるだけで、その場にいるのが苦しくなります。それは「依存心や同情によって自分の自由が奪われてしまうかも」という不安を感じるから。

月水瓶座にとって人間関係はとても大切なテーマ。ただ、距離感の近すぎる関係、べたべたした関係は好みません。感情に左右されるのも苦手で深入りを避けるため、突然消えたり、ぶっきらぼうな態度に出たりすることも。お世辞を言うのも苦手なので、自分に正直になればなるほど、敵を作ってしまいがち。

そんなときは、相手の気持ちに少し寄り添ってみることで、人間関係は円滑になります。本来のざっくばらんな気質も相まって、特に同世代からの人気が高まるはずです。

CHOICE OF AROMA

レモン

lemon

フレッシュな清涼感にマイルドな甘さが感じられる香り。集中力を高める効果、リラックス効果、ストレスや疲労軽減効果があります。

素直になるほど 冷たいと思われがち 寄り添うことを意識して

♓ 魚座

I Believe

〝私は信じる〟

人に寄り添い感情を共有する
幸せを分かち合いたい

12番目の魚座は牡羊座から始まったサイクルの終わり。それは人生(12星座)の旅路の最後であり、牡羊座へつなぐという役割も担っています。新たな人生が始まる前の「魂の世界」も意味します。

月魚座は相手の気持ちに同調しやすい性質を持っています。それは、自分と他人との境界線があやふやになりやすいということ。人の気持ちに共感し、寄り添うことができる反面、他人の言動に引きずられやすくなります。

しかし、そんな曖昧模糊とした状態が、月魚座の人生のテーマなのです。それは慈悲深く、来るもの拒まずの駆け込み寺的存在といえます。対人面では、人見知りもなく、すぐになじみます。恋愛関係になると、「恋人とはいつも一緒にいて甘えたい」と思うタイプです。

KEYWORD

01.

想像力

現実的なことから非現実的なことまで、
あれこれと考えを巡らせるのが大好き。
浮世離れしたムードを持つのも特徴。
インスピレーションも豊かなので、
その芸術的センスは秀逸です。

02.

感受性

感情の浮き沈みが
激しいのも月魚座の特徴。
感受性が強いだけに
心が動きやすいのです。
さっきまで泣いていたかと思えば
もう笑っている、というシーンも
少なくないでしょう。

03.

両極端

魚座のマークが精神と
肉体の対峙を表すように、
心と行動が矛盾しがちなタイプ。
どんな人も受け入れ甘えさせる一方で、
自分も優しくされたい、
甘えたいという気持ちが強いのです。

04.

インスピレーション

インスピレーションから生まれる
アートセンスは群を抜いています。
それは月魚座さんが生まれ持ったギフト。
クリエイティブ界で活躍する人も多いです。

陥りやすい闇

見えなくなりがちな自分の気持ちや思いを大切に

月魚座は、攻撃性が低く、素直でとても穏やか。柔軟性も高く、男女問わず可愛らしさを持っているので、人から愛されやすいのが特徴です。

ただ、共感力が並外れていて、感情や場の空気にとても敏感なので、付き合う人や投げかけられた言葉によくも悪くも影響されやすいところが。それにより自分を見失い、心が淀んだり、闇に落ちてしまうこともあります。

それは、他人と自分との境界線が曖昧になりやすいがゆえ。どうしたらいいのかわからなくなったら、いったん立ち止まり、自分の本音を見つめ直してみましょう。

また、愛と平和がモットーの月魚座は、人と争うくらいなら、相手に合わせたほうがラク、と考えます。しかし、それでは主体性がなくなってしまいます。自分の意見を持ち、ときにはその意見を押し通す勇気も必要です。

心と体の回復法

月魚座に関連する体の部位は「足の裏」「リンパ」です。足の裏は普段は見えない部分ですが、体にたまったネガティブなエネルギーを排出する場所でもあります。リフレクソロジーに行くなどして、ケアしてあげるといいでしょう。リンパマッサージは、老廃物を出してくれるので、むくみ解消にも有効です。

オフはスポーツをして心身ともに健康をキープしましょう。水の星座だけに、とくにおすすめなのがウォータースポーツ。水泳、スキューバダイビングも最高です。心を癒すだけでなく、気分をクリアにして、穏やかさを取り戻してくれます。

もともと競争心が強いタイプではないので、勝負して勝つというよりも、楽しむことを優先するのがコツ。

また、月魚座はスピリチュアルな星座なので、スポーツ前の願掛けなどをルーティンにするのもいいでしょう。

見えない場所の
ケアもしっかりと
楽しむことを優先する

もっと輝くには

ひらめきを活かして
クリエイティブに生きる
感性を大切に

豊かな感性を持ち、想像力とインスピレーションにも優れている月魚座。

目に見えないものにも敏感で、第六感など不思議な力を持っている人もいます。自分の感じたことを表現するクリエイティブ能力も高いので、芸術的な才能を開花させる人も少なくありません。

その芸術的センスは日常でも活かすことができます。仕事なら、どんな分野でもひらめきや思いつきは重要視されるもの。月魚座は、ひらめきを具体的な案に落とし込む力も持っています。

家庭の中でも、家事の工夫やインテリアのアイデアなど、さまざまなところでセンスを発揮できるでしょう。

そんな月魚座がもっと輝くためには、感性の赴くまま芸術を楽しむこと。フラワーアレンジメントや音楽鑑賞など、興味をひかれたものにチャレンジし、感性をさらに磨いていくといいでしょう。

心にとめておきたいこと

心優しく慈悲深い心の持ち主ですが、夢見がちで危なっかしいところがある月魚座。心の中で現実と妄想の境目が曖昧になったり、相手と自分の領域が不明瞭になったりしやすいのが特徴です。

そのため、自分一人で行動しようにも、何をどうしていいのかわからなくなり、結局一人では何もできなくなってしまった……、なんてことも。依存心や甘えが強く出てしまったら要注意。人の言いなりになったり、相手の気持ちに引きずられたりと、自分を見失いやすくなります。「ここまでは相手の領域だけど、ここからは自分の領域」と区別をつけ、自分の役割を意識しましょう。

環境への抵抗力も低めなので、いざ窮地に立たされたとき、自力で抜け出すのが困難になることも。自分はいまどうしたいのか、気持ちに正直に行動するよう、日頃から意識することが大切です。

CHOICE OF AROMA

ジャスミン

jasmine

花の王とも呼ばれる人気の香り。リラックス効果、ストレス軽減効果、ホルモンバランスを整える効果、美肌効果があります。

人と自分の線引きをしっかりとして気持ちを守って

COLUMN.01

エネルギーをチャージする 月光浴のすすめ

月光浴とは、その名の通り「月の光を浴びる」こと。そんな月光浴にはさまざまな効果があるといわれています。とくに月の光を浴びると、"幸せホルモン"と呼ばれるセロトニンが分泌されることがわかっていて、それが心身のバランスを整えてくれるため、多くのうれしい効果が得られるのです。

月光浴のやり方

❶ 月の光を浴びましょう。最も効果が高いのは満月の前後2〜3日。窓越しやベランダで行っても、外を歩きながらでもOK。

↓

❷ 時間は3分程度で十分です。ただし、午前0時以降はマイナスのエネルギーが多くなりやすく、人によっては体調を壊しやすくなることも。それまでに終わらせるようにしましょう。

期待できる効果

- ☑ リラックス効果
- ☑ 美容効果
- ☑ 睡眠の質の向上
- ☑ 月経痛緩和効果
- ☑ 邪気祓い

体を浄化するムーンウォーター

新月か満月の夜、ガラス製のボトルにミネラルウォーターを入れ、2時間以上月光浴させて作る水のこと。その水に月のエネルギー(波動)が宿るといわれています。そのまま飲んでも、洗顔やお風呂に入れて使っても◎。

CHAPTER

2

月相が映しだす あなたの魅力

太陽が表す「意識」と月が表す「無意識」のバランスで、あなたの持つ魅力と、抱きやすい葛藤がわかります。魅力アップのファッションポイントもおさえて、輝く自分へ導きましょう。

月の満ち欠けのしくみ

月、太陽、地球の位置関係によって新月と満月を繰り返す

地球から見た月は約29・5日の周期で「三日月」「半月」「満月」など、その姿を変えていきます。これは、地球のまわりを回る月と太陽、そして地球の位置関係によって起きる現象です。月そのものの形が変わっているわけではなく、太陽の光が当たっている部分だけが地球から見ると光り輝いて見えるのです。

たとえば、太陽－月－地球と並んだときは太陽の光が当たっている月の面が地球からは見えない配置なので、新月になります。実際に空に月は出ているけれど、太陽の光を反射していないため、私たちの目には見えません。月は、太陽と地球の位置関係によって、新月（朔）と満月（望）を繰り返し、この満ち欠けの周期を「朔望月」といいます。

また、月の満ち欠けは潮の満ち引きとも密接な関係があります。海には満ち潮と引き潮があり、一日に2回ずつ満潮と干潮を迎えます。これは月の引力が関わっていて、潮の干満は自然現象や出産など、ほぼすべての生物に作用する自然の摂理といわれています。

月の満ち欠けが起こるのは月が地球のまわりを回っているから

月は地球のまわりを移動（月の公転）していて、地球も同様に太陽のまわりを移動（地球の公転）しています。太陽の光が月に対していつも同じように当たっていても、地球から見たときの月が光る部分の見え方（月の形）が異なってくるのです。

月相でわかること

月の無意識と太陽の意識を読み解く月相占い

月相とは、言葉通り、月の形のことを指します。月の形は日によって異なります。月は1日ごとにその姿を変え、新月↓上弦の月↓満月↓下弦の月というサイクルを繰り返しているのです。

月相はもともと、現在のカレンダーが登場する前から「月の暦」として使われてきました。人間は昔から、「月の満ち欠け」（月相）に合わせて生きてきたのです。月の満ち欠けという自然のサイクルに合わせて生活をすることで、無理なく安全に暮らすことができると考えられていたのでしょう。

月相は太陽と月の位置関係によって決まります。占星術で太陽は意識、月は無意識を表します。そして、生まれた瞬間の月相から、あなたの中の意識と無意識がどう働き、パーソナリティや人生にどう影響してくるかを読み解いたものが月相占い（ルネーション占星術）です。

月相占いは、単独で作られた占術ではなく、西洋占星術の中の一つの技法です。ここでは、新月表（月の運行表）を使って月相タイプを導いていきます。

太陽の当たり方はいつも同じ 地球との角度で見え方が変わる

太陽の光は、いつも同じように月へ当たっています。それでも地球からの見え方が変わるのは、月が太陽の方向へ向かうほど、地球から見て影になる部分が増えるから。逆に、太陽と反対の方向に進むほど光の部分は増えていき、月が地球を挟んで太陽のちょうど向こう側にいったとき、月は満月の姿になります。

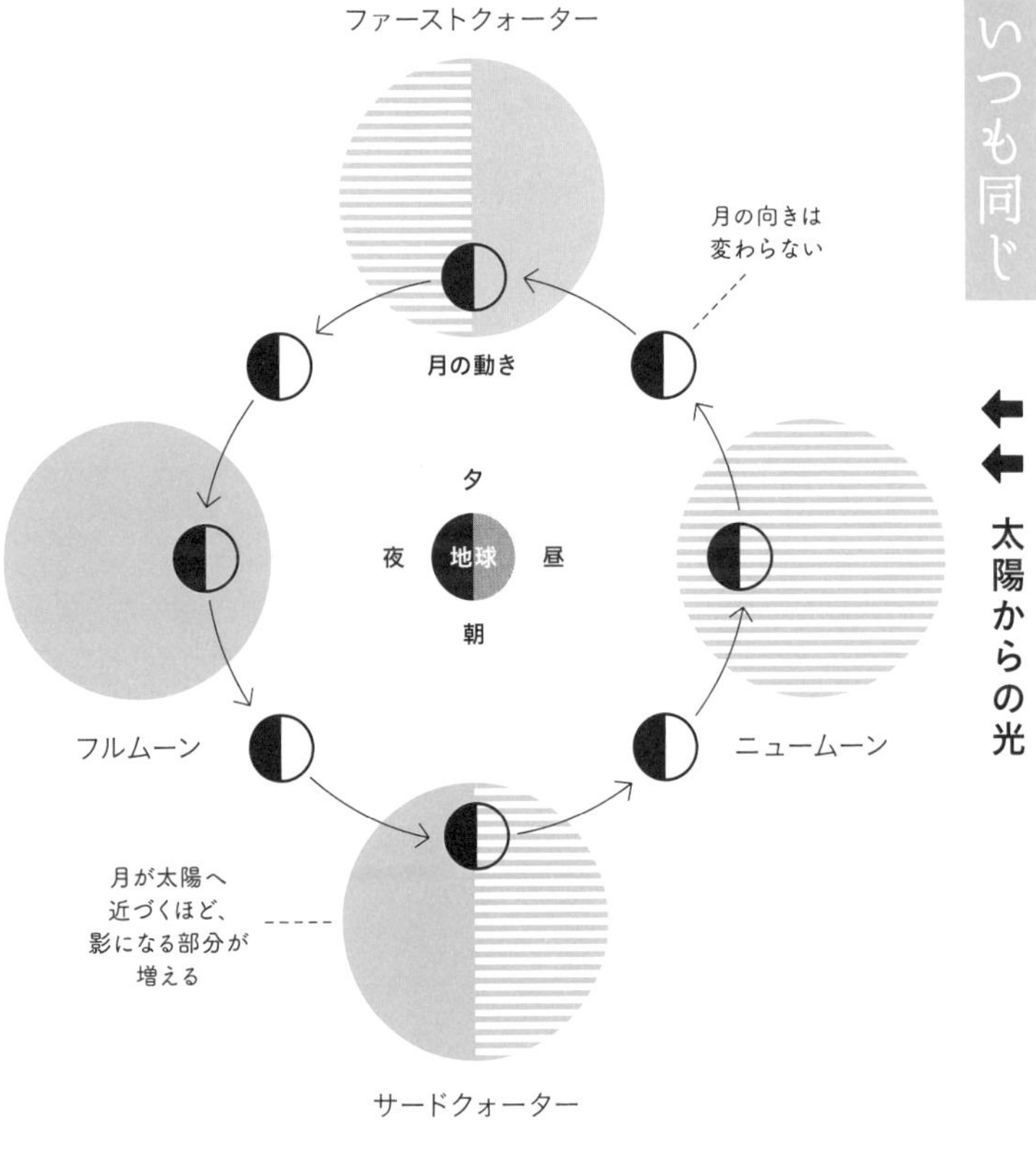

月相タイプの種類

月の満ち欠けによって分かれる8つのフェイズ

人が生まれた瞬間の月の形（月相）から、その人の心の本質を読み解くことができます。西洋占星術では、太陽は意識の他に公的な生活、月は無意識の他に私的な生活も表すため、月相占いでは人生に与える影響を導き出すことができます。月相は大きく8つの段階に分けられます。

〈 月相の8つの段階 〉

1. ニュームーン（新月）
2. クレセントムーン（三日月）
3. ファーストクォーター（上弦の月）
4. ギバウスムーン（十三夜月）
5. フルムーン（満月）
6. ディセミネイティングムーン（種蒔きの月）
7. サードクォーター（下弦の月）
8. バルサミックムーン（鎮静の月）

太陽に照らされた部分と影の部分の比率で変わる8つの月相

月の満ち欠けの段階を8タイプに分けると、図のようになります。月相1タイプにつき3～4日間となります。

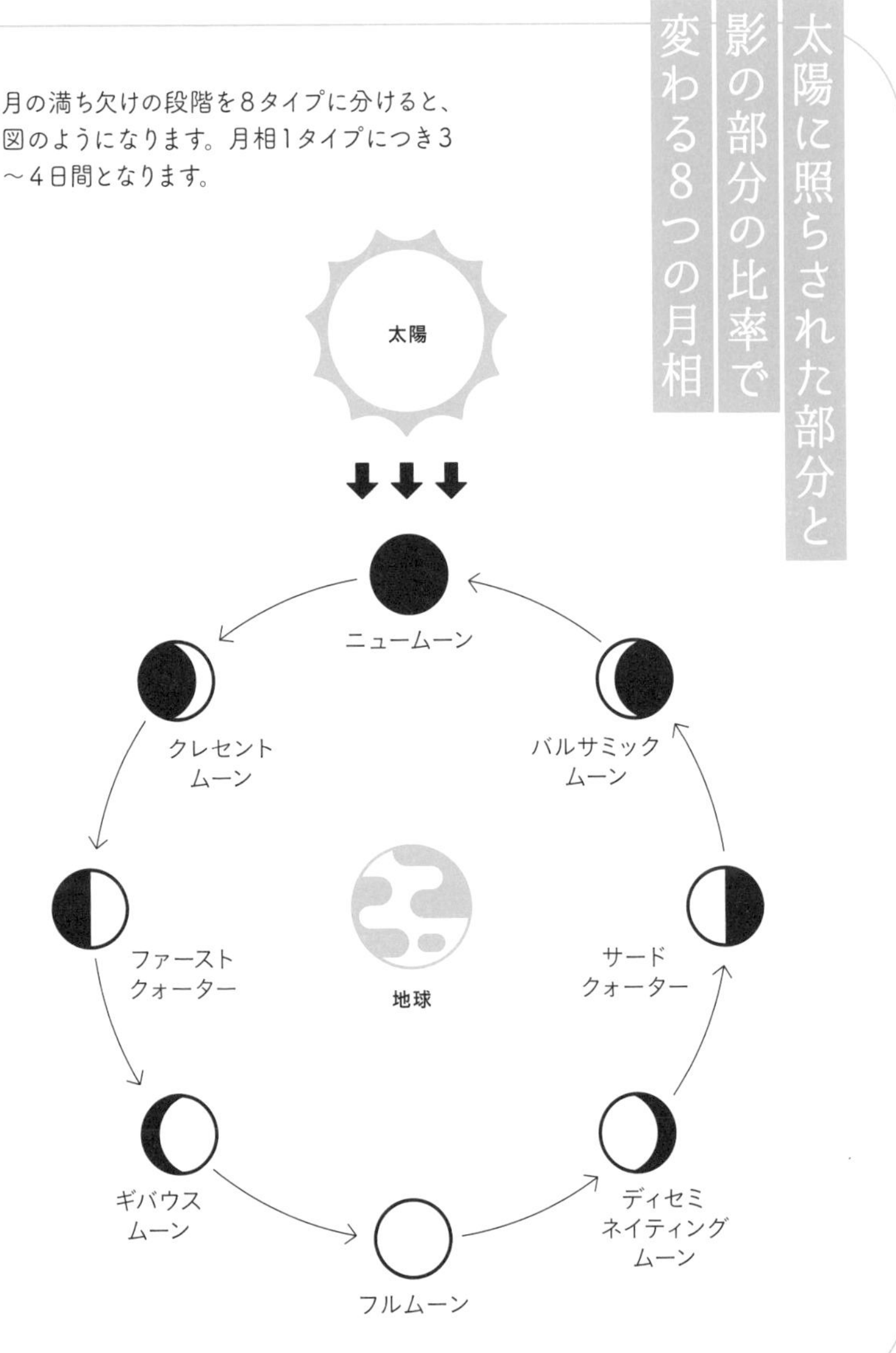

あなたの中にある月はどんな形？

月相の探し方

それでは、あなたの月相タイプを探していきましょう

STEP 1

巻末177ページからの「月の運行表」で、自分の誕生日直前の新月の日を探します。

16ページにあるQRコードからアクセスできるWEBサイトでも算出できます。

STEP 2

次に105ページの「月齢図」を見ます。新月の日を「0」とし、反時計回りに一つずつ数えていき、自分の誕生日でストップ。その月齢をチェックします。

STEP 3

その月齢に当てはまるゾーンがあなたの月相タイプです。

注意： うるう年には☆マークがついているので、「2月29日」を数えるのを忘れないようにしましょう。

月齢図

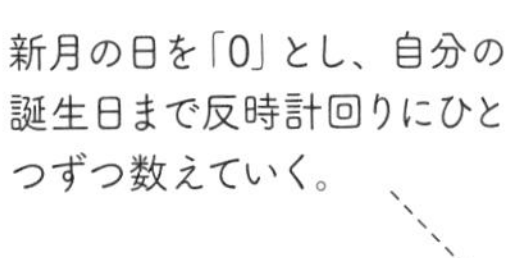

新月の日を「0」とし、自分の誕生日まで反時計回りにひとつずつ数えていく。

新月
0
1
2
3
4
5
6
7
8
9
10
11
12
13
14
15
16
17
18
19
20
21
22
23
24
25
26
27
28
29
ニュームーン
クレセントムーン
ファーストクォーター
ギバウスムーン
フルムーン
ディセミネイティングムーン
サードクォーター
バルサミックムーン
満月

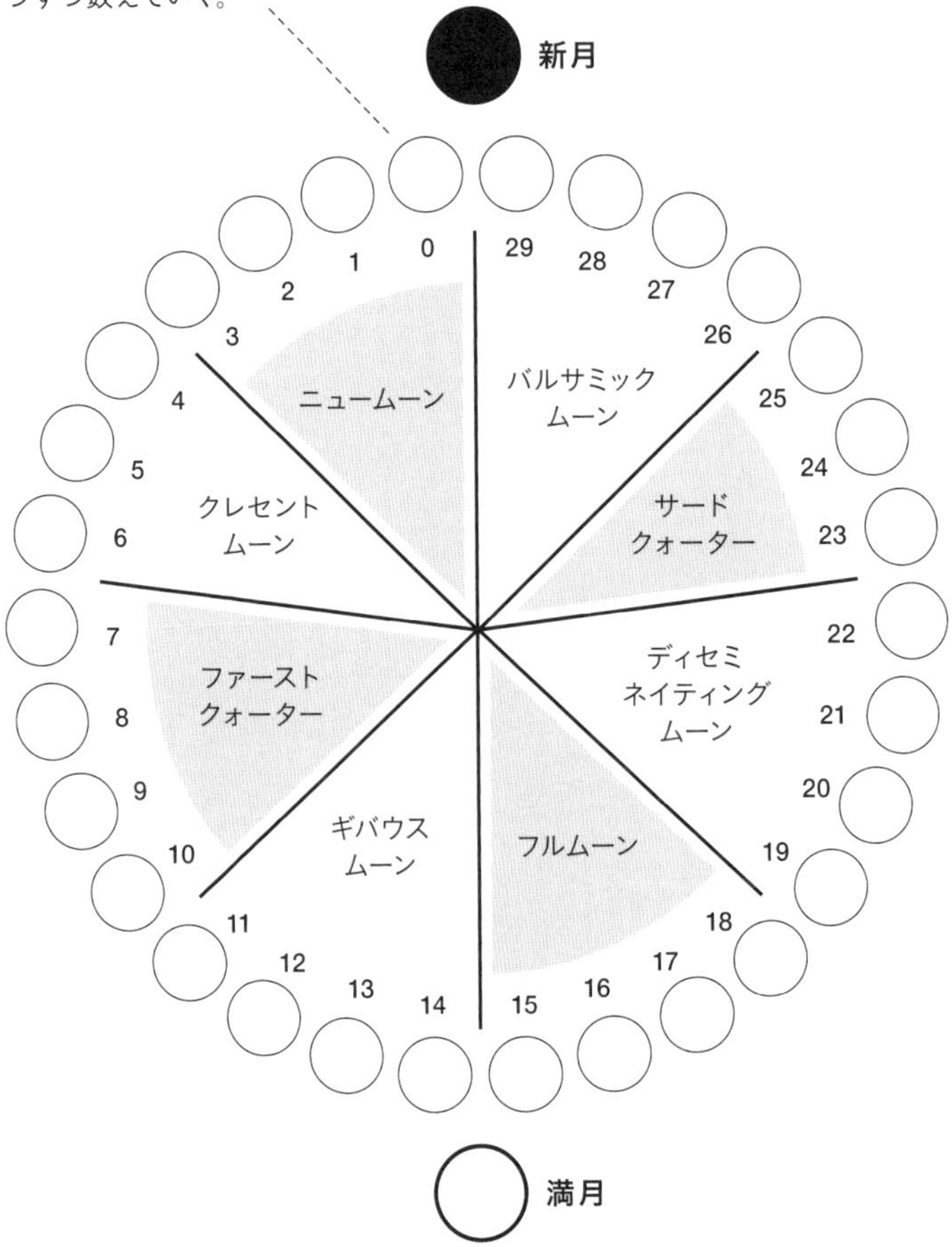

＼月相タイプの導き方の例1／

Aさん　1994年6月1日生まれの場合

「月の運行表」で自分の誕生日直前の新月の日を探すと、5月11日です。

「月齢図」を見て、5月11日を「0」として、
5月12日、13日…31日…と、反時計回りに数えながら進みます。
すると、6月1日は月齢が「21」となります。

月齢21ですから、Aさんの月相タイプは
「ディセミネイティングムーン」となります。

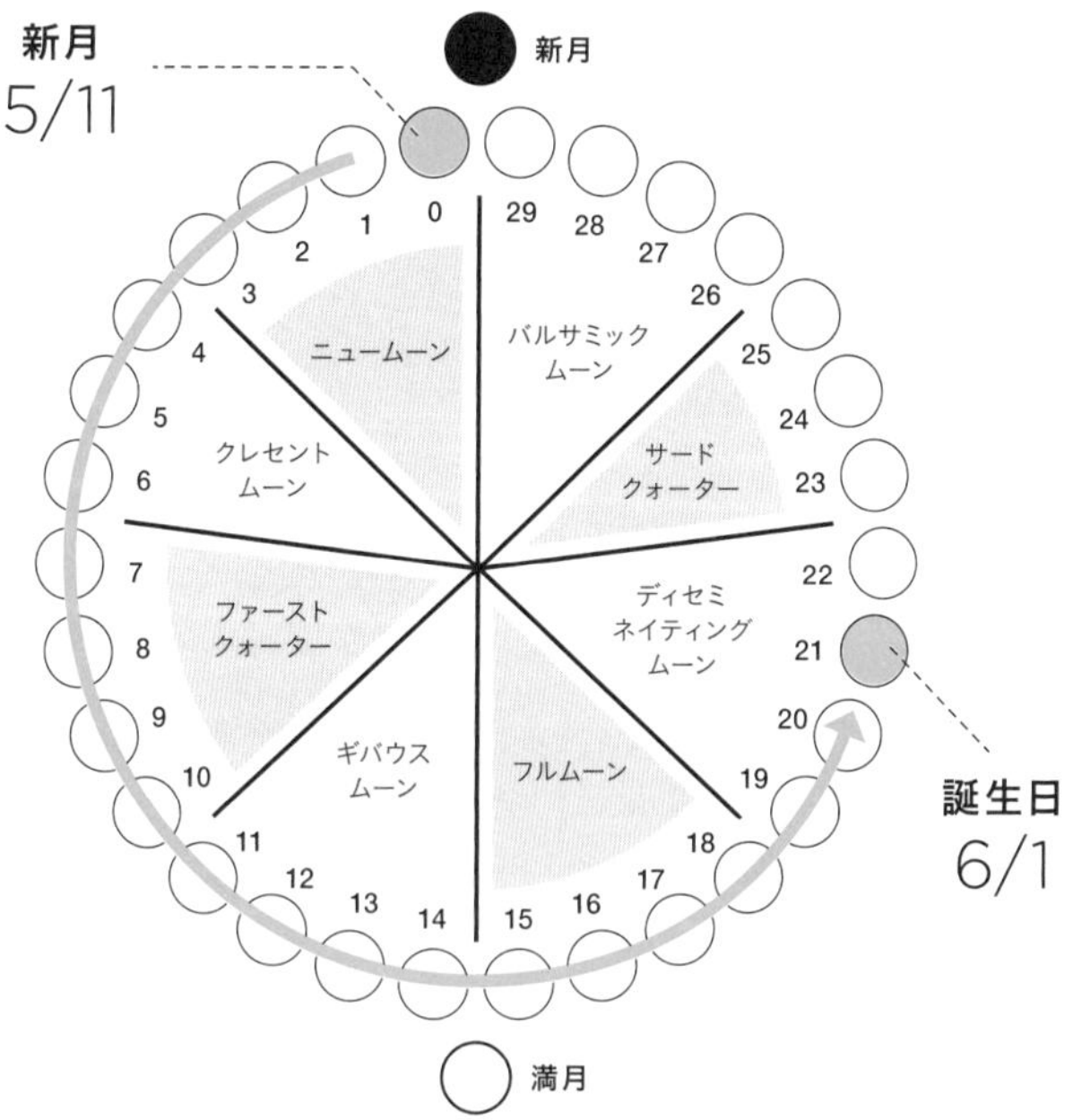

Aさんの月相タイプは　ディセミネイティングムーン

＼月相タイプの導き方の例2／

Bさん　1989年11月12日生まれの場合

「月の運行表」で自分の誕生日直前の新月の日を探すと、10月30日です。

「月齢図」を見て、10月30日を「0」として、
10月31日、11月1日、2日…と反時計回りに進みます。
すると、11月12日は、月齢が「13」となります。

月齢13ですから、Bさんの月相タイプは
「ギバウスムーン」となります。

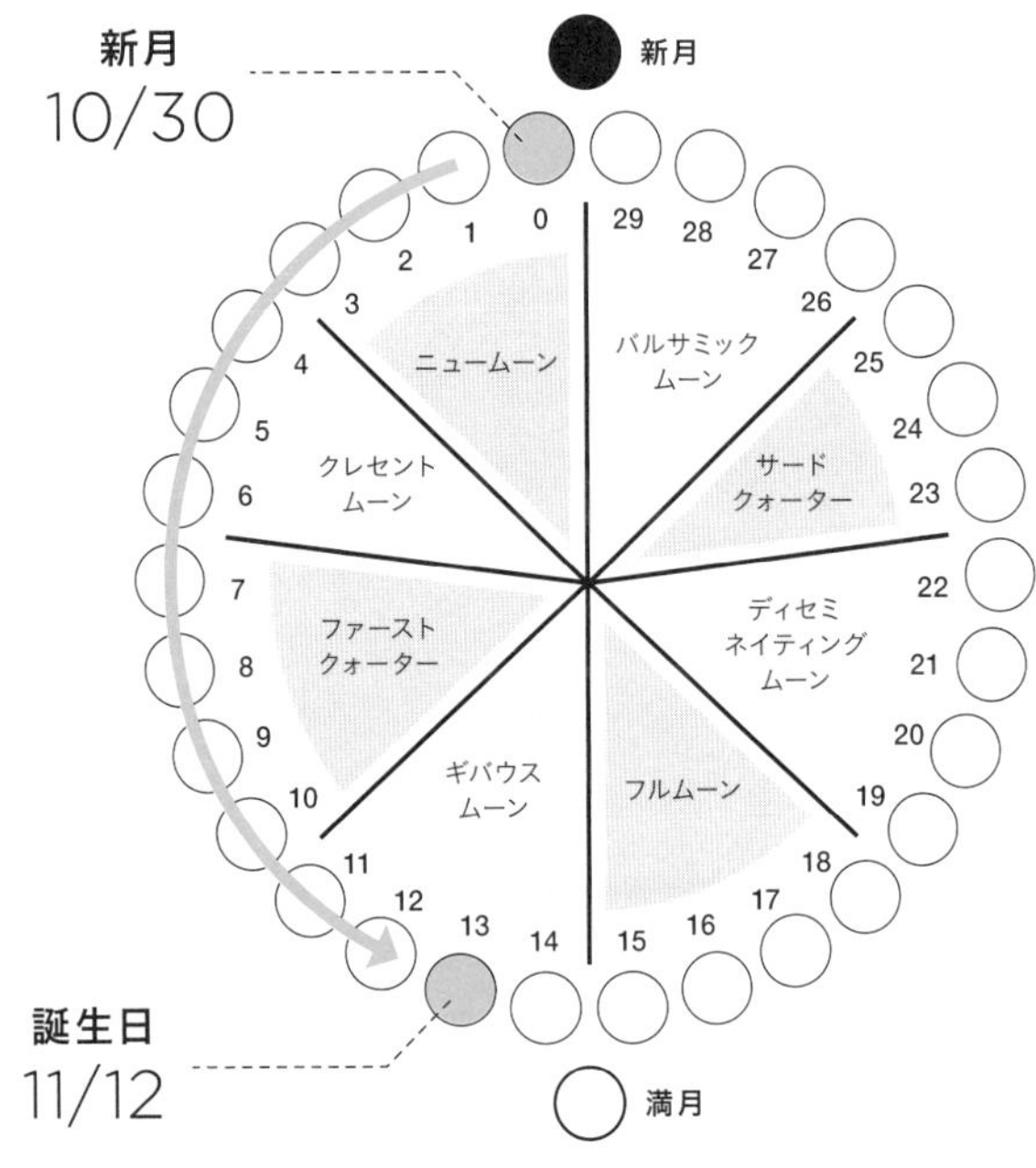

Bさんの月相タイプは　ギバウスムーン

ニュームーン〔新月〕

NEW MOON

月の始まりのついたち
純粋無垢な赤ちゃん

ニュームーン（新月）は、夜空の月が光を失い、真っ暗になっている状態の月のこと。太陽－月－地球が一直線に並んでいるため、地球にいる私たちからすれば、太陽の光を浴びていないほうの月面を見ていることになり、輝く姿を眺めることができません。

新月のことを昔は「朔」と呼んでいて、月の始まりの第一日である「月立ち（つきたち）」が転じて、朔日（ついたち）と読むようになりました。つまり、新月は新しいことが始まることを意味します。

占星術でいうと、太陽（意識）と月（無意識）がピッタリ重なる0度の配置です。これから月が満ちていくこの状態を、植物の成長にたとえるならば「種」、人の成長にたとえるならば「赤ちゃん」といえるでしょう。

与えられた役割

新しいことを始め アイデアを生み出していく クリエイター

ニュームーン。それは、真っ暗な暗闇から一筋の光が見えてきて、その光がこれから少しずつ膨らもうとしていくときです。

占星術では意識を表す太陽と、無意識を表す月が重なった状態なので、目的意識と感情の矛盾がなく、無意識とのつながりが強いのが特徴です。

生まれたばかりの月を受け継いだあなたは、赤ちゃんのように本能的で純粋無垢。裏表がありません。

この時期に生まれたあなたは、新しいことを始めたり挑戦したりする役割を与えられています。誰も歩んでこなかった自分だけの道を進もうとする人です。

また、無意識の領域と深くつながっているため、インスピレーションも豊か。常にこの世にアイデアを生み出していくクリエイターであろうとするのです。

迷わず猛進するがゆえの思い込みの激しさに注意

太陽の表す男性意識（陽）と月の表す女性意識（陰）をあわせ持つため、中性的な心を持つタイプ。ピュアで無邪気なので、その場の空気を明るくさせることができます。

心の中に葛藤がないので、思いついたことには迷いなく飛び込むことができ、決断も早いほう。

それゆえ、思ったことをそのまま口に出して相手を傷つけてしまった……、なんて経験はありませんか？

しかし、過ちに気がついたらすぐに謝ることができるのもあなたの魅力です。

また、物事を正面から真っ直ぐに見る素直な性格なので、多角的に見ることが苦手な一面も。

自分の意見を押し通した結果、取り返しのつかない問題に発展する、なんてことがないよう、周囲の意見を聞き入れることがトラブル回避のポイントです。

魅せかた

POINT 1
アイメイクにポイントを置いて。カラーラインやカラーマスカラなど、目を引くアイメイクに挑戦すると魅力アップ

POINT 2
女性らしさをプラスしたいときは、存在感のある大ぶりのピアスで耳元を華やかに

POINT 3
ボーダーのトップスなど、ユニセックスな服との相性◎。レッドカラーを取り入れると、エネルギーチャージ効果も

POINT 4
ヘアスタイルは、ダウンスタイルよりも表情がしっかり見えるアップスタイルがおすすめ

POINT 5
ストレートパンツでスタイリッシュに。靴はスニーカー、パンプスなど気分に合わせて変えると、ひらめきが生まれやすい

ニュームーン×月星座でみる あなたへのメッセージ

ニュームーン
×
牡羊座 ♈

一番乗りを目指しましょう！　皆が決断を迷っていたら、そのときこそ行動に出るチャンスです。直感力の鋭い牡羊座ですから、率先して名乗り出ることで、有利に展開しツキも招来。

ニュームーン
×
牡牛座 ♉

朝食に根菜を取り入れましょう！　エレメントが地の牡牛座は大地のエネルギーを吸収することで、体の中からパワーチャージ。よいものを取り入れることで、美肌に磨きがかかります。

ニュームーン
×
双子座 ♊

早起きしましょう！　太陽の光を浴びることで、今まで以上に頭が働き、情報キャッチセンサーもフル回転。充実した時間を過ごすことで脳も活性化します。人気も正比例で上がりそう。

ニュームーン
×
蟹座 ♋

朝食に葉野菜を食べましょう！　サラダや炒めものなど、水分の多い野菜をとることで体の潤い補給になり、心も穏やかになります。一日の始まりを健やかにスタートさせましょう。

ニュームーン
×
獅子座 ♌

レジャーなどの楽しい計画は率先して立てましょう！　盛り上がるし、充実感も満載。企画力が評判を呼び、交友関係も拡大するでしょう。それがツキを呼ぶきっかけにもなります。

ニュームーン
×
乙女座 ♍

よいプチ習慣をつけるようにしましょう！　ささいな事でいいので、無理せず毎日できることをやってみて。ルーティンにすることで幸運のリズムが生まれ、好結果につながります。

ニュームーン
×
蠍座 ♏

朝起きたら手を洗いましょう！　溜まったものを洗い流すイメージです。蠍座は物も心も溜め込みやすい性質があるため、洗い流すことで、快適な一日の始まりにつながります。

ニュームーン
×
天秤座 ♎

朝一番に窓を開けましょう！　風を感じ、きれいな空気を吸い込むことで、風に縁のある天秤座はエネルギーチャージできます。体の中から浄化され、快適に一日を始められます。

ニュームーン
×
山羊座 ♑

朝一番、一日の目標を口に出してみましょう！　山羊座は着実に目標を達成していくタイプです。しっかりとエンジンがかかり、最後までパワフルにやりぬくことができるでしょう。

ニュームーン
×
射手座 ♐

興味を持った人には臆せず声をかけてみましょう！　好奇心が満たされるだけでなく、視野も活動範囲も広がります。成功のチャンスも自然とついて回るようになるでしょう。

ニュームーン
×
魚座 ♓

「すみません」ではなく「ありがとう」と言いましょう！　気分にムラが出やすい魚座ですから、ポジティブ発言を意識して。そうすれば、一日を笑顔で過ごすことができるでしょう。

ニュームーン
×
水瓶座 ♒

アイデアがひらめいたらメモしておきましょう！　発想力が豊かな水瓶座ですから、物怖じせず実行に移したら、予想以上の結果が出るでしょう。ブレイクも夢じゃないかも。

クレセントムーン〔三日月〕

CRESCENT MOON

新月から満ちていく
育ち盛りの子どものよう

クレセントムーン（三日月）は、新月から約3日後、少しずつ月が満ち、三日月になった状態のこと。日没後、西の空に細い弧を描いたような光が鋭く輝きます。新月の月面は、満月のときよりも地球の照り返しが強いため、新月後の三日月は、太陽に照らされていない部分が青白く見えます。

右半分が輝いているのが特徴で、新月の後に姿を現すことから「初月（はつづき）」とも呼ばれます。また、新月から満ちていき、伸びしろが大きい様子から、「三日月に願い事をするとかなう」ともいわれています。

占星術でいうと、ピッタリ重なっていた太陽（意識）と月（無意識）に少しズレが生じてきた状態。植物でたとえるならば「発芽」、人間にたとえるならば「育ち盛りの子ども」と表現できます。

与えられた役割

物事をスタートさせる必要な革新もいとわない改革者

新月から満月に向けて満ち始めるクレセントムーン。

占星術では太陽は意識、月は無意識を表しますから、影が支配する無意識の領域に、光が支配する意識の領域がちょこっと顔をのぞかせている状態といえます。

そのため、クレセントムーンの人は、好奇心が旺盛でアクティブ。興味を持ったら即行動。物事をスタートさせるのが得意で、大きな可能性を秘めています。

子どものような成長スピードを持っていて、知識や技芸の吸収力はバツグン。スポーツや仕事のスキルアップも期待できるでしょう。

また、優れた改革センスがあり、無意味な習慣やしきたりに鋭く切り込むことができる人でもあります。それは純粋によくないものに対して疑問を抱くからこそのなせる業。これもクレセントムーンに与えられた役割です。

あなたの光と影

フレキシブルな行動派 一つのことを深めていけば より輝ける

常にフレッシュな気持ちを持っていて、新しいものを積極的に取り入れようとしていくタイプ。感受性が強く、気まぐれで不安定なところもありますが、まるで好奇心旺盛な子どものように新しいことに興味を抱き続けます。

ただ、スタートダッシュは得意ですが、時間をかけてじっくり深めていくのは苦手。継続できずに結果が残せない……、というジレンマを抱えやすいため、新しいことを探し続けていないと心が満たされないのです。

意欲だけが先走り、なかなか結果が出ずに焦ることもありますが、持ち前の柔軟さでフレキシブルに対応していくことで、確実に成果を出すことができます。

クレセントムーンは積み重ねた経験の数だけ成長できる人。壁にぶつかったとしてもくじけず、自分を信じて進みましょう。

魅せかた

POINT 1
軽やかなエアリーヘアでふんわり仕上げて。髪色は明るめがおすすめ

POINT 2
「新しいものに生まれ変わらせること」が運気を呼ぶため、アクセサリーはハンドメイドやリメイクものを選ぶと◎

POINT 3
メイクはつや感を意識。アイシャドウは柔らかなソフトカラーで優しい目元に。アイラインはブラウンでナチュラルに引き締めて

POINT 4
ゆるっと持てるメッシュバッグはクレセントムーンのアクティブさをより高めてくれるアイテム。夏はかごバックも◎

POINT 5
カジュアルな服装が魅力を引き立てる。小花柄など、主張しすぎない柄を取り入れれば、シンプルながら個性もアピールできる

クレセントムーン×月星座でみる あなたへのメッセージ

クレセントムーン
×
牡牛座 ♉

大事な日の前には好物を食べましょう！　五感を満たすことで、気持ちが引き締まり、勝負強くなります。本番で力を発揮しやすくなるので、パフォーマンスも上がるでしょう。

クレセントムーン
×
牡羊座 ♈

何かをしようと目的を決めたら、それを紙に書き出してみましょう！　記録に残すことで意欲も増して、意志も固まります。目標とその結果が明確になるので自信につながります。

クレセントムーン
×
蟹座 ♋

気持ちが晴れないなと思ったら、趣味やアロマの時間を取って癒されましょう！　心地よい場所で自分だけの時間を作るのがポイント。ストレスを溜めないことが何より大切です。

クレセントムーン
×
双子座 ♊

頑張る日が続いたら、リセットのために小旅行に出かけましょう！　そこでの体験は知識と情報を増やし、さらなる活動のエネルギー源となります。日々の生活にハリも出てきます。

クレセントムーン
×
乙女座 ♍

約束の厳守はもちろん、待ち合わせには少し早めに到着するようにしましょう！　心の余裕が生まれるので、何事にも自信を持って行動することができ、完成度も高まります。

クレセントムーン
×
獅子座 ♌

生活がマンネリ化してきているなと感じたら、芸術や文学などの作品作りに挑戦してみましょう！　持ち前の創作センスが活性化します。傑作誕生から、さらなるチャンス拡大も。

クレセントムーン
×
蠍座 ♏

集中力がとぎれそうになったら、ミネラルウォーターを飲みましょう！　水のエレメントの蠍座は、水がエネルギー源になるため、集中力が回復し、実力を存分に発揮できます。

クレセントムーン
×
天秤座 ♎

気分が沈みがちなときは、美しいものをそばに置きましょう！　お気に入りの花、絵画、風景写真などが天秤座の美意識を満たしてくれます。イキイキと過ごすことができるでしょう。

クレセントムーン
×
山羊座 ♑

定期的に一人の時間を持ちましょう！　誰にも邪魔されない空間にいることで気持ちが安定し、どんなときでも冷静な判断ができるようになります。向かうべき方向に進めるでしょう。

クレセントムーン
×
射手座 ♐

パワーダウンしたかなと思ったら、外国映画を観ましょう！　海外とも縁の深い射手座ですから、外国文化に触れることでエネルギーがチャージされ、活躍の幅も広がります。

クレセントムーン
×
魚座 ♓

気持ちを強く持ちたいときは、お守りを持っておきましょう！　気持ちが安定し、何事にも自信を持って取り組めます。パワーストーンや天使モチーフのグッズなどもおすすめです。

クレセントムーン
×
水瓶座 ♒

休日は予定を決めず、思うままに行動してみましょう！　束縛を嫌う水瓶座ですから、のびのびした時間を持つことで実力発揮。心のモヤモヤも吹き飛ばすことができるでしょう。

FIRST QUARTER MOON

ファーストクォーター

〔上弦の月〕

膨らんできた半月
思春期の乙女のよう

ファーストクォーター（上弦の月）は、三日月から満ちてきた月が、半分まで光るようになった半月のこと。別名を「弓張り月」と呼びます。上弦という名前に使われている「弦」は、弓に張る糸のこと。半月の形が弓に似ているので、その名前がつけられたといわれています。

上弦の月と下弦の月はどちらも半月ですが、左側が欠けて右側が光っているのが上弦の月です。

占星術でいうと、意識を表す太陽と無意識を表す月が、90度になっているため、光（意識）と影（無意識）の部分がちょうど半々の状態です。これは、自分の中に相反する二面性を持っているということを意味します。

ファーストクォーターを植物にたとえるならば「成長期」、人間にたとえるならば「思春期の乙女」といえます。

与えられた役割

熱い情熱を秘めた力強いリーダー

三日月からぐんぐん勢いを増して満ちていく上弦の月ですから、この生まれの人は行動力に富んでいます。

熱い情熱を秘めていて、どんなに大きな壁が立ちはだかろうとも、一度決めた目標はとことん努力し成就させます。たとえ失敗しても、その経験を糧にして、さらにレベルアップできる実力と、力強さを兼ね備えています。

自分が正しいと思ったら、どんなに手強い相手にも、強い権力にも決してひるまずにつき進みます。曲がったことを許さず、正義感を貫くパワフルな人です。

また、人をまとめる力や実行力が高いのも強み。大地に根をおろしたような安定感があり、まわりからの信頼度も非常に高いので、リーダーとなってみんなをまとめるという役割も与えられています。

内と外に抱える二面性
それでも立ち上がる人

光と影を同等にあわせ持つファーストクォーターは、ポジティブな自分がいれば、同じだけネガティブな自分がいるということです。

光は意識を表すため、表の顔であり理性を意味します。影は無意識を表すため、裏の顔であり秘めた感情を意味します。

ファーストクォーターがまわりに見せるのは、強くて理性的な表の部分。しかし、その裏では、誰かの不用意な発言に涙したり、自分の言動を後悔したりと、人知れずネガティブな時間を過ごしているのです。

しんどいと感じたときは、自分の中のネガティブで弱い部分を認めてあげると、心のバランスがとれるようになります。強くて熱くて理性的なだけじゃない、こんな脆くて弱いのも自分なのだと受け入れることで、心も軽くなるはずです。

魅せかた

POINT 1
存在感のある大きめピアスで顔まわりを華やかに。ぴしっとキメたストレートヘアは、クールな大人っぽさをアピール

POINT 2
アイラインは目尻を跳ね上げると、より美人度アップ。まゆげもしっかり描くのが◎。クリアなレッドリップで華やかに

POINT 3
スポーツ×フェミニンなど、2つのテイストをミックスさせたコーデがおすすめ

POINT 4
オレンジカラーを取り入れれば、疲れが浄化され、心も体もパワーチャージできる

POINT 5
マーメイドスカートなどの甘めアイテムには、スニーカーなどのカジュアルアイテムを合わせてバランスを調整

ファーストクォーター×月星座でみる あなたへのメッセージ

ファーストクォーター
×
牡羊座 ♈

オフは対戦ゲームで戦闘意欲に火をつけましょう！　迷いがちなときも、エネルギーを高められるようになり、何事においても全力で取り組めるので、勝負強さもアップします。

ファーストクォーター
×
牡牛座 ♉

ついつい食べ過ぎないように注意しましょう！　食事を工夫する、栄養のバランスを整える、運動でカロリー消費するなどして、健やかなボディをキープするようにしましょう。

ファーストクォーター
×
双子座 ♊

まわりの人への挨拶はいつでも笑顔で！　持ち前の朗らかさを活かし、口角を上げていきましょう。自分の気持ちもその場のムードも華やかに盛り上げ、人気も上がるでしょう。

ファーストクォーター
×
蟹座 ♋

気分転換したいときは細かい作業をしてみましょう！　もともと手先の器用な蟹座ですから、手芸や料理をすることで脳が活性化され、楽しみながらリフレッシュできるでしょう。

ファーストクォーター
×
獅子座 ♌

一日に一ついいことをしてみましょう！充足感が生まれることで人にも自分にも優しくなれ、心の余裕が生まれます。生活にハリが出るだけでなく、一段と輝きを増すでしょう。

ファーストクォーター
×
乙女座 ♍

楽しみながらできる健康法を見つけましょう！　健康に関心の高い乙女座ですから、軽い運動やプチエクササイズなど、無理せずできる簡単なものを続けていくのがおすすめです。

ファーストクォーター
×
蠍座 ♏

気持ちがブレそうになったときは、丹田を意識してみましょう！　姿勢を整えたら下腹に力を入れ、小さく息を吐いて。ホルモンバランスが整い、集中力もさらに高まります。

ファーストクォーター
×
天秤座 ♎

おしゃれセンスに磨きをかけましょう！　美的センスに定評のある天秤座ですから、特にカラーコーデに変化をつけてみると、魅力も倍増。気分が上がるだけでなく人気も高まります。

ファーストクォーター
×
山羊座 ♑

頑張りすぎて疲れたときのために、自分だけの癒しスポットを見つけておきましょう！　クールに振る舞いがちな山羊座ですから、それだけで心にゆとりが生まれます。

ファーストクォーター
×
射手座 ♐

気分が不安定になりかけたら、広い場所で深呼吸しましょう！　解放的で広い場所に縁の深い射手座ですから、屋外であればさらにベター。リフレッシュできて自信もつきます。

ファーストクォーター
×
魚座 ♓

頑張った自分へのご褒美に、マッサージやネイルケアに足を運んでみましょう！　感受性豊かな魚座ですから、スペシャルなケアで優雅な気分を味わえば、気分もぐんと上がります。

ファーストクォーター
×
水瓶座 ♒

オフはSNSを活用しましょう！　新たな人間関係が生まれ、活動範囲も拡大。意外な人とのつながりを発見したり、ユニークな個性で人気の的になったりと楽しく過ごせます。

ギバウスムーン〔十三夜月〕

GIBBOUS MOON

未完成の美しさをまとう社会に出ようとする若者

ギバウスムーン（十三夜月）は、半月からさらに満ちてきた、満月の一歩手前の状態の月のこと。限りなくまん丸に近いのですが、左側のほんの一部が弓状に欠けています。

日本では、十三夜の満月まであと少しという未完成の繊細な美しさに魅せられ、十五夜（満月）と同様に月見をする風習があります。十三夜と十五夜をあわせて「二夜の月（ふたよのつき）」と呼びます。また、この時期、栗や豆を収穫しお供えしていたことから、「栗名月（くりめいげつ）」「豆名月（まめめいげつ）」と呼ばれることもあります。

占星術でいえば、意識を表す太陽の部分が大半を占めていて、無意識を表す月がほんのわずかになっている状態。植物の成長にたとえるならば「つぼみ」で、人間の成長にたとえるならば「社会に出ようとする若者」です。

与えられた役割

追い込みに強く完成を目指してひた走る完璧主義者

満ちてきた月がどんどん正円に近づくものの、満月には少し足りない月。ギバウスムーン生まれの人は、完成された美に対する思いが人一倍強く、欠けた部分を埋めようと、完璧を求めて努力します。それは仕事だけでなく、芸術から趣味の世界まで、幅広く発揮されます。それがあなたに与えられた役割です。

コツコツ時間をかけて努力を積み重ねるよりも、集中力を高めてスピーディーにこなしていくのが得意で、追い込みにも強いタイプ。

占星術でいうと、太陽が表す意識の領域のほうが、月が表す無意識よりも圧倒的に大きいため、「自分はこうしたい」という目的意識が明確です。

そのため、高い向上心を持ち続け、人生の目標にしっかりと近づいていくことができるのです。いつまでも若々しい魅力を放っているのも特徴です。

優れた美的感覚の持ち主 未完成の自分も認めてあげて

膨らんでいく光の部分があと少しで満月に近づく。そんな完成されていない趣ある美を感じさせるのがギバウスムーン。

この月の光を受け継いだあなたは、美的感覚に優れたタイプ。自分の感覚を大事にし、個性を発揮していくのが得意です。

穏やかなムードを持っていて、人に優しく、面倒見も◎。「満月には届かない」という欠乏感を常に抱いており、誰に対しても謙虚です。人の欠点や弱さも受け入れることができるため、相談役としても慕われるでしょう。

ただし、自己評価の低さから劣等感を募らせると、あふれる才能を無駄にしてしまう可能性が。

未完成の自分を「今のままでも素敵」と認めることで、本来の輝きを引き出すことができます。

魅せかた

POINT 1

ふんわりとしたダウンスタイルヘアで、キツくなりすぎないナチュラルさをプラス

POINT 2

アイメイクはしっかりとグラデーションを作って、目力アップ。リップはベージュでこなれ感を出して

POINT 3

アクセサリーには、シンプルなゴールドをチョイスして、スタイリッシュに

POINT 4

ジャケットで、清潔感あるおしゃれコーデに。カジュアルなトップスでも、ジャケットを合わせればきれいめな印象に

POINT 5

小物にはビンテージや好きなブランドを選ぶと、パワーチャージ効果が。プチプラとうまく組み合わせて

ギバウスムーン×月星座でみる あなたへのメッセージ

ギバウスムーン
×
牡牛座 ♉

美しいものに触れましょう！　美的センスの高い牡牛座ですから、絵画、美しい景色、花などを見るだけで美意識を刺激され、生活にハリが出て、ツキにも恵まれやすくなります。

ギバウスムーン
×
牡羊座 ♈

うまくいったときは、鏡を見ながら自分をほめてあげましょう！　自分で自分の再確認をすることで、それが自信につながり、そして、さらなる高みへと上ることができます。

ギバウスムーン
×
蟹座 ♋

部屋をいつもきれいにキープしておきましょう！　住居や環境に左右されやすい蟹座ですから、リラックスできる居心地のいい空間作りが大切。心身のエネルギー源になります。

ギバウスムーン
×
双子座 ♊

大きく腕を振って歩いてみましょう！　双子座に関連する部位である腕をよく動かすことで、ハツラツとしたフレッシュな魅力がさらにアップ。素敵な交友関係がさらに拡大するでしょう。

ギバウスムーン
×
乙女座 ♍

マナーや敬語を使いこなしましょう！　常識をふまえた上品な魅力が光り、一目置かれる存在になります。仕事運が高まるだけでなく、ツキも呼び寄せやすくなるでしょう。

ギバウスムーン
×
獅子座 ♌

どんな小さな仕事にも手を抜かずに取り組みましょう！　フェアで真摯な姿勢がリスペクトされ、信頼度もどんどん上がっていきます。あなた自身もさらに輝いていけるでしょう。

ギバウスムーン
×
蠍座 ♏

暴飲暴食に注意しましょう！　エネルギーパワーが極端な蠍座ですから、ストレスが溜まらないようまめに発散するのが◎。楽しい毎日を送れ、ツキにも恵まれるようになります。

ギバウスムーン
×
天秤座 ♎

親友やパートナーの言葉に耳を傾けましょう！　目からウロコの発見や膝を打つようなアドバイスをもらえることもあるでしょう。さらに、2人の絆もこれまで以上に強くなります。

ギバウスムーン
×
山羊座 ♑

歴史ある文化や作品などに触れてみましょう！　伝統を重んじる山羊座ですから、心が落ち着いて、何をするにも余裕が生まれます。難題もこなせるようになるでしょう。

ギバウスムーン
×
射手座 ♐

スポーツやエクササイズを楽しみましょう！　体を動かすことに縁が深い射手座ですから、健康的な体を得られるだけでなく、気持ちに活気が生まれるので、運気も上がるでしょう。

ギバウスムーン
×
魚座 ♓

アートに関わる機会を増やしましょう！　インスピレーションが豊かな魚座ですから、映画や音楽など、多くの作品に触れることで、自身の芸術的センスがさらに磨かれます。

ギバウスムーン
×
水瓶座 ♒

晴れた日の夜は星空を見上げましょう！　天文学と縁の強い水瓶座ですから、気持ちが解放されて新しい視点が増えることで、持ち前のアイデアセンスもさらに光るでしょう。

FULL MOON

フルムーン〔満月〕

正円で光り輝き
スポットライトを浴びる主人公

フルムーン（満月）は、月の全面が欠けることなく輝いて見える状態をさします。新月から数えて15日目の十五夜の月で、太陽－地球－月と並んでいます。地球から見れば、太陽の光を浴びている月面が映されることになるので、まん丸に輝く姿を一晩中眺めることができます。

満月の中でも、旧暦8月15日の中秋の名月は1年で最も美しいとされ、日本以外でも「特別な日」として年中行事が行われています。日本では団子をお供えし、農作物の収穫に感謝しながら月見をするという風習があります。

占星術でいうと、太陽（意識）と月（無意識）がちょうど180度の状態です。

満月のこの状態を植物の成長にたとえるならば「開花」で、人間にたとえるならば「主人公」です。

与えられた役割

勝負どころで力を発揮し目標を達成させる力を持つヒーロー

満月の光を受け継いだあなたは、明るく堂々としていて、人を惹きつける華やかなオーラを放つタイプ。

まわりの注目を集め、自分自身も輝いていたいため、努力を惜しみません。

新月で蒔いた種が実るのが満月。「望月（もちづき）」とも呼ばれ、願望成就のたとえとしても使われる通り、フルムーンの人は目標を達成する力を持っています。ここぞというときに力を発揮し、成功へと導く。それが、あなたに与えられた役割です。

他人と関わっていくことも大切で、相手を通して自分を再確認し、舵の取り方を変えていくこともあります。コミュニケーション能力も高く、相手の様子を見ながら自己を修正していくことも少なくありません。

自分の個性を表現したり、自分にしかできないことを実行することで、人生はさらに充実していくでしょう。

華やかさの裏にある葛藤 自分の本音を見つめて

フルムーンは月面がすべて太陽の光で照らされているので、意識が目覚めている状態といえます。

さらに、太陽と月は180度の配置にあるため、意識と無意識が相反していることを示しています。

つまり、フルムーンの人は自分のことを客観的に見ている人なのです。自分の姿や行動を俯瞰しながら、常に適切な行動をとろうとするので、的確な判断ができる人と周囲から一目置かれることも多いでしょう。

しかし、意識と無意識がかみ合わないということは、心の中に葛藤を抱えるということでもあります。

「本当はやりたくないけど、やるしかない」「前に進みたいのにブレーキをかける自分がいる」など、ジレンマに疲れ切ってしまうことも。ときには自分の本音を優先してあげるといいでしょう。

魅せかた

POINT 1
ダウンスタイルだと、どこか寂しい印象に。ハーフアップならナチュラルに上品さをプラスできる

POINT 2
アイラインは目尻だけに。アイシャドウは、パールの入ったクリームシャドウで派手すぎない上品さを

POINT 3
ホワイトやアイボリー、ベージュなどの優しいカラーを取り入れることで、持ち前の華やかさが際立つ

POINT 4
パフスリーブのワンピースで、女性らしさをアピール。バッグにはブラックなど、暗めの引き締めカラーを選んで

POINT 5
華やかなオーラを放つフルムーン。派手すぎないナチュラルテイストを意識することで、自分自身の魅力が引き立つ

フルムーン×月星座でみる あなたへのメッセージ

フルムーン × 牡牛座 ♉

フルーツを食べましょう！　とくに生のものがベストです。牡牛座にとって質のよい食事ははずせません。心身共に満たされ、女性としての魅力も増し、さらに運気も高まります。

フルムーン × 牡羊座 ♈

常にチャレンジを続けましょう！　牡羊座は刺激があってこそ燃えるタイプ。興味をそそられたら、その都度全力で向かいましょう。ライバルと競い合うことは実力アップに直結します。

フルムーン × 蟹座 ♋

料理、手芸などで自己表現してみましょう！　まめさが魅力の蟹座ですから、たくさんの人に見てもらうほど自信がつき、隠れていた才能が開花する可能性も高まります。

フルムーン × 双子座 ♊

人との交流は積極的に広げましょう！人を通して自分を再確認できるので、それが自信につながります。入手した情報から人生のヒントも得られ、運気アップにもつながります。

フルムーン × 乙女座 ♍

何事においてもコンプリートを目指しましょう！　仕事から趣味まで、得意のジャンルでピースがすべてそろったら、幸運パワーレベルが1ランク上がるということです。

フルムーン × 獅子座 ♌

積極的に人前に出ましょう！　プレゼンテーション、弁論、演劇など、自分の中にあるものを表現することで、注目度も高まります。一目置かれ、まさかの大抜擢もあるかも。

フルムーン
×
蠍座 ♏

いったん始めたことは全うしましょう！　オールオアナッシングの蠍座ですから、見事ゴールまでたどり着くことができたら愉快痛快。スペシャリストとして大成功の可能性も。

フルムーン
×
天秤座 ♎

誰に対しても公平な態度で接しましょう！　バランスや公平を優先する天秤座ですから、それが信用につながり、良好な人間関係を築けます。そのまま運気も上がっていくでしょう。

フルムーン
×
山羊座 ♑

夢や目標を公言してみましょう！　仕事運の高い山羊座ですから、応援やサポートしてくれる人が増えるだけでなく、隠れていた才能が目覚めて、達成がぐんぐん近づきます。

フルムーン
×
射手座 ♐

好奇心のまま未知の場所へ足を運んでみましょう！　知的好奇心が強い射手座ですから、新たな発見や刺激的な出会いに恵まれます。そしてそれが開運チャンスにもつながります。

フルムーン
×
魚座 ♓

魚座の強みであるインスピレーションを活かしましょう！　ひらめきのままに音楽や文芸などの作品を作ってみてください。人目に触れることで、才能が花開きやすくなります。

フルムーン
×
水瓶座 ♒

ひらめいたアイデアはなるべく大勢の前で発表しましょう！　オリジナリティ豊かな水瓶座ですから、まさかのヒットで一躍ときの人になる可能性だってあるでしょう。

ディセミネイティングムーン〔種蒔き月〕

DISSEMINATING MOON

**満ちた月が欠け始めるその姿は
子どもを慈しむ母親のよう**

ディセミネイティングムーン（種蒔き月）は、満月の後、再び新月に向かって少しずつ欠け始める頃の月のこと。十九夜から二十二夜までをさします。ディセミネイトとは「（情報などを）広める」「種を蒔く」という意味です。

日本には、「月待ち」という行事があります。特定の月齢の日に仲間と集まり、月を拝みながら悪霊を祓うというもの。なかでも十九夜には、女性が多く参加し、安産祈願を行っていたそうです。それは、月の満ち欠けの力が我々に影響を与えると恐れられていたからともいわれています。

占星術でいえば、太陽の光の部分（意識）が大半を占める中、月の影の部分（無意識）が少し増えてきている状態。植物にたとえるならば「結実」で、人間の成長にたとえるならば「母親」です。

与えられた役割

自分が得てきたものを人のために分け与えていくサポーター

貪欲な時期から満月という完成までの流れを見ているため、この月の光を受け継いだ人は、満たされ切った余裕があります。

自分への執着がないどころか、これまで得てきたものをまわりに分け与えたいと願っていて、それが与えられた役割でもあります。

分け与えるのは、自分がこれまで経験することで得てきた知識や知恵、さらには愛情も。ディセミネイティングムーンは愛情深く、母性が強いのも特徴です。人に尽くし、喜んでいる姿を見ることで幸せを感じるのです。

そのため、このタイプの人は教えることや育てることが得意。愛情を注いで育てた人が、分け与えたものを受け継いでいくのを見るのは冥利に尽きることです。

ただし、愛情の深さから、依存と自立のバランスを崩さないように気をつけましょう。

聞き上手で教え上手
視野を広げて人生を豊かに

ディセミネイティングムーンは、太陽の光の部分より月の影の部分が増えつつある状態。そのため、人の感情に影響を受けやすいタイプです。

相手の気持ちに共感する能力が高く、協調性にも優れています。困っている人にはすぐに手を差し伸べるうえ、聞き上手で教え上手なので、相談役としても頼りにされるでしょう。

ただ、それだけ人の感情に左右されやすいということでもあります。人を見抜く能力もありますが、バランスが崩れると、依存や執着を生むことに。マイナス思考の人とは適度に距離を置いたほうがいいでしょう。

また、身近な相手だけではなく、もっと広い世界に目を向けてみるのもおすすめ。

より多くの人に愛情を捧げるからこそ、ディセミネイティングムーンは光り輝けるのです。

魅せかた

POINT 1

透明感が魅力のポイント。下地にはパープルやブルーのコントロールカラーをチョイス。ファンデーション後はしっかりパウダーをのせてマット肌に仕上げて

POINT 2

軽めに巻いたウェーブヘアで、大人の美しさをアピール。シンプルなバレッタをつけても◎

POINT 3

大きめの花柄やチェック柄など、ボトムスに目を引くアイテムを取り入れることで、一気にエレガントな印象に

POINT 4

アクセサリーは小ぶりなものが◎。天然石のついたピアスを選ぶと、秘めた魅力がさらに輝くはず

POINT 5

小物はパープルやピンクなどのカラーアイテムがおすすめ。こなれ感ある大人の女性らしい印象に

ディセミネイティングムーン×月星座でみるあなたへのメッセージ

ディセミネイティングムーン
×
牡牛座 ♉

手に入れたものは人とシェアしましょう！　所有欲の強い牡牛座ですが、おいしいものや有益情報などは独り占めせず、みんなに分け与えて。感謝されるうえ、運気も上がります。

ディセミネイティングムーン
×
牡羊座 ♈

思いついたら即行動してみましょう！　開拓精神旺盛な牡羊座ですから、誰もやっていないことに挑戦するのが有意義。ハードルの高い難題にも自分の直感を信じてトライしましょう。

ディセミネイティングムーン
×
蟹座 ♋

植物や動物を育てましょう！　「育てる」ことと縁の深い蟹座。愛情を注ぎながら手をかけることで自分自身が満たされ、何をするにも余裕が生まれ、ツキも呼び寄せます。

ディセミネイティングムーン
×
双子座 ♊

いつもと違う流行に乗ってみましょう！　最新情報に感度抜群の双子座ですが、今まで触れてこなかった分野にトライすることで、リフレッシュでき、視野も広がります。

ディセミネイティングムーン
×
乙女座 ♍

自分の部屋や机まわりを清潔にキープしておきましょう！　安心して過ごすことができると、心に余裕が生まれます。気の流れもよくなるので、開運にもつながります。

ディセミネイティングムーン
×
獅子座 ♌

レジャーやイベントなど、楽しい時間はみんなと分かち合いましょう！　人生を楽しく生きようとする獅子座ですから、オンとオフのメリハリがつき、人間関係も豊かになります。

ディセミネイティングムーン
×
蠍座 ♏

プラス思考でいきましょう！　情に厚い蠍座ですが、ネガティブ思考やマイナス感情の人に影響されないよう、こまめにリフレッシュをしましょう。願いごともかないやすくなります。

ディセミネイティングムーン
×
天秤座 ♎

楽しみは友だちと分かち合いましょう！　趣味の話題からおしゃれまで、情報を交換し合うことで、世界が広がり、美的センスにもよりいっそう磨きがかかるでしょう。

ディセミネイティングムーン
×
山羊座 ♑

規則正しい生活を心がけましょう！不安や焦りなどのマイナス感情をそぎ落とすことができ、生活にハリが生まれます。生活リズムが整うと、ツキも増えてくるでしょう。

ディセミネイティングムーン
×
射手座 ♐

動物と触れ合いましょう！　射手座は動物との縁が深く、ペットや動物園の生き物を見たり触れたりすることで心が整います。さらに、運気の上昇にもつながります。

ディセミネイティングムーン
×
魚座 ♓

笑顔の人との交流を増やしましょう！感受性の強い魚座は影響されやすいだけに負のオーラはノーサンキュー。笑いに包まれるような明るい日々を過ごしましょう。

ディセミネイティングムーン
×
水瓶座 ♒

SNSに積極的に参加しましょう！　交友関係と活動範囲が拡大し、世界も広がります。アイデアのヒントも増えるので、持ち前の自由な発想力に磨きがかかるでしょう。

THIRD QUARTER MOON

サードクォーター〔下弦の月〕

欠けてゆく半月は
まるで成熟したベテラン

サードクォーター（下弦の月）は、満月を過ぎて欠けていく半月です。上弦の月と同じく半月ですが、右側が欠けていて左側が光っているのが下弦の月です。

下弦の月は夜中に東の空にのぼり、昼頃に西の空に沈んでいきます。半月は、その形を弓に見立て、上弦・下弦と呼びます。上弦は弦の部分が上を向いていることを、下弦は弦の部分が下を向いていることを表しますが、それは月が沈むときの月の形をさしています。

占星術でいうと、意識を表す太陽と無意識を表す月が90度の状態。光（意識）と影（無意識）の部分はちょうど半々です。これは自分の中に相反する二面性があるということ。

植物の成長にたとえるならば「収穫」の段階で、人間にたとえるならば「達観したベテラン」です。

与えられた役割

社会のために力を尽くし着実な一歩を歩むマスター

すべてが満たされていた満月を経て、再び闇に包まれていくサードクォーター。

この月の光を受け継いだあなたは、自分の関心を満たすよりも、社会のために貢献したいという気持ちが強くなり、それが与えられた役割でもあります。

若い頃は頑張ってもなかなか結果が出ず、修行のような人生になることも。それでも、時間をかけて努力を積み重ねることで、人生の後半になって一気に花開くタイプ。焦らず、経験を積むことを優先しながら、タイミングを見極めるといいでしょう。

また、精神年齢が高いのも特徴。同年代の人とはノリが合わないと感じることもありますが、年を重ねるにつれ、年上から認められ、年下から頼られる存在になります。いろいろな年代の人と接することも大きなアドバンテージになるでしょう。

あなたの光と影

ネガティブ思考も広い視野で冷静に分析できる

光と影を五分五分であわせ持つサードクォーター。日によって強気になったり、ネガティブになったりという二面性があります。

ファーストクォーターが思春期の少女だとすれば、サードクォーターは成熟したベテラン。心の中の光と影の落差はかなり堪えます。

さらに、これからどんどん光の領域が減っていく段階の月ですから、「どうせ最後は闇に包まれる」という厭世的な思考にも陥りがち。

基本的に冷静に物事を分析する能力も高く、地に足の着いた生き方ができる人ですが、その反面、深く考え込んでしまう傾向も。

いったん悲観の沼にハマると、すべてを投げ出してしまいたくなることがあります。

イメチェンをして気分を変える、家族や友人との時間を作って発散するなどして、平常心を取り戻しましょう。

魅せかた

POINT 1
ヘアスタイルは低い位置でのおだんごや、ローポニーがおすすめ。ローポニーはタイトにアレンジすると、ハイセンスな印象に

POINT 2
メイクは自然な血色感がポイント。オレンジブラウンのチークをさっと入れると、一気にニュアンス感のある旬顔に

POINT 3
全身をタイトなシルエットにしてある分、バッグには丸みのある形をセレクト。やわらかな印象に

POINT 4
アクセサリーは細身で繊細なデザインが◎。シルバーを選ぶと優雅で洗練された印象に

POINT 5
暗色×明色のツートーンコーデで魅力アップ。美しく魅せたいときはブラック、やわらかく魅せたいときはブラウンがGOOD

サードクォーター×月星座でみる あなたへのメッセージ

サードクォーター
×
牡牛座 ♉

お茶でデトックスしましょう！　体に溜まった老廃物を流して血流アップ。五感の鋭い牡牛座ですから、お気に入りのお茶を淹れて心身ともにリラックスしましょう。

サードクォーター
×
牡羊座 ♈

家事は溜めずにすぐにやるようにしましょう！　スピード勝負が得意な牡羊座ですから、時間を置かずにこなす習慣を作ることで、美容、健康、運気にも効果が表れてきます。

サードクォーター
×
蟹座 ♋

水分の多い野菜を積極的に摂るようにしましょう！　さらに、ジャンクフードを避けるなど、体内に食品添加物などの毒素をなるべく入れないように意識するといいでしょう。

サードクォーター
×
双子座 ♊

思い切り笑って楽しい時間を過ごしましょう！　リラックスや病気予防効果だけでなく、陽のエネルギーをチャージできます。人間関係も拡大し、スムーズに発展するでしょう。

サードクォーター
×
乙女座 ♍

年上の人との交流を大事にしましょう！　学ぶことが多いだけでなく、あなたの魅力を引き出してくれます。将来に向けてのチャンス拡大など運気アップにもつながります。

サードクォーター
×
獅子座 ♌

年を重ねるごとにおしゃれも変えていきましょう！　自己表現がテーマの獅子座ですから、年齢を受け入れる潔さとそれを楽しむ余裕が、あなたの魅力を一層輝かせてくれます。

サードクォーター
×
蠍座 ♏

相談できるパートナーを作っておきましょう！　狭くても深い交流を求める蠍座ですから、心のバランスを崩したときに引っ張り上げてくれる存在はとても大事なのです。

サードクォーター
×
天秤座 ♎

新鮮な空気を吸いましょう！　風のエレメントの天秤座ですから、脳と体の活性化に効果大。長時間部屋にこもっていたら換気をし、できるだけ外に出てリフレッシュしましょう。

サードクォーター
×
山羊座 ♑

イミテーションではなく、本物を持ちましょう！　プチプラの中にも本物を混ぜることで、余裕と品格が生まれます。女性としての魅力も光り、年齢を重ねるほど輝けるでしょう。

サードクォーター
×
射手座 ♐

美しい姿勢を意識しましょう！　スポーツと縁の深い射手座ですから、バランスのいい筋肉は必須。エネルギーを整えてくれるので、年齢とともに魅力が増していくでしょう。

サードクォーター
×
魚座 ♓

小さなミスにくよくよせず、前を向きましょう！　魚座はナイーブなだけに、頭の切り替えがポイントになります。失敗したら反省し、同じ過ちを犯さないようにすればいいのです。

サードクォーター
×
水瓶座 ♒

自分と正反対のタイプとの交流も大事にしましょう！　社交的な水瓶座ですから、思わぬヒントや新しい発見を見つけられたりと、今まで以上に得るものが多くなるでしょう。

BALSAMIC MOON

バルサミックムーン〔鎮静の月〕

闇に溶け込もうとする
穏やかに人に寄り添う大人

バルサミックムーン（鎮静の月）は、満月だった月が半月になり、さらにその光も小さくなりつつある三日月のことをさします。闇の中に溶け込んでいく直前で、その後、新月へと向かいます。バルサミックの「バルサム」とは、「鎮静」という意味で、月のサイクルの終わりを表す言葉です。

この月は夜明け前に出て、夕方にかけて沈んでいきます。月が太陽に近づいていく期間のため銀色に光り、肉眼では見えにくいのも特徴です。

占星術でいえば、無意識を表す月（影）の部分が大半を占めていて、意識を表す太陽（光）の部分がほんのわずかな状態。

植物の成長にたとえるなら「肥料を撒く」ときで、人間の成長にたとえるなら「穏やかに人に寄り添う大人」です。

与えられた役割

自分の直感を信じてチャンスを掴む静かに人に寄り添うオアシス

月の満ち欠けの最後の段階で、今にも夜空に溶けて消えてしまいそうな月です。意識を表す太陽の光の部分がほとんど残っておらず、無意識の世界に飲み込まれようとしています。

この月のパワーを受け継いだあなたは、意識と無意識の境界線が曖昧です。そのため、共感能力が高く、一緒にいる相手や場所などの影響を受けやすいのが特徴。強い自己主張をすることなく、穏やかな空気を作りながら静かに人に寄り添うのが、あなたに与えられた役割です。

また、無意識の世界とつながりやすいため、豊かなインスピレーションを活かして物作りに取り組むのもおすすめ。

その能力は日常の中でも発揮できます。なんとなく感じた直感で危険を回避できたり、チャンスをつかんだりもできるでしょう。

まわりにやすらぎを与えるポジティブな環境に身を置いて

今にも消え入りそうなこの月は、太陽が支配する意識の領域が限りなく小さくなり、無意識の世界に沈みこもうとしている状態です。

バルサミックムーンのもとに生まれた人は、意識と無意識、さらに、自分と他人との境界線も不明瞭になります。

そのため、よくも悪くも人の影響を受けやすいのです。

一緒にいる相手の性格が自分に反映されるので、マイナス感情の強い人といればネガティブになり、プラス感情の強い人といればポジティブになるでしょう。ですから、よい環境に身を置き、付き合う人を選ぶのが大切なポイントです。

また、穏やかで慎み深く、相手を安心させるような空気を醸し出します。器用に立ち回るタイプではないけれど、周囲のオアシス的存在になっていくでしょう。

魅せかた

POINT 1

自分の持つ「穏やかさ」や「優しさ」を際立たせたいときは、ナチュラルテイストで。アクセサリーはカジュアル感のあるアイテムでまとめると◎

POINT 2

選ぶコーデ次第でどんな魅力も自分のものにできる。なりたい自分に合わせてさまざまなファッションを楽しんで

POINT 3

シャツにリブレギンスパンツを合わせて、シンプルおしゃれコーデに。シャツはデザイン性の高いものを選んで個性的に

POINT 4

ヘアスタイルはアップスタイルがおすすめ。アップにすることで、マイナスの感情に意識が向きにくくなる

POINT 5

足元は上品にミュールをチョイス。ブルーカラーを取り入れると、運気が高まりやすい

バルサミックムーン×月星座でみる あなたへのメッセージ

バルサミックムーン
×
牡牛座 ♉

常温の水を飲みましょう！　心身をニュートラルに保つことができます。健全な習慣を身につける力を持っている牡牛座ですから、判断力もいっそう冴え、運気もアップします。

バルサミックムーン
×
牡羊座 ♈

目標や夢を公言しましょう！　ただ頭の中で描くだけでなく、こうなりたいという目標を文章にするといいでしょう。目で確認することで、願いがかないやすくなります。

バルサミックムーン
×
蟹座 ♋

お風呂タイムを大事にしましょう！シャワーよりも湯船に浸かるのがおすすめ。水のエレメントの蟹座ですから、水（湯）に浸かることで心と体が整い、直感も冴えてきます。

バルサミックムーン
×
双子座 ♊

パワーがダウンしてきたなと感じたら、肩甲骨を動かしましょう！　肩は双子座に関連する体の部位ですから、肩まわりの筋肉を動かすことで血行もよくなり、活力も出てきます。

バルサミックムーン
×
乙女座 ♍

音楽をかけながら部屋の整理整頓をしましょう！　楽しくできるので満足感も高まり、気分もスッキリ。淀みがなくなると、気の流れもよくなり、開運にもつながります。

バルサミックムーン
×
獅子座 ♌

自分のひらめきを信じましょう！　持ち前のクリエイティブセンスが花開き、予想以上の傑作が誕生することも。注目度も高まり、一目置かれることもあるでしょう。

バルサミックムーン
×
蠍座 ♏

瞑想をしましょう！　気持ちが安定し、集中力も高まり、蠍座の極端なエネルギーバランスも整いやすくなります。とくに起床後と就寝前に行うと効果テキメンです。

バルサミックムーン
×
天秤座 ♎

いつでもしっかりとアドバイスしてくれる友だちを作っておきましょう！　選択に迷ったときにも、公平な立場で見てくれる人がいると、いざというときの助けになります。

バルサミックムーン
×
山羊座 ♑

一日に1食は根菜を食べましょう！　地のエレメントの山羊座ですから、大地の恵みをいただくことで、質のよいエネルギーが蓄えられます。もちろん開運にもつながります。

バルサミックムーン
×
射手座 ♐

車や飛行機など乗り物に乗りましょう！　遠出や旅行に縁がある射手座だけに、リフレッシュできるだけでなく、得るものも大きいです。ツキにも恵まれやすくなるでしょう。

バルサミックムーン
×
魚座 ♓

パワースポットに行ってみましょう！　第六感の強い魚座ですから、あなた自身のエネルギーと共鳴し、大切なひらめきがあるかも。眠っていた能力が開花することもあるでしょう。

バルサミックムーン
×
水瓶座 ♒

好きな音楽を目を閉じて聴いてみましょう！　集中力が高まるうえ、心身のバランスが整います。また、持ち前の発想力にも磨きがかかり、活躍の場が広がるでしょう。

COLUMN.02

月の力が失われる ボイドタイム

ボイドタイムは西洋占星術から生まれた言葉で、月がどの天体とも角度（アスペクト）を作らない時間のこと。その時間は月の力が無効になり、感情が暴走しやすいので、“魔の時間”とも呼ばれています。ボイドタイムはその年によって変わります。あまり気にしすぎる必要もありませんが、気になる方は信頼できるWEBサイトなどで調べてみてください。

ボイドタイムとは…

Void Time

Void：何もない、無効の
Time：時間

ボイドタイムにおすすめの行動

- 癒しタイム
- 瞑想
- 体のセルフケア
- 部屋の掃除

自分が心地よく過ごせる行動をするのがいいでしょう。アロマやキャンドルを楽しむ、クリーンな部屋で瞑想する、ゆっくりお風呂に入るのもおすすめ。緊張している心身を緩ませてあげましょう。

ボイドタイムに避けるべき行動

- 大きな決断をする
- 新しいことを始める
- 契約や申し込みをする
- 大きな買い物をする

ボイドタイムの間は思考力や判断力が鈍り、注意力も散漫になりやすいです。人生の転機となる転職、結婚、契約など大事なことを決めるときは、ボイドタイムを避けたほうが無難です。

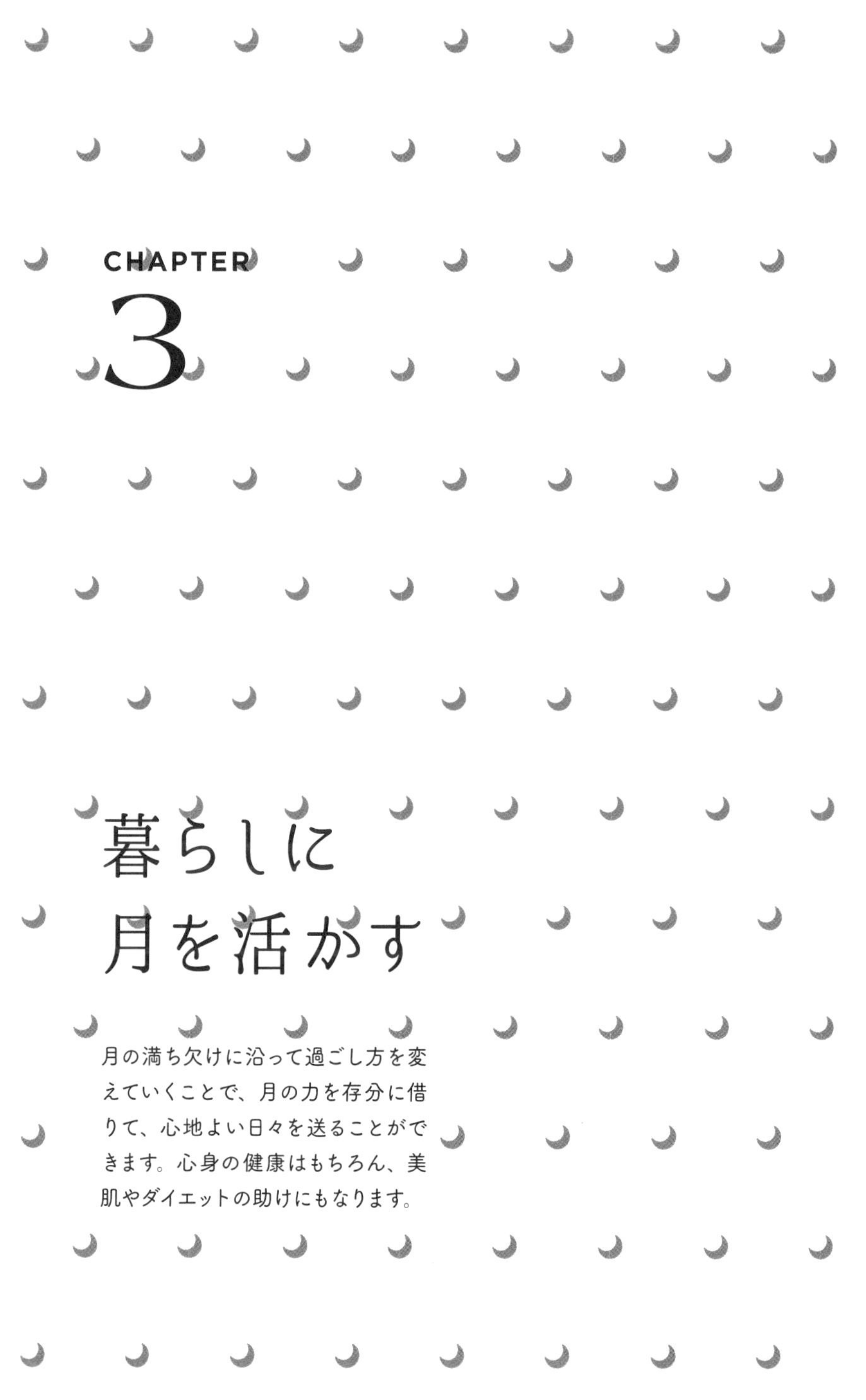

CHAPTER

3

暮らしに月を活かす

月の満ち欠けに沿って過ごし方を変えていくことで、月の力を存分に借りて、心地よい日々を送ることができます。心身の健康はもちろん、美肌やダイエットの助けにもなります。

月の4つの期間

月の満ち欠けは4つの期間に分かれる 月のエネルギーを暮らしに活かして

月の満ち欠けは、大きく分けると、新月、上弦の月（満ちてゆく月）、満月、下弦の月（欠けてゆく月）の4つの期間に分かれます。

新月は月齢0の新月の日、満月は月齢15の満月の日。上弦の月と下弦の月は月相8タイプのものとは期間が少し違い、上弦の月は新月の翌日から満月の直前までの満ちてゆく月を、下弦の月は満月の翌日から新月の直前までの欠けてゆく月の期間をさします。上弦と下弦でそれぞれ月のエネルギーは異なり、人間や自然に違った影響を与えます。

上弦（満ちてゆく月）の期間は「吸収」の期間。よいものも悪いものも蓄える時期です。対して、下弦（欠けてゆく月）の期間は「放出」の期間。デトックスに向いている時期です。

イベントなどは満ちてゆく月の期間に行い、欠けてゆく月の期間はゆっくり体を休めるなど、月のエネルギーをうまく使うことで、物事をスムーズに進めることができるでしょう。

新月、上弦の月（満ちてゆく月）、満月、下弦の月（欠けてゆく月）の探し方

新月は月齢0の約1日、上弦の月（満ちてゆく月）は月齢1〜14の約14日間、満月は月齢15の約1日、下弦の月（欠けてゆく月）は月齢16〜29の約14日間として見ていきます。詳しい月齢カレンダーは、国立天文台などの信頼できるWEBサイトで確認するといいでしょう。

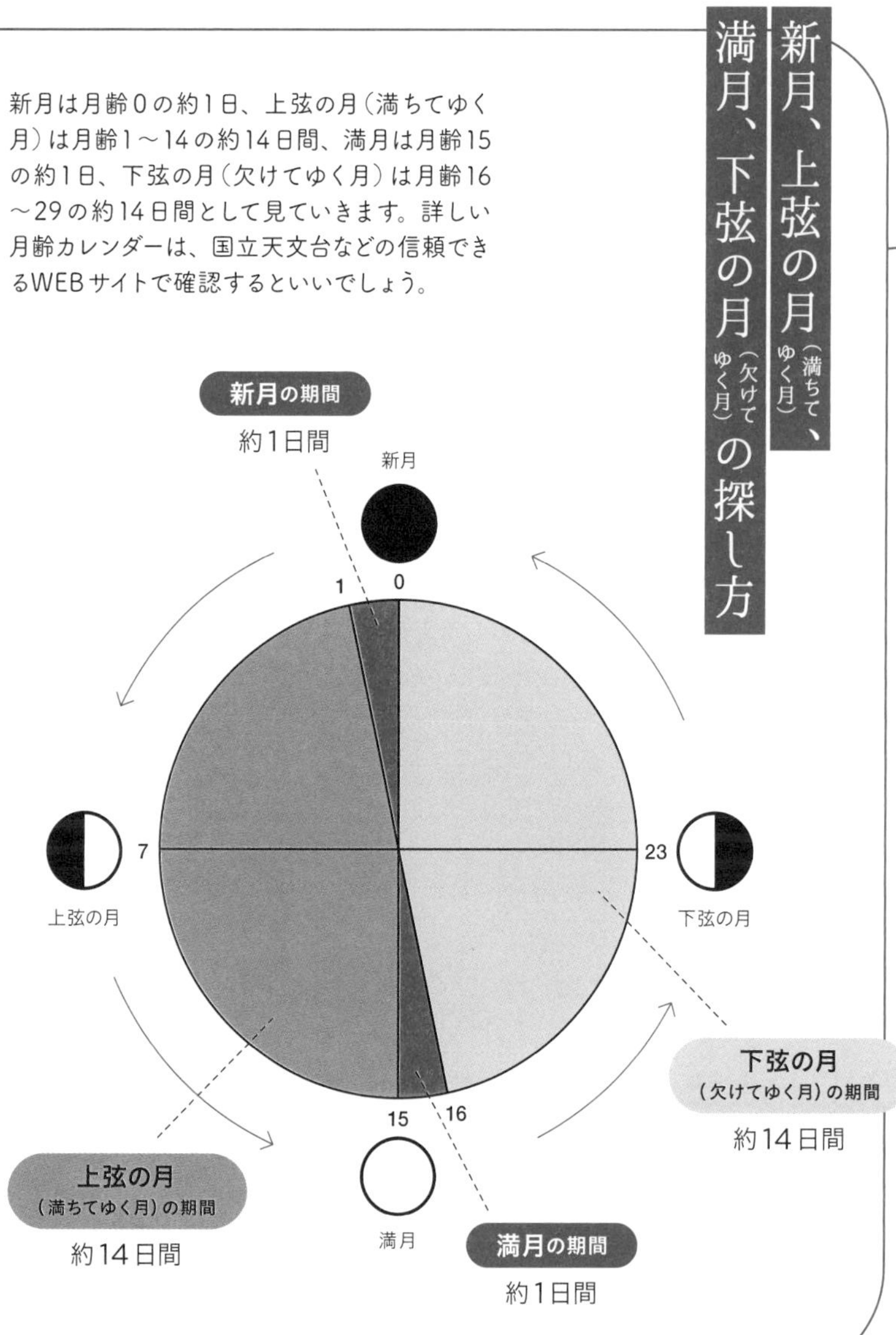

新月

KEYWORD

01. デトックス
02. 新しいことを始める
03. 願い事
04. 直感
05. 悪習慣を断ち切る

マイナス要素を浄化させ新しいスタートを切る

月齢が0である新月は、月の満ち欠けの始まり。満月までに満ちたエネルギーがリセットされてゼロに戻ります。これからどんどん満ちていくわけですから、生命力が次第に高まっていくときでもあります。

そんな新月は、スタートの好機。新しい計画を実行すると、現実化しやすいです。また、願い事をするのもいいでしょう。祈りは「意乗り」とも書きますが、「意」の字を分解すると「音」と「心」。音も言葉もエネルギーなので、それを神の波動に「乗せる」というのが本来の意味。満ちてゆく月の力を借りることで、祈りが届きやすくなります。

ネガティブな思考を前向きにするなど、心のデトックスをしやすい時期でもあります。よくない習慣を断ちたかったら、新月に始めるとスムーズに実行できるでしょう。

体内の毒素を出して心も体も美しくなって

新月は排泄や解毒を促すパワーがもっと高まる時期。この機に体内の毒素を出してしまいましょう。

プチ断食は、夕食を抜くだけでも胃腸を休めることができ、老廃物を処理する働きも高まるのでおすすめです。きれいな血液が臓器や細胞に供給され、体がイキイキしてきます。半身浴や岩盤浴で汗をかくのも効果的。デトックスすることで、酸性に傾いていた体がアルカリ性に変わり、疲労回復、むくみの改善、美肌効果、肩こりの緩和なども期待できます。排泄作用が強まる時期だけに、肌の水分は奪われがちになるので、こまめなスキンケアで潤いをキープしましょう。

新月の力で効果UP

ファスティング

空腹感を感じにくく、ダイエット効果が一番出やすいとき。一食をスープやジュースに置き換えるプチ断食もおすすめ。

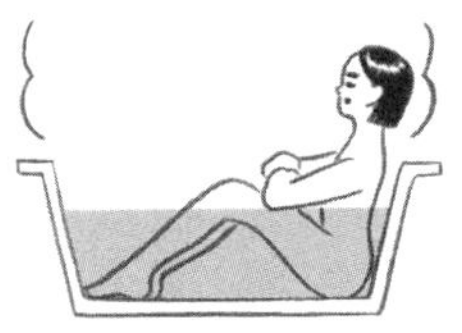

半身浴

満月の時期は上半身から、新月の時期は下半身から浄化されていくといわれています。下半身を温めて体の毒素を出しましょう。

保湿

新月は肌が乾燥しやすい時期なので、顔や体の保湿はしっかりめに行いましょう。肌をごしごし洗うのは禁物です。

LIFE

新たな目標を立てるのに適した時期 部屋の掃除で心地よく過ごして

新月は新しいサイクルの始まりの時期。そのため、新月に決心したことは実現しやすいといわれています。まずは、目標を一つ立ててみましょう。頭の中で考えるだけではなく、手帳に書いて記録に残してみることで、自分を客観視したり、頭の中を整理しやすくなります。目標達成のためのヒントも書き記しておけばさらにいいでしょう。

また、新月は不要なものを手放したり、デトックスするのに最適な浄化のタイミング。部屋の大掃除をして、自分の居場所をきれいに整えておきましょう。環境をクリーンにすることで、新たなものを取り込む準備ができます。

一人でゆっくり休養できる時間を作るのも大切です。睡眠や休息はしっかり取り、疲労を回復させることを優先しましょう。アロマなどで癒されるのもおすすめです。

デトックス食材を積極的に摂りスムーズにダイエット

最も浄化作用が高まる新月は、体内の解毒やデトックスの効果が出やすいため、ダイエット開始のベストタイミングです。無理なく順調に効果が出るでしょう。

この時期は嗜好品への禁断症状が出にくいので、甘い物やコーヒー、アルコールを断つ好機。ただし、潤いも排出されやすいので、水分はたっぷり摂るようにしましょう。

おすすめ食材は、玄米、じゃがいも、ごぼう、切り干し大根などの根菜や、アスパラガス、きゅうり、なす、レタス、玉ねぎなどの栄養・水分が多い野菜類。ひじき、わかめなどの海藻類も食物繊維が多いため、デトックスに最適です。

OK & NG ACTION

NG行動 ✕

- ☐ ネガティブな発言をする
- ☐ 人の批判をする
- ☐ 騒がしい場所に行く
- ☐ 無理をして頑張る

OK行動 ○

- ☐ 理想や目標を書き出す
- ☐ 適度な運動をする
- ☐ 水分をたっぷり摂る
- ☐ 寝る前の時間をゆったり過ごす

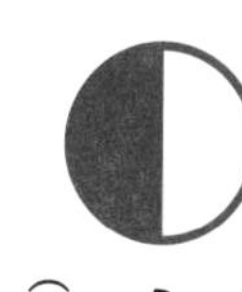

上弦の月

（満ちてゆく月）

KEYWORD

01. 成長
02. インプット
03. 目標の再確認と調整
04. チャレンジ
05. パワフルに行動

たくさんのものを吸収しぐんぐん成長していくとき

新月から満月に向かって満ちていく半月の段階。吸収力が高まり、成長しやすいときです。勢いがある時期なので、失敗を恐れず、満月に向けて攻めの姿勢で臨みましょう。

インプットする力も強まるので、新たな知識やスキルを身につけるスピードも格段にアップします。様々なことにチャレンジして、自分の経験値をどんどん上げていくチャンスといえるでしょう。

ただその反面、新月で掲げた目標について、「これでいいのか」と迷いや不安が生じやすい時期でもあります。モチベーションが下がりそうになったら、初心に戻り、新月のころの高揚感を思い出してみましょう。どんな自分になりたいかや、するべきことを再確認し、態勢を整えることで、よりスムーズに目標に近づけるはずです。

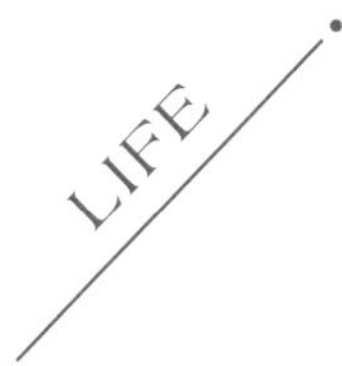

積極的に人と交流し アクティブに活動を スペシャルケアで美肌に導く

満月に向かって満ちていく上弦の月。勢いがあるこの時期にじっとしているのはもったいない！ 積極的に行動しましょう。気力も充実し、多少ハードなこともこなせます。タフなスポーツやヘビーなエクササイズに挑戦してみるのもいいでしょう。おしゃれで冒険してみるのもおすすめ。心身ともにポジティブになり、さらに魅力が輝くでしょう。

吸収力が高まり、肌にも美容成分が浸透しやすくなるため、とっておきの美容液を使うなど、スペシャルケアをしてあげましょう。

また、コミュニケーション力も高まるため、人との交流もより楽しくなるときです。気の合う仲間との食事会、パーティやイベントなどにも積極的に参加していきましょう。

満月

KEYWORD

01. 達成・完成
02. パワフル
03. チャージ
04. 吸収力
05. 衝動的

エネルギーが最高潮になる時期 取り組んできたことを よりよい方向へ導く

満月は月の満ち欠けのサイクルの一つのピーク。掲げていた目標が達成されやすく、努力の結果が出やすいときです。何か新しいことをスタートしたり、願い事をするというよりも、取り組んできたことの振り返りに適した時期。必要があれば、軌道修正をしていきましょう。

月はラテン語で「ルナ」といい、「ルナティック」には狂気という意味があります。満月は、エネルギーが最高潮に達するときで、人の心にも影響を与えます。そのため、気持ちが高ぶりやすく、いつになく攻撃的になったり、空回りしてしまうことも。事故やトラブルにつながることもあるので、意識的に気持ちを落ち着かせるようにしましょう。

また、衝動買いに走ると後悔することが多いです。大事な決断をするときは、満月を避けるのがおすすめです。

水分も栄養も吸収しやすいとき無理のないダイエットや塩浴がおすすめ

満月の日は、引力の影響で満潮と干潮の差が最大になる「大潮」が起きます。人間の体も60～70％が水分でできているため、引力の影響により体が水分や栄養分を吸収しやすくなります。太りやすく痩せにくい時期でもあるので、ダイエットは無理をせず、脂肪や糖質を抑えた食事にするなど、ストレスのない程度に行いましょう。

また、肌も栄養を吸収しやすいので、リッチな美容液を使ったり、エステやスパに行くのもおすすめ。塩の浸透圧を利用して汗をかきやすくし、体の中の老廃物を排出する「塩浴（えんよく）」はデトックス効果もあり、むくみ解消にもつながります。

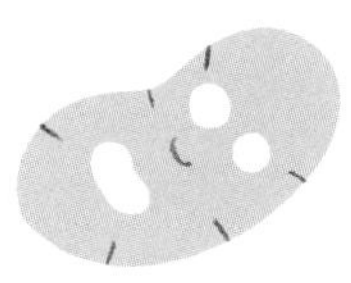

スキンケア

肌やボディの栄養吸収力が高い時期なので、スペシャルケアをしてあげましょう。リッチなフェイスマスクもおすすめ。

プチダイエット

太りやすい時期なので、カロリーや食べる量を減らすなどで調整を。オーガニックなど、体にいいものを摂るようにしましょう。

塩浴

塩浴とは、高濃度の塩水で全身を洗うこと。塩水を体にぬると、毛穴の奥の汚れや余分な皮脂、老廃物も落としてくれます。

最も太りやすい時期 食事内容に気をつけて

吸収力が最大になる満月は、水分も栄養素も溜め込みやすいため、太りやすい時期です。水分の溜め込みはむくみ、栄養の溜め込みは脂肪太りの原因につながります。この期間は食べるものにより気をつけるといいでしょう。

おすすめ食材は、玄米、鶏肉、きのこ類、こんにゃく、海藻、豆腐、納豆など。栄養バランスを考えながら、ビタミン、ミネラルが豊富なものを摂るようにするのがベター。

また、体に好ましくないものも吸収しやすくなるため、食品添加物、着色料などの入った食品やジャンクフードは避けたほうがいいでしょう。

玄米

食物繊維が豊富で、便秘対策にも効果があります。ゆっくり噛んで食べることで満腹感が増し、食べすぎを防ぎます。

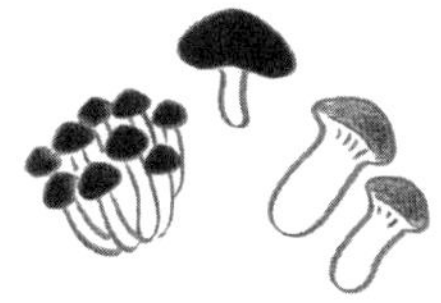

きのこ類

カリウムが体内の余分な水分や塩分を排出し、むくみ予防に。低カロリーで食物繊維も多いのでダイエットにも最適。

鶏肉

代謝に不可欠なナイアシンが豊富。肌や髪の毛を美しくキープしてくれます。ダイエットにはむね肉やささみをチョイスして。

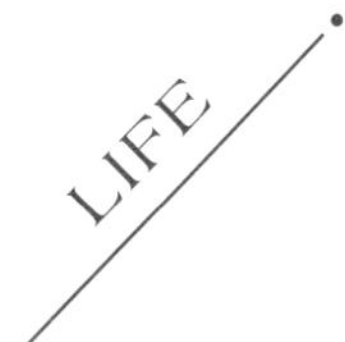

月光浴や瞑想で
心をしずめて
頑張ってきた自分をほめる

満月はものごとを「完成させる」「達成させる」エネルギーを持っています。この日は、これまで頑張ってきた自分をほめてあげましょう。たとえ今つらい時期であったとしても、プラスにとらえることで、満月のいいエネルギーを受けやすくなります。

ただ、エネルギーが強い分、満月は感情の起伏も大きくなりがち。心がざわつく日には、月光浴や瞑想でストレスをしずめ、感情を落ち着かせましょう。

また、ウォーキングやエクササイズなど軽めの運動をするのも効果的。好きな音楽やアロマで癒されるのもおすすめです。

OK & NG ACTION

NG行動 ×

- ☐ 大事な決断をする
- ☐ 買い物
- ☐ 暴飲暴食
- ☐ 外科手術

OK行動 ○

- ☐ 月光浴　→P.96
- ☐ 心を落ち着かせる瞑想
- ☐ 体によいものを摂る
- ☐ リラックスタイムを作る

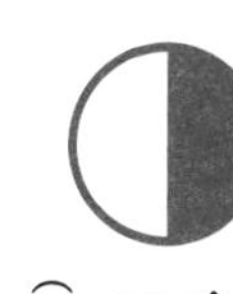

下弦の月
（欠けてゆく月）

KEYWORD

01. 浄化
02. 発散
03. 断捨離
04. メンテナンス
05. 解毒

物事を見直すとき要らないものは勇気を出して手放して

下弦の月は、満月から新月に向かって欠けていく月。この時期は「浄化」「発散」がテーマです。欠けていく月なので、増やすことには適しておらず、手放すべきものは手放し、必要なものだけを残していくのにいいタイミング。今の状態を見直して、改善していきましょう。

身のまわりの不要なものを処分する断捨離も、この時期に行うのがおすすめ。何年も使っていないものがあるなら、思い切って処分してみましょう。体の余分な脂肪を落とすダイエットも効果が出やすい時期です。

また、新月から進めてきたことを見直すときでもあります。目標や願い事がかなったかどうかを確認し、かなっていなかったら、かなえるためにはどうすればいいのかを考えてみるといいでしょう。

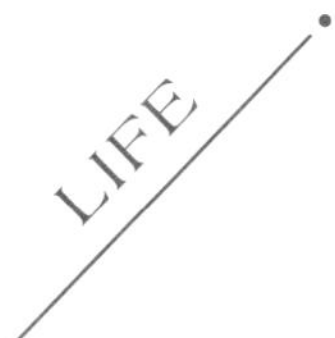

スペシャルメンテで体をいたわる一人の時間を大切に

下弦の月は浄化作用が高まる時期。いつもより多めに食べても太りづらくなります。ダイエットを計画するなら、満ちていく上弦の月にしっかりと食事制限をし、欠けていく下弦の月に制限をゆるめるというリズムにすると効果的です。

スキンケアは、ディープクレンジング、角質ケアなど、しっかりと余分なものを取り除くことを意識しましょう。

また、リンパマッサージもおすすめです。特に首まわり、脚の付け根まわりのリンパをほぐすことで、溜まった老廃物が流れやすくなります。

この時期は無理せず、心穏やかに過ごすことが大切です。スペシャルなケアで自分をいたわり、友達と遊ぶなどの外との交流はほどほどにして、一人でのんびり過ごす時間を作りましょう。

COLUMN.03

満月・新月が位置する星座からわかる生活のポイント

「獅子座の満月」「射手座の新月」のように、その月々によって満月や新月が位置する星座は異なります。今がどの星座の満月（新月）なのかがわかると、それぞれの時期に合った過ごし方のスタンスが見えてきます。満月、新月が何座にあるのかは、P.177からの月の運行表で確認することができるので、ぜひ、「今月の満月（新月）はどこにあるんだろう?」と気にかけてみてください。

牡羊座

満月

自分の欲求と他人の欲求のバランスをどうとるかがカギになるとき。周囲への気配りも意識して、目標達成への対策を見直してみましょう。

新月

新しいことに乗り出したいという気持ちが強くなるとき。未来の収穫を思い描きながら、新たなスタートに向けて種を蒔いていきましょう。

牡牛座

満月

五感が敏感になるときです。全力で頑張るより、ゆったりと過ごすと◎。見えない緊張感をアロマや音楽、マッサージで癒してあげましょう。

新月

安定を求め、物質的に豊かになりたいと思うとき。美味しいものを食べる、美しいものを見る、芸術に触れる、創作活動をするのがおすすめです。

双子座

○ **満月**

情報を得たり、人とコミュニケーションをとったりする中で、人生の意義について考えるとき。突っ走る前にもう一度考えてみましょう。

● **新月**

好奇心旺盛で、フレッシュなエネルギーにあふれるとき。自分の欲求に素直に行動しましょう。情報収集から人との交流まで積極的に。

蟹座

○ **満月**

オンとオフの区別がつけにくくなるかも。部屋の掃除や整理整頓で身のまわりをクリーンにすると、次にやるべきことが見えてきます。

● **新月**

家族や親しい人を大切に思う気持ちが高まるとき。誰かの手助けをする、相談に乗るなども◎。家の模様替えをするにもよい時期です。

獅子座

○ **満月**

現実と願望の違いに心が揺れがちなとき。感情的になったら冷静になるようコントロールを。自分の欠点を振り返る余裕を持ちましょう。

● **新月**

自己アピール欲が旺盛になるとき。自分らしさを全面に出し、人前に出る、レジャーを楽しむ、ものづくりをするなど、思い切り楽しんで。

乙女座

○ **満月**

頑張らなければという緊張感と不安に包まれやすいとき。失敗したらそれを次に活かせばOK。自分を責めないようにしましょう。

● **新月**

完璧を目指そうとするとき。細かく分析する、きちんと片付けをすることで満たされます。健康への興味も高まるので心身のケアに力を入れても◎。

天秤座

満月

対人関係で迷いが生じがちなとき。強すぎる自己主張は避け、相手の考え方に寄り添ってみましょう。トラブルを防ぐことができます。

新月

美的感覚やバランス感覚が高まるとき。美しいものに触れ、美的センスを磨きましょう。人との交流は浅く広く穏やかに、を目指して。

蠍座

満月

性的欲求が高まるとき。感情も高ぶりやすいので、しっかりコントロール。また、独占欲に支配されすぎないように注意しましょう。

新月

洞察力や集中力が高まるとき。信じた道をとことん突き進むのもいいでしょう。自分をさらに磨けば、セクシャルな魅力も高まります。

射手座

満月

情熱と冷静さが混在するとき。理想を欲張りすぎるより、現実的な判断を。目標を見直し、できることから手をつけていきましょう。

新月

意欲とエネルギーに満ちるとき。ポジティブ思考で好奇心も旺盛になるでしょう。未来のために勉強をスタートさせるのも有意義です。

COLUMN. 03

山羊座

満月

社会への関わり方が不器用になりがちなとき。肩の力を抜き、ルールよりも新しいものを取り入れるよう意識してみるといいでしょう。

新月

どっしりと構える地道モードが強まるとき。高い目標を見据え、時間をかけて取り組みましょう。上司や父親など、目上の人との交流が有益です。

水瓶座

満月

自由に生きられないジレンマにモヤモヤしやすいとき。いつも以上にまわりの人のことを考えましょう。強引で突飛な行動は避けるのがベター。

新月

個性を発揮したいという気持ちが強くなるとき。SNSの活用、アイデアの発表、コミュニティーへの参加、悪習の改革は積極的にトライを。

魚座

満月

現実的と非現実的なムードの混在で心が安定しないとき。甘えや依存は捨ててしまいましょう。感傷からお酒に逃げるのも控えて。

新月

他人に影響されやすいとき。流されないように気をつけましょう。インスピレーションが働きやすいので、占いにも向いている時期です。

COLUMN.04

恋と月の満ち欠けの関係

新月

❤ 新しい恋の始まり

素敵な出会いを探すために動き始めるチャンスです。友だちに異性を紹介してもらう、飲み会に参加する、マッチングアプリを始めてみる、気になる相手に好意をアピールするなど、恋のスタートを切りましょう。

上弦の月
（満ちてゆく月）

❤ 積極的アピールのチャンス

恋のパワーが高まるときです。同時に、女性としての魅力も輝き出すタイミングでもあるので、恋をかなえるために積極的に動き出すといいでしょう。気になる相手に好意を伝える、２人きりの時間を増やすのもおすすめです。

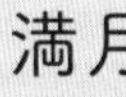

満月

❤ 大胆告白のチャンス

新月で始めたことが結果となって表れるとき。心の奥底に眠っていた本音が出やすく、性欲が高まるときでもあります。大胆な告白、恋人との情熱的な一夜を過ごす好機。積極的に大胆に、勇気を持って動くといいでしょう。

下弦の月
（欠けてゆく月）

❤ 恋を再確認するタイミング

基本的に物事を「手放す」時期ですから、恋の別れも多いとき。別れに至らずとも、今の状態を見直すチャンスです。このままでいいのか、どうすればいいのかをしっかりと話し合うなどして、よりよい関係を築いていきましょう。

CHART OF MOON CONSTELLATIONS

月の運行表

1973年から2033年までの月の運行を表にしたものです。この表では、月が星座に入った日付と時間、月が新月・満月になった日付がわかります。運行表は2033年まで記載しているので、現在や未来の月の動きを確認することもできます。

新月 … 

満月 … ◯

★がついている年はうるう年です。

●は新月の日を、◯は満月の日を表しています。自分の月相を調べたいときは、自分の生年月日に最も近い新月の日を探しましょう。

↓

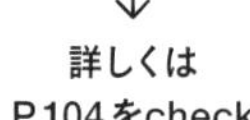

詳しくは
P.104をcheck

1992年★			
01/01		16:30	射手
01/04		04:09	山羊
01/05	●	-	山羊
01/06		16:59	水瓶

∫

1月1日の16時30分から1月4日の4時8分までに生まれた人は月射手座、1月4日の4時9分から1月6日の16時58分までに生まれた人は月山羊座です。

↓

詳しくは
P.22をcheck

1973年

01/01		07:51	射手
01/03		20:30	山羊
01/05	●	-	山羊
01/06		07:47	水瓶
01/08		17:03	魚
01/10		23:57	牡羊
01/13		04:24	牡牛
01/15		06:41	双子
01/17		07:39	蟹
01/19	○	08:40	獅子
01/21		11:23	乙女
01/23		17:16	天秤
01/26		02:52	蠍
01/28		15:10	射手
01/31		03:54	山羊
02/02		14:55	水瓶
02/03	●	-	水瓶
02/04		23:22	魚
02/07		05:29	牡羊
02/09		09:53	牡牛
02/11		13:10	双子
02/13		15:44	蟹
02/15		18:12	獅子
02/17	○	21:31	乙女
02/20		02:58	天秤
02/22		11:35	蠍
02/24		23:14	射手
02/27		12:04	山羊
03/01		23:22	水瓶
03/04		07:31	魚
03/05	●	-	魚
03/06		12:37	牡羊
03/08		15:51	牡牛
03/10		18:31	双子
03/12		21:29	蟹
03/15		01:07	獅子
03/17		05:42	乙女
03/19	○	11:48	天秤
03/21		20:15	蠍
03/24		07:26	射手
03/26		20:16	山羊
03/29		08:12	水瓶
03/31		16:55	魚
04/02		21:48	牡羊
04/03	●	-	牡羊
04/04		23:58	牡牛
04/07		01:12	双子
04/09		03:04	蟹
04/11		06:31	獅子
04/13		11:47	乙女
04/15		18:50	天秤
04/17	○	-	天秤
04/18		03:51	蠍
04/20		15:02	射手
04/23		03:49	山羊
04/25		16:21	水瓶
04/28		02:10	魚
04/30		07:53	牡羊
05/02		10:01	牡牛
05/03	●	-	牡牛
05/04		10:16	双子
05/06		10:35	蟹
05/08		12:36	獅子
05/10		17:13	乙女
05/13		00:31	天秤
05/15		10:09	蠍
05/17	○	21:41	射手
05/20		10:30	山羊
05/22		23:17	水瓶
05/25		10:05	魚
05/27		17:14	牡羊
05/29		20:28	牡牛
05/31		20:53	双子
06/01	●	-	双子
06/02		20:21	蟹
06/04		20:49	獅子
06/06		23:51	乙女
06/09		06:16	天秤
06/11		15:52	蠍
06/14		03:43	射手
06/16	○	16:37	山羊
06/19		05:19	水瓶
06/21		16:29	魚
06/24		00:48	牡羊
06/26		05:37	牡牛
06/28		07:18	双子
06/30	●	07:08	蟹
07/02		06:55	獅子
07/04		08:31	乙女
07/06		13:23	天秤
07/08		22:05	蠍
07/11		09:48	射手
07/13		22:45	山羊
07/15	○	-	山羊
07/16		11:15	水瓶
07/18		22:07	魚
07/21		06:43	牡羊
07/23		12:41	牡牛
07/25		15:58	双子
07/27		17:10	蟹
07/29		17:29	獅子
07/30	●	-	獅子
07/31		18:34	乙女
08/02		22:12	天秤
08/05		05:35	蠍
08/07		16:37	射手
08/10		05:30	山羊
08/12		17:52	水瓶
08/14	○	-	水瓶
08/15		04:14	魚
08/17		12:16	牡羊
08/19		18:14	牡牛
08/21		22:26	双子
08/24		01:08	蟹
08/26		02:49	獅子
08/28	●	04:33	乙女
08/30		07:52	天秤
09/01		14:17	蠍
09/04		00:24	射手
09/06		13:01	山羊
09/09		01:30	水瓶
09/11		11:40	魚
09/13	○	18:56	牡羊
09/15		23:59	牡牛
09/18		03:48	双子
09/20		07:01	蟹
09/22		09:56	獅子
09/24		12:58	乙女
09/26	●	17:00	天秤
09/28		23:18	蠍
10/01		08:47	射手
10/03		21:02	山羊
10/06		09:49	水瓶
10/08		20:23	魚
10/11		03:29	牡羊
10/12	○	-	牡羊
10/13		07:36	牡牛
10/15		10:09	双子
10/17		12:28	蟹
10/19		15:25	獅子
10/21		19:19	乙女
10/24		00:28	天秤
10/26	●	07:28	蠍
10/28		16:57	射手
10/31		04:57	山羊
11/02		17:58	水瓶
11/05		05:26	魚
11/07		13:19	牡羊
11/09		17:25	牡牛
11/10	○	-	牡牛
11/11		18:59	双子
11/13		19:46	蟹
11/15		21:20	獅子
11/18		00:41	乙女
11/20		06:15	天秤
11/22		14:06	蠍
11/25	●	00:11	射手
11/27		12:13	山羊
11/30		01:17	水瓶
12/02		13:32	魚
12/04		22:50	牡羊
12/07		04:08	牡牛
12/09		05:58	双子
12/10	○	-	双子
12/11		05:52	蟹
12/13		05:44	獅子
12/15		07:20	乙女
12/17		11:53	天秤
12/19		19:44	蠍
12/22		06:20	射手
12/24		18:41	山羊
12/25	●	-	山羊
12/27		07:43	水瓶
12/29		20:10	魚

1974年

01/01		06:34	牡羊
01/03		13:38	牡牛
01/05		17:00	双子
01/07		17:28	蟹
01/08	○	-	蟹
01/09		16:42	獅子
01/11		16:41	乙女
01/13		19:21	天秤
01/16		01:54	蠍
01/18		12:12	射手
01/21		00:47	山羊
01/23	●	13:50	水瓶
01/26		02:00	魚
01/28		12:32	牡羊
01/30		20:41	牡牛
02/02		01:53	双子
02/04		04:05	蟹
02/06		04:11	獅子
02/07	○	-	獅子
02/08		03:52	乙女
02/10		05:10	天秤
02/12		09:58	蠍
02/14		19:01	射手
02/17		07:16	山羊
02/19		20:21	水瓶
02/22	●	08:15	魚
02/24		18:12	牡羊
02/27		02:11	牡牛
03/01		08:10	双子
03/03		11:59	蟹
03/05		13:49	獅子
03/07		14:33	乙女
03/08	○	-	乙女
03/09		15:52	天秤
03/11		19:40	蠍
03/14		03:20	射手
03/16		14:41	山羊
03/19		03:38	水瓶
03/21		15:33	魚
03/24	●	01:02	牡羊
03/26		08:09	牡牛
03/28		13:33	双子
03/30		17:40	蟹
04/01		20:40	獅子
04/03		22:56	乙女
04/06		01:22	天秤
04/07	○	-	天秤
04/08		05:25	蠍
04/10		12:27	射手
04/12		22:56	山羊
04/15		11:34	水瓶
04/17		23:44	魚
04/20		09:20	牡羊
04/22	●	15:53	牡牛
04/24		20:11	双子
04/26		23:17	蟹

04/23		19:41	天秤
04/25		20:39	蠍
04/26	○	-	蠍
04/27		23:20	射手
04/30		05:08	山羊
05/02		14:34	水瓶
05/05		02:34	魚
05/07		15:03	牡羊
05/10		02:03	牡牛
05/11	●	-	牡牛
05/12		10:44	双子
05/14		17:08	蟹
05/16		21:38	獅子
05/19		00:45	乙女
05/21		03:05	天秤
05/23		05:25	蠍
05/25	○	08:51	射手
05/27		14:31	山羊
05/29		23:09	水瓶
06/01		10:32	魚
06/03		23:01	牡羊
06/06		10:19	牡牛
06/08		18:49	双子
06/10	●	-	双子
06/11		00:21	蟹
06/13		03:45	獅子
06/15		06:11	乙女
06/17		08:41	天秤
06/19		11:59	蠍
06/21		16:34	射手
06/23		22:56	山羊
06/24	○	-	山羊
06/26		07:33	水瓶
06/28		18:33	魚
07/01		07:02	牡羊
07/03		18:54	牡牛
07/06		03:58	双子
07/08		09:23	蟹
07/09	●	-	蟹
07/10		11:50	獅子
07/12		12:55	乙女
07/14		14:21	天秤
07/16		17:23	蠍
07/18		22:32	射手
07/21		05:46	山羊
07/23	○	14:56	水瓶
07/26		01:58	魚
07/28		14:27	牡羊
07/31		02:53	牡牛
08/02		13:02	双子
08/04		19:17	蟹
08/06		21:44	獅子
08/07	●	-	獅子
08/08		21:53	乙女
08/10		21:51	天秤
08/12		23:30	蠍
08/15		03:59	射手
08/17		11:25	山羊

12/26		22:15	双子
12/29	○	01:15	蟹
12/31		02:05	獅子

1975年

01/02		02:32	乙女
01/04		04:21	天秤
01/06		08:39	蠍
01/08		15:39	射手
01/11		00:58	山羊
01/12	●	-	山羊
01/13		12:03	水瓶
01/16		00:23	魚
01/18		13:03	牡羊
01/21		00:21	牡牛
01/23		08:23	双子
01/25		12:20	蟹
01/27		13:00	獅子
01/28	○	-	獅子
01/29		12:14	乙女
01/31		12:13	天秤
02/02		14:53	蠍
02/04		21:10	射手
02/07		06:42	山羊
02/09		18:16	水瓶
02/11	●	-	水瓶
02/12		06:45	魚
02/14		19:22	牡羊
02/17		07:09	牡牛
02/19		16:35	双子
02/21		22:18	蟹
02/24		00:13	獅子
02/25		23:37	乙女
02/26	○	-	乙女
02/27		22:38	天秤
03/01		23:33	蠍
03/04		04:05	射手
03/06		12:40	山羊
03/09		00:09	水瓶
03/11		12:49	魚
03/13	●	-	魚
03/14		01:18	牡羊
03/16		12:52	牡牛
03/18		22:43	双子
03/21		05:48	蟹
03/23		09:31	獅子
03/25		10:21	乙女
03/27	○	09:51	天秤
03/29		10:08	蠍
03/31		13:10	射手
04/02		20:08	山羊
04/05		06:45	水瓶
04/07		19:17	魚
04/10		07:44	牡羊
04/12	●	18:53	牡牛
04/15		04:14	双子
04/17		11:27	蟹
04/19		16:14	獅子
04/21		18:42	乙女

08/27		09:15	山羊
08/29		21:53	水瓶
09/01		10:29	魚
09/02	○	-	魚
09/03		21:58	牡羊
09/06		07:50	牡牛
09/08		15:36	双子
09/10		20:39	蟹
09/12		22:54	獅子
09/14		23:12	乙女
09/16	●	23:17	天秤
09/19		01:14	蠍
09/21		06:46	射手
09/23		16:22	山羊
09/26		04:38	水瓶
09/28		17:14	魚
10/01	○	04:25	牡羊
10/03		13:39	牡牛
10/05		21:00	双子
10/08		02:30	蟹
10/10		06:03	獅子
10/12		07:56	乙女
10/14		09:11	天秤
10/15	●	-	天秤
10/16		11:23	蠍
10/18		16:14	射手
10/21		00:44	山羊
10/23		12:20	水瓶
10/26		00:57	魚
10/28		12:13	牡羊
10/30		21:00	牡牛
10/31	○	-	牡牛
11/02		03:23	双子
11/04		08:01	蟹
11/06		11:30	獅子
11/08		14:18	乙女
11/10		16:58	天秤
11/12		20:23	蠍
11/14	●	-	蠍
11/15		01:39	射手
11/17		09:42	山羊
11/19		20:39	水瓶
11/22		09:11	魚
11/24		20:59	牡羊
11/27		06:05	牡牛
11/29		11:58	双子
11/30	○	-	双子
12/01		15:22	蟹
12/03		17:31	獅子
12/05		19:40	乙女
12/07		22:42	天秤
12/10		03:13	蠍
12/12		09:34	射手
12/14	●	18:04	山羊
12/17		04:48	水瓶
12/19		17:12	魚
12/22		05:35	牡羊
12/24		15:45	牡牛

04/29		02:03	獅子
05/01		05:00	乙女
05/03		08:39	天秤
05/05		13:43	蠍
05/06	○	-	蠍
05/07		21:05	射手
05/10		07:15	山羊
05/12		19:34	水瓶
05/15		08:03	魚
05/17		18:20	牡羊
05/20		01:10	牡牛
05/22	●	04:54	双子
05/24		06:46	蟹
05/26		08:12	獅子
05/28		10:25	乙女
05/30		14:16	天秤
06/01		20:10	蠍
06/04		04:21	射手
06/05	○	-	射手
06/06		14:48	山羊
06/09		03:02	水瓶
06/11		15:43	魚
06/14		02:52	牡羊
06/16		10:46	牡牛
06/18		14:59	双子
06/20	●	16:21	蟹
06/22		16:30	獅子
06/24		17:11	乙女
06/26		19:57	天秤
06/29		01:40	蠍
07/01		10:20	射手
07/03		21:19	山羊
07/04	○	-	山羊
07/06		09:41	水瓶
07/08		22:25	魚
07/11		10:10	牡羊
07/13		19:21	牡牛
07/16		00:54	双子
07/18		02:56	蟹
07/19	●	-	蟹
07/20		02:43	獅子
07/22		02:10	乙女
07/24		03:19	天秤
07/26		07:45	蠍
07/28		16:00	射手
07/31		03:11	山羊
08/02		15:46	水瓶
08/03	○	-	水瓶
08/05		04:26	魚
08/07		16:15	牡羊
08/10		02:12	牡牛
08/12		09:15	双子
08/14		12:49	蟹
08/16		13:26	獅子
08/18	●	12:42	乙女
08/20		12:45	天秤
08/22		15:37	蠍
08/24		22:34	射手

08/18		18:54	双子	04/17		05:15	射手	12/19		06:49	蟹	08/19		21:09	水瓶
08/21		05:34	蟹	04/19		07:43	山羊	12/21		11:54	獅子	08/22	○	08:32	魚
08/23		12:31	獅子	04/21		13:47	水瓶	12/23		15:28	乙女	08/24		21:02	牡羊
08/25	●	16:03	乙女	04/23		23:28	魚	12/25		18:27	天秤	08/27		09:45	牡牛
08/27		17:42	天秤	04/26		11:37	牡羊	12/27		21:28	蠍	08/29		20:53	双子
08/29		19:05	蠍	04/29	●	00:37	牡牛	12/30		00:53	射手	09/01		04:35	蟹
08/31		21:28	射手	05/01		13:05	双子	**1976年★**				09/03		08:08	獅子
09/03		01:29	山羊	05/03		23:53	蟹	01/01	●	05:16	山羊	09/05		08:29	乙女
09/05		07:20	水瓶	05/06		08:09	獅子	01/03		11:33	水瓶	09/06	●	-	乙女
09/07		15:11	魚	05/08		13:21	乙女	01/05		20:35	魚	09/07		07:38	天秤
09/08	○	-	魚	05/10		15:39	天秤	01/08		08:21	牡羊	09/09		07:46	蠍
09/10		01:18	牡羊	05/12		16:03	蠍	01/10		21:09	牡牛	09/11		10:41	射手
09/12		13:30	牡牛	05/14	○	16:04	射手	01/13		08:19	双子	09/13		17:11	山羊
09/15		02:32	双子	05/16		17:31	山羊	01/15		16:00	蟹	09/16		02:51	水瓶
09/17		14:07	蟹	05/18		22:02	水瓶	01/17	○	20:15	獅子	09/18		14:32	魚
09/19		22:11	獅子	05/21		06:27	魚	01/19		22:25	乙女	09/20	○	-	魚
09/22		02:16	乙女	05/23		18:07	牡羊	01/22		00:10	天秤	09/21		03:07	牡羊
09/24	●	03:28	天秤	05/26		07:07	牡牛	01/24		02:48	蠍	09/23		15:43	牡牛
09/26		03:34	蠍	05/28		19:22	双子	01/26		06:51	射手	09/26		03:13	双子
09/28		04:21	射手	05/29	●	-	双子	01/28		12:24	山羊	09/28		12:07	蟹
09/30		07:13	山羊	05/31		05:39	蟹	01/30		19:34	水瓶	09/30		17:20	獅子
10/02		12:49	水瓶	06/02		13:37	獅子	01/31	●	-	水瓶	10/02		19:03	乙女
10/04		21:10	魚	06/04		19:21	乙女	02/02		04:46	魚	10/04		18:39	天秤
10/07		07:50	牡羊	06/06		23:00	天秤	02/04		16:17	牡羊	10/05	●	-	天秤
10/08	○	-	牡羊	06/09		00:58	蠍	02/07		05:13	牡牛	10/06		18:09	蠍
10/09		20:11	牡牛	06/11		02:07	射手	02/09		17:16	双子	10/08		19:35	射手
10/12		09:14	双子	06/12	○	-	射手	02/12		01:59	蟹	10/11		00:29	山羊
10/14		21:24	蟹	06/13		03:45	山羊	02/14		06:32	獅子	10/13		09:10	水瓶
10/17		06:49	獅子	06/15		07:31	水瓶	02/16	○	07:59	乙女	10/15		20:40	魚
10/19		12:25	乙女	06/17		14:43	魚	02/18		08:14	天秤	10/18		09:20	牡羊
10/21		14:26	天秤	06/20		01:32	牡羊	02/20		09:14	蠍	10/20	○	21:43	牡牛
10/23	●	14:17	蠍	06/22		14:21	牡牛	02/22		12:18	射手	10/23		08:51	双子
10/25		13:49	射手	06/25		02:37	双子	02/24		17:54	山羊	10/25		17:57	蟹
10/27		14:55	山羊	06/27	●	12:29	蟹	02/27		01:48	水瓶	10/28		00:20	獅子
10/29		19:05	水瓶	06/29		19:39	獅子	02/29		11:42	魚	10/30		03:47	乙女
11/01		02:53	魚	07/02		00:46	乙女	03/01	●	-	魚	11/01		04:55	天秤
11/03		13:46	牡羊	07/04		04:34	天秤	03/02		23:22	牡羊	11/03	●	05:07	蠍
11/06		02:23	牡牛	07/06		07:33	蠍	03/05		12:18	牡牛	11/05		06:10	射手
11/07	○	-	牡牛	07/08		10:05	射手	03/08		00:56	双子	11/07		09:45	山羊
11/08		15:21	双子	07/10		12:49	山羊	03/10		10:59	蟹	11/09		16:59	水瓶
11/11		03:28	蟹	07/11	○	-	山羊	03/12		16:55	獅子	11/12		03:42	魚
11/13		13:36	獅子	07/12		16:53	水瓶	03/14		18:59	乙女	11/14		16:17	牡羊
11/15		20:46	乙女	07/14		23:36	魚	03/16	○	18:44	天秤	11/17		04:38	牡牛
11/18		00:34	天秤	07/17		09:40	牡羊	03/18		18:18	蠍	11/19	○	15:14	双子
11/20		01:31	蠍	07/19		22:11	牡牛	03/20		19:34	射手	11/21		23:36	蟹
11/22	●	01:03	射手	07/22		10:40	双子	03/22		23:48	山羊	11/24		05:48	獅子
11/24		01:03	山羊	07/24		20:39	蟹	03/25		07:19	水瓶	11/26		10:04	乙女
11/26		03:30	水瓶	07/27	●	03:18	獅子	03/27		17:34	魚	11/28		12:48	天秤
11/28		09:47	魚	07/29		07:23	乙女	03/30		05:37	牡羊	11/30		14:37	蠍
11/30		20:01	牡羊	07/31		10:13	天秤	03/31	●	-	牡羊	12/02		16:33	射手
12/03		08:41	牡牛	08/02		12:55	蠍	04/01		18:34	牡牛	12/03	●	-	射手
12/05		21:38	双子	08/04		16:03	射手	04/04		07:15	双子	12/04		19:58	山羊
12/07	○	-	双子	08/06		19:54	山羊	04/06		18:06	蟹	12/07		02:12	水瓶
12/08		09:21	蟹	08/09		00:57	水瓶	04/09		01:36	獅子	12/09		11:52	魚
12/10		19:12	獅子	08/10	○	-	水瓶	04/11		05:16	乙女	12/12		00:06	牡羊
12/13		02:55	乙女	08/11		08:00	魚	04/13		05:54	天秤	12/14		12:39	牡牛
12/15		08:13	天秤	08/13		17:49	牡羊	04/14	○	-	天秤	12/16		23:12	双子
12/17		11:01	蠍	08/16		06:05	牡牛	04/15		05:14	蠍	12/18	○	-	双子

日付		時刻	星座
12/19		11:54	射手
12/21	●	12:12	山羊
12/23		13:48	水瓶
12/25		18:36	魚
12/28		03:32	牡羊
12/30		15:43	牡牛
1977年			
01/02		04:43	双子
01/04		16:12	蟹
01/05	○	-	蟹
01/07		01:20	獅子
01/09		08:23	乙女
01/11		13:48	天秤
01/13		17:44	蠍
01/15		20:18	射手
01/17		22:02	山羊
01/19	●	-	山羊
01/20		00:12	水瓶
01/22		04:30	魚
01/24		12:19	牡羊
01/26		23:41	牡牛
01/29		12:37	双子
02/01		00:20	蟹
02/03		09:11	獅子
02/04	○	-	獅子
02/05		15:17	乙女
02/07		19:36	天秤
02/09		23:04	蠍
02/12		02:11	射手
02/14		05:14	山羊
02/16		08:45	水瓶
02/18	●	13:45	魚
02/20		21:22	牡羊
02/23		08:06	牡牛
02/25		20:50	双子
02/28		09:02	蟹
03/02		18:25	獅子
03/05		00:19	乙女
03/06	○	-	乙女
03/07		03:34	天秤
03/09		05:37	蠍
03/11		07:42	射手
03/13		10:40	山羊
03/15		15:00	水瓶
03/17		21:06	魚
03/20	●	05:23	牡羊
03/22		16:05	牡牛
03/25		04:39	双子
03/27		17:16	蟹
03/30		03:40	獅子
04/01		10:25	乙女
04/03		13:39	天秤
04/04	○	-	天秤
04/05		14:40	蠍
04/07		15:08	射手
04/09		16:40	山羊
04/11		20:24	水瓶
04/14		02:49	魚
04/16		11:52	牡羊
04/18	●	23:02	牡牛
04/21		11:37	双子
04/24		00:25	蟹
04/26		11:43	獅子
04/28		19:52	乙女
05/01		00:12	天秤
05/03	○	01:23	蠍
05/05		00:59	射手
05/07		00:54	山羊
05/09		03:00	水瓶
05/11		08:29	魚
05/13		17:29	牡羊
05/16		05:04	牡牛
05/18	●	17:50	双子
05/21		06:35	蟹
05/23		18:13	獅子
05/26		03:31	乙女
05/28		09:28	天秤
05/30		11:57	蠍
06/01		11:54	射手
06/02	○	-	射手
06/03		11:07	山羊
06/05		11:44	水瓶
06/07		15:35	魚
06/09		23:34	牡羊
06/12		10:56	牡牛
06/14		23:50	双子
06/17	●	12:28	蟹
06/19		23:53	獅子
06/22		09:29	乙女
06/24		16:35	天秤
06/26		20:42	蠍
06/28		22:02	射手
06/30		21:48	山羊
07/01	○	-	山羊
07/02		21:56	水瓶
07/05		00:31	魚
07/07		07:03	牡羊
07/09		17:33	牡牛
07/12		06:15	双子
07/14		18:50	蟹
07/16	●	-	蟹
07/17		05:51	獅子
07/19		14:58	乙女
07/21		22:09	天秤
07/24		03:13	蠍
07/26		06:04	射手
07/28		07:15	山羊
07/30	○	08:04	水瓶
08/01		10:23	魚
08/03		15:54	牡羊
08/06		01:18	牡牛
08/08		13:29	双子
08/11		02:04	蟹
08/13		12:57	獅子
08/15	●	21:26	乙女
08/18		03:49	天秤
08/20		08:35	蠍
08/22		12:03	射手
08/24		14:30	山羊
08/26		16:41	水瓶
08/28		19:46	魚
08/29	○	-	魚
08/31		01:11	牡羊
09/02		09:52	牡牛
09/04		21:27	双子
09/07		10:03	蟹
09/09		21:14	獅子
09/12		05:34	乙女
09/13	●	-	乙女
09/14		11:07	天秤
09/16		14:45	蠍
09/18		17:28	射手
09/20		20:04	山羊
09/22		23:12	水瓶
09/25		03:30	魚
09/27	○	09:40	牡羊
09/29		18:21	牡牛
10/02		05:33	双子
10/04		18:09	蟹
10/07		05:58	獅子
10/09		14:59	乙女
10/11		20:29	天秤
10/13	●	23:11	蠍
10/16		00:27	射手
10/18		01:51	山羊
10/20		04:36	水瓶
10/22		09:26	魚
10/24		16:34	牡羊
10/27	○	01:53	牡牛
10/29		13:08	双子
11/01		01:40	蟹
11/03		14:03	獅子
11/06		00:17	乙女
11/08		06:51	天秤
11/10		09:42	蠍
11/11	●	-	蠍
11/12		10:03	射手
11/14		09:50	山羊
11/16		11:00	水瓶
11/18		14:58	魚
11/20		22:13	牡羊
11/23		08:09	牡牛
11/25		19:48	双子
11/26	○	-	双子
11/28		08:20	蟹
11/30		20:53	獅子
12/03		08:05	乙女
12/05		16:17	天秤
12/07		20:33	蠍
12/09		21:22	射手
12/11	●	20:26	山羊
12/13		19:59	水瓶
12/15		22:09	魚
12/18		04:11	牡羊
12/20		13:54	牡牛
12/23		01:51	双子
12/25	○	14:30	蟹
12/28		02:52	獅子
12/30		14:13	乙女
1978年			
01/01		23:31	天秤
01/04		05:35	蠍
01/06		08:03	射手
01/08		07:55	山羊
01/09	●	-	山羊
01/10		07:05	水瓶
01/12		07:50	魚
01/14		12:05	牡羊
01/16		20:30	牡牛
01/19		08:06	双子
01/21		20:50	蟹
01/24	○	09:02	獅子
01/26		19:56	乙女
01/29		05:08	天秤
01/31		12:04	蠍
02/02		16:13	射手
02/04		17:50	山羊
02/06		18:04	水瓶
02/07	●	-	水瓶
02/08		18:47	魚
02/10		21:56	牡羊
02/13		04:50	牡牛
02/15		15:24	双子
02/18		03:56	蟹
02/20		16:09	獅子
02/23	○	02:39	乙女
02/25		11:03	天秤
02/27		17:28	蠍
03/01		22:02	射手
03/04		00:58	山羊
03/06		02:51	水瓶
03/08		04:45	魚
03/09	●	-	魚
03/10		08:08	牡羊
03/12		14:18	牡牛
03/14		23:48	双子
03/17		11:49	蟹
03/20		00:12	獅子
03/22		10:49	乙女
03/24		18:41	天秤
03/25	○	-	天秤
03/27		00:01	蠍
03/29		03:37	射手
03/31		06:23	山羊
04/02		09:05	水瓶
04/04		12:20	魚
04/06		16:51	牡羊
04/08	●	23:21	牡牛
04/11		08:27	双子
04/13		19:59	蟹
04/16		08:30	獅子
04/18		19:44	乙女

04/13		13:16	蠍
04/15		20:18	射手
04/18		01:23	山羊
04/20		05:02	水瓶
04/22		07:41	魚
04/24		09:51	牡羊
04/26	●	12:27	牡牛
04/28		16:48	双子
05/01		00:11	蟹
05/03		10:56	獅子
05/05		23:41	乙女
05/08		11:47	天秤
05/10		21:10	蠍
05/12	○	-	蠍
05/13		03:25	射手
05/15		07:25	山羊
05/17		10:26	水瓶
05/19		13:18	魚
05/21		16:30	牡羊
05/23		20:20	牡牛
05/26	●	01:28	双子
05/28		08:51	蟹
05/30		19:08	獅子
06/02		07:41	乙女
06/04		20:12	天秤
06/07		06:05	蠍
06/09		12:15	射手
06/10	○	-	射手
06/11		15:23	山羊
06/13		17:06	水瓶
06/15		18:56	魚
06/17		21:52	牡羊
06/20		02:18	牡牛
06/22		08:23	双子
06/24	●	16:24	蟹
06/27		02:47	獅子
06/29		15:14	乙女
07/02		04:08	天秤
07/04		14:57	蠍
07/06		21:56	射手
07/09		01:07	山羊
07/10	○	-	山羊
07/11		01:59	水瓶
07/13		02:23	魚
07/15		03:57	牡羊
07/17		07:43	牡牛
07/19		14:00	双子
07/21		22:40	蟹
07/24	●	09:30	獅子
07/26		22:01	乙女
07/29		11:06	天秤
07/31		22:46	蠍
08/03		07:05	射手
08/05		11:23	山羊
08/07		12:28	水瓶
08/08	○	-	水瓶
08/09		12:05	魚
08/11		12:10	牡羊
12/18		00:37	獅子
12/20		13:34	乙女
12/23		01:40	天秤
12/25		10:32	蠍
12/27		15:07	射手
12/29		16:15	山羊
12/30	●	-	山羊
12/31		15:53	水瓶
1979年			
01/02		16:08	魚
01/04		18:41	牡羊
01/07		00:17	牡牛
01/09		08:42	双子
01/11		19:14	蟹
01/13	○	-	蟹
01/14		07:16	獅子
01/16		20:10	乙女
01/19		08:40	天秤
01/21		18:51	蠍
01/24		01:08	射手
01/26		03:27	山羊
01/28	●	03:12	水瓶
01/30		02:25	魚
02/01		03:11	牡羊
02/03		07:03	牡牛
02/05		14:33	双子
02/08		01:06	蟹
02/10		13:25	獅子
02/12	○	-	獅子
02/13		02:18	乙女
02/15		14:37	天秤
02/18		01:12	蠍
02/20		08:51	射手
02/22		13:00	山羊
02/24		14:12	水瓶
02/26		13:52	魚
02/27	●	-	魚
02/28		13:54	牡羊
03/02		16:09	牡牛
03/04		21:58	双子
03/07		07:34	蟹
03/09		19:47	獅子
03/12		08:42	乙女
03/13		-	乙女
03/14	○	20:41	天秤
03/17		06:49	蠍
03/19		14:38	射手
03/21		19:56	山羊
03/23		22:52	水瓶
03/26		00:04	魚
03/28	●	00:47	牡羊
03/30		02:36	牡牛
04/01		07:08	双子
04/03		15:24	蟹
04/06		02:58	獅子
04/08		15:52	乙女
04/11		03:45	天秤
04/12	○	-	天秤
08/19		03:04	魚
08/21		04:29	牡羊
08/23		09:06	牡牛
08/25		17:31	双子
08/28		04:59	蟹
08/30		17:40	獅子
09/02		05:46	乙女
09/03	●	-	乙女
09/04		16:15	天秤
09/07		00:38	蠍
09/09		06:39	射手
09/11		10:20	山羊
09/13		12:08	水瓶
09/15		13:09	魚
09/17	○	14:50	牡羊
09/19		18:43	牡牛
09/22		01:56	双子
09/24		12:31	蟹
09/27		01:01	獅子
09/29		13:11	乙女
10/01		23:17	天秤
10/02	●	-	天秤
10/04		06:48	蠍
10/06		12:07	射手
10/08		15:52	山羊
10/10		18:42	水瓶
10/12		21:12	魚
10/15		00:06	牡羊
10/16	○	-	牡羊
10/17		04:22	牡牛
10/19		11:05	双子
10/21		20:52	蟹
10/24		09:04	獅子
10/26		21:32	乙女
10/29		07:51	天秤
10/31		14:52	蠍
11/01	●	-	蠍
11/02		19:03	射手
11/04		21:40	山羊
11/07		00:04	水瓶
11/09		03:06	魚
11/11		07:11	牡羊
11/13		12:35	牡牛
11/15	○	19:45	双子
11/18		05:16	蟹
11/20		17:09	獅子
11/23		05:57	乙女
11/25		17:07	天秤
11/28		00:38	蠍
11/30	●	04:23	射手
12/02		05:44	山羊
12/04		06:35	水瓶
12/06		08:36	魚
12/08		12:40	牡羊
12/10		18:50	牡牛
12/13		02:54	双子
12/14	○	-	双子
12/15		12:50	蟹
04/21		03:53	天秤
04/23	○	08:39	蠍
04/25		11:00	射手
04/27		12:27	山羊
04/29		14:28	水瓶
05/01		18:00	魚
05/03		23:27	牡羊
05/06		06:52	牡牛
05/07	●	-	牡牛
05/08		16:18	双子
05/11		03:41	蟹
05/13		16:17	獅子
05/16		04:15	乙女
05/18		13:24	天秤
05/20		18:39	蠍
05/22	○	20:31	射手
05/24		20:41	山羊
05/26		21:10	水瓶
05/28		23:36	魚
05/31		04:52	牡羊
06/02		12:50	牡牛
06/04		22:53	双子
06/06	●	-	双子
06/07		10:30	蟹
06/09		23:07	獅子
06/12		11:35	乙女
06/14		21:55	天秤
06/17		04:28	蠍
06/19		07:01	射手
06/21	○	06:52	山羊
06/23		06:07	水瓶
06/25		06:57	魚
06/27		10:53	牡羊
06/29		18:21	牡牛
07/02		04:37	双子
07/04		16:33	蟹
07/05	●	-	蟹
07/07		05:13	獅子
07/09		17:44	乙女
07/12		04:48	天秤
07/14		12:47	蠍
07/16		16:50	射手
07/18		17:33	山羊
07/20	○	16:41	水瓶
07/22		16:26	魚
07/24		18:46	牡羊
07/27		00:50	牡牛
07/29		10:31	双子
07/31		22:28	蟹
08/03		11:10	獅子
08/04	●	-	獅子
08/05		23:29	乙女
08/08		10:30	天秤
08/10		19:11	蠍
08/13		00:43	射手
08/15		03:03	山羊
08/17		03:15	水瓶
08/18	○	-	水瓶

08/11	●	-	獅子
08/12		02:54	乙女
08/14		14:32	天秤
08/17		03:15	蠍
08/19		15:07	射手
08/22		00:11	山羊
08/24		05:32	水瓶
08/26	○	07:43	魚
08/28		08:11	牡羊
08/30		08:41	牡牛
09/01		10:50	双子
09/03		15:39	蟹
09/05		23:22	獅子
09/08		09:31	乙女
09/09	●	-	乙女
09/10		21:22	天秤
09/13		10:06	蠍
09/15		22:28	射手
09/18		08:45	山羊
09/20		15:30	水瓶
09/22		18:27	魚
09/24	○	18:37	牡羊
09/26		17:53	牡牛
09/28		18:21	双子
09/30		21:46	蟹
10/03		04:57	獅子
10/05		15:19	乙女
10/08		03:30	天秤
10/09	●	-	天秤
10/10		16:15	蠍
10/13		04:37	射手
10/15		15:37	山羊
10/17		23:54	水瓶
10/20		04:31	魚
10/22		05:43	牡羊
10/24	○	04:55	牡牛
10/26		04:17	双子
10/28		06:00	蟹
10/30		11:38	獅子
11/01		21:19	乙女
11/04		09:31	天秤
11/06		22:19	蠍
11/08	●	-	蠍
11/09		10:25	射手
11/11		21:15	山羊
11/14		06:10	水瓶
11/16		12:21	魚
11/18		15:22	牡羊
11/20		15:51	牡牛
11/22	○	15:27	双子
11/24		16:18	蟹
11/26		20:23	獅子
11/29		04:37	乙女
12/01		16:13	天秤
12/04		05:00	蠍
12/06		16:57	射手
12/07	●	-	射手
12/09		03:12	山羊

04/13		20:40	牡羊
04/15	●	20:11	牡牛
04/17		20:41	双子
04/20		00:11	蟹
04/22		07:52	獅子
04/24		19:12	乙女
04/27		08:09	天秤
04/29		20:35	蠍
04/30	○	-	蠍
05/02		07:22	射手
05/04		16:14	山羊
05/06		23:03	水瓶
05/09		03:33	魚
05/11		05:44	牡羊
05/13		06:24	牡牛
05/14	●	-	牡牛
05/15		07:07	双子
05/17		09:52	蟹
05/19		16:14	獅子
05/22		02:32	乙女
05/24		15:11	天秤
05/27		03:37	蠍
05/29		14:05	射手
05/30	○	-	射手
05/31		22:14	山羊
06/03		04:29	水瓶
06/05		09:10	魚
06/07		12:23	牡羊
06/09		14:29	牡牛
06/11		16:22	双子
06/13	●	19:29	蟹
06/16		01:22	獅子
06/18		10:47	乙女
06/20		22:55	天秤
06/23		11:26	蠍
06/25		22:02	射手
06/28	○	05:46	山羊
06/30		11:04	水瓶
07/02		14:48	魚
07/04		17:46	牡羊
07/06		20:30	牡牛
07/08		23:33	双子
07/11		03:44	蟹
07/12	●	-	蟹
07/13		10:03	獅子
07/15		19:11	乙女
07/18		06:55	天秤
07/20		19:33	蠍
07/23		06:42	射手
07/25		14:45	山羊
07/27		19:34	水瓶
07/28	○	-	水瓶
07/29		22:11	魚
07/31		23:53	牡羊
08/03		01:55	牡牛
08/05		05:10	双子
08/07		10:12	蟹
08/09		17:23	獅子

12/15		09:08	蠍
12/17		17:36	射手
12/19	●	22:54	山羊
12/22		02:13	水瓶
12/24		04:50	魚
12/26		07:40	牡羊
12/28		11:08	牡牛
12/30		15:32	双子

1980年★

01/01		21:29	蟹
01/02	○	-	蟹
01/04		05:47	獅子
01/06		16:48	乙女
01/09		05:38	天秤
01/11		17:55	蠍
01/14		03:17	射手
01/16		08:51	山羊
01/18	●	11:25	水瓶
01/20		12:33	魚
01/22		13:52	牡羊
01/24		16:31	牡牛
01/26		21:11	双子
01/29		04:02	蟹
01/31		13:08	獅子
02/01	○	-	獅子
02/03		00:21	乙女
02/05		13:04	天秤
02/08		01:46	蠍
02/10		12:19	射手
02/12		19:12	山羊
02/14		22:19	水瓶
02/16	●	22:54	魚
02/18		22:42	牡羊
02/20		23:35	牡牛
02/23		02:58	双子
02/25		09:34	蟹
02/27		19:10	獅子
03/01		06:53	乙女
03/02	○	-	乙女
03/03		19:40	天秤
03/06		08:22	蠍
03/08		19:38	射手
03/11		04:02	山羊
03/13		08:45	水瓶
03/15		10:10	魚
03/17	●	09:41	牡羊
03/19		09:13	牡牛
03/21		10:47	双子
03/23		15:55	蟹
03/26		00:58	獅子
03/28		12:52	乙女
03/31		01:49	天秤
04/01	○	-	天秤
04/02		14:21	蠍
04/05		01:34	射手
04/07		10:42	山羊
04/09		17:00	水瓶
04/11		20:07	魚

08/13		14:21	牡牛
08/15		19:41	双子
08/18		04:17	蟹
08/20		15:28	獅子
08/23	●	04:11	乙女
08/25		17:13	天秤
08/28		05:12	蠍
08/30		14:39	射手
09/01		20:33	山羊
09/03		22:59	水瓶
09/05		23:03	魚
09/06	○	-	魚
09/07		22:29	牡羊
09/09		23:12	牡牛
09/12		02:54	双子
09/14		10:27	蟹
09/16		21:25	獅子
09/19		10:15	乙女
09/21	●	23:11	天秤
09/24		10:54	蠍
09/26		20:36	射手
09/29		03:40	山羊
10/01		07:49	水瓶
10/03		09:23	魚
10/05		09:28	牡羊
10/06	○	-	牡羊
10/07		09:45	牡牛
10/09		12:07	双子
10/11		18:09	蟹
10/14		04:12	獅子
10/16		16:51	乙女
10/19		05:44	天秤
10/21	●	17:02	蠍
10/24		02:09	射手
10/26		09:11	山羊
10/28		14:16	水瓶
10/30		17:29	魚
11/01		19:09	牡羊
11/03		20:16	牡牛
11/04	○	-	牡牛
11/05		22:25	双子
11/08		03:24	蟹
11/10		12:14	獅子
11/13		00:20	乙女
11/15		13:16	天秤
11/18		00:29	蠍
11/20	●	08:56	射手
11/22		15:01	山羊
11/24		19:36	水瓶
11/26		23:17	魚
11/29		02:17	牡羊
12/01		04:54	牡牛
12/03		08:02	双子
12/04	○	-	双子
12/05		13:01	蟹
12/07		21:09	獅子
12/10		08:33	乙女
12/12		21:29	天秤

12/11		11:36	水瓶
12/13		18:03	魚
12/15		22:21	牡羊
12/18		00:36	牡牛
12/20		01:39	双子
12/22	○	03:03	蟹
12/24		06:34	獅子
12/26		13:32	乙女
12/29		00:05	天秤
12/31		12:36	蠍

1981年

01/03		00:42	射手
01/05		10:41	山羊
01/06	●	-	山羊
01/07		18:12	水瓶
01/09		23:42	魚
01/12		03:43	牡羊
01/14		06:45	牡牛
01/16		09:17	双子
01/18		12:08	蟹
01/20	○	16:21	獅子
01/22		23:02	乙女
01/25		08:45	天秤
01/27		20:49	蠍
01/30		09:11	射手
02/01		19:37	山羊
02/04		02:55	水瓶
02/05	●	-	水瓶
02/06		07:21	魚
02/08		10:01	牡羊
02/10		12:10	牡牛
02/12		14:51	双子
02/14		18:43	蟹
02/17		00:10	獅子
02/19	○	07:34	乙女
02/21		17:12	天秤
02/24		04:54	蠍
02/26		17:29	射手
03/01		04:46	山羊
03/03		12:51	水瓶
03/05		17:12	魚
03/06	●	-	魚
03/07		18:48	牡羊
03/09		19:22	牡牛
03/11		20:42	双子
03/14		00:05	蟹
03/16		06:03	獅子
03/18		14:20	乙女
03/21	○	00:31	天秤
03/23		12:14	蠍
03/26		00:51	射手
03/28		12:52	山羊
03/30		22:15	水瓶
04/02		03:41	魚
04/04		05:25	牡羊
04/05	●	-	牡羊
04/06		05:04	牡牛
04/08		04:47	双子
04/10		06:34	蟹
04/12		11:36	獅子
04/14		19:56	乙女
04/17		06:38	天秤
04/19	○	18:39	蠍
04/22		07:15	射手
04/24		19:31	山羊
04/27		05:57	水瓶
04/29		12:56	魚
05/01		15:57	牡羊
05/03		15:59	牡牛
05/04	●	-	牡牛
05/05		15:01	双子
05/07		15:18	蟹
05/09		18:40	獅子
05/12		01:55	乙女
05/14		12:24	天秤
05/17		00:37	蠍
05/19	○	13:14	射手
05/22		01:20	山羊
05/24		12:00	水瓶
05/26		20:05	魚
05/29		00:44	牡羊
05/31		02:10	牡牛
06/02	●	01:48	双子
06/04		01:38	蟹
06/06		03:43	獅子
06/08		09:25	乙女
06/10		18:55	天秤
06/13		06:54	蠍
06/15		19:31	射手
06/18	○	07:21	山羊
06/20		17:36	水瓶
06/23		01:44	魚
06/25		07:18	牡羊
06/27		10:16	牡牛
06/29		11:21	双子
07/01		11:57	蟹
07/02	●	-	蟹
07/03		13:47	獅子
07/05		18:26	乙女
07/08		02:42	天秤
07/10		14:02	蠍
07/13		02:35	射手
07/15		14:19	山羊
07/17	○	-	山羊
07/18		00:02	水瓶
07/20		07:26	魚
07/22		12:43	牡羊
07/24		16:18	牡牛
07/26		18:42	双子
07/28		20:41	蟹
07/30		23:20	獅子
07/31	●	-	獅子
08/02		03:54	乙女
08/04		11:24	天秤
08/06		21:58	蠍
08/09		10:22	射手
08/11		22:20	山羊
08/14		07:56	水瓶
08/16	○	14:34	魚
08/18		18:49	牡羊
08/20		21:43	牡牛
08/23		00:18	双子
08/25		03:17	蟹
08/27		07:10	獅子
08/29	●	12:32	乙女
08/31		20:02	天秤
09/03		06:10	蠍
09/05		18:24	射手
09/08		06:48	山羊
09/10		16:59	水瓶
09/12		23:34	魚
09/14	○	-	魚
09/15		02:55	牡羊
09/17		04:30	牡牛
09/19		05:59	双子
09/21		08:39	蟹
09/23		13:08	獅子
09/25		19:29	乙女
09/28	●	03:40	天秤
09/30		13:53	蠍
10/03		01:59	射手
10/05		14:49	山羊
10/08		02:01	水瓶
10/10		09:32	魚
10/12		13:01	牡羊
10/13	○	-	牡羊
10/14		13:43	牡牛
10/16		13:41	双子
10/18		14:52	蟹
10/20		18:34	獅子
10/23		01:05	乙女
10/25		09:57	天秤
10/27		20:38	蠍
10/28	●	-	蠍
10/30		08:48	射手
11/01		21:46	山羊
11/04		09:51	水瓶
11/06		18:52	魚
11/08		23:39	牡羊
11/11		00:44	牡牛
11/12	○	23:59	双子
11/14		23:37	蟹
11/17		01:33	獅子
11/19		06:53	乙女
11/21		15:33	天秤
11/24		02:36	蠍
11/26	●	15:00	射手
11/29		03:53	山羊
12/01		16:09	水瓶
12/04		02:16	魚
12/06		08:49	牡羊
12/08		11:31	牡牛
12/10		11:30	双子
12/11	○	-	双子
12/12		10:40	蟹
12/14		11:08	獅子
12/16		14:38	乙女
12/18		21:58	天秤
12/21		08:39	蠍
12/23		21:11	射手
12/26	●	09:59	山羊
12/28		21:53	水瓶
12/31		08:01	魚

1982年

01/02		15:33	牡羊
01/04		20:02	牡牛
01/06		21:49	双子
01/08		22:01	蟹
01/10	○	22:21	獅子
01/13		00:37	乙女
01/15		06:17	天秤
01/17		15:46	蠍
01/20		04:00	射手
01/22		16:51	山羊
01/25	●	04:25	水瓶
01/27		13:49	魚
01/29		20:58	牡羊
02/01		02:03	牡牛
02/03		05:20	双子
02/05		07:18	蟹
02/07		08:50	獅子
02/08	○	-	獅子
02/09		11:15	乙女
02/11		16:02	天秤
02/14		00:16	蠍
02/16		11:45	射手
02/19		00:36	山羊
02/21		12:15	水瓶
02/23		21:09	魚
02/24	●	-	魚
02/26		03:17	牡羊
02/28		07:32	牡牛
03/02		10:50	双子
03/04		13:48	蟹
03/06		16:50	獅子
03/08		20:27	乙女
03/10	○	-	乙女
03/11		01:34	天秤
03/13		09:17	蠍
03/15		20:03	射手
03/18		08:47	山羊
03/20		20:53	水瓶
03/23		06:01	魚
03/25	●	11:37	牡羊
03/27		14:39	牡牛
03/29		16:44	双子
03/31		19:09	蟹
04/02		22:36	獅子
04/05		03:18	乙女
04/07		09:26	天秤
04/08	○	-	天秤
04/09		17:33	蠍

04/13	●	-	牡羊
04/14		05:59	牡牛
04/16		11:15	双子
04/18		15:14	蟹
04/20		18:26	獅子
04/22		21:12	乙女
04/25		00:04	天秤
04/27	○	04:04	蠍
04/29		10:28	射手
05/01		20:01	山羊
05/04		08:09	水瓶
05/06		20:43	魚
05/09		07:16	牡羊
05/11		14:36	牡牛
05/13	●	19:03	双子
05/15		21:48	蟹
05/18		00:01	獅子
05/20		02:37	乙女
05/22		06:11	天秤
05/24		11:17	蠍
05/26		18:27	射手
05/27	○	-	射手
05/29		04:07	山羊
05/31		16:00	水瓶
06/03		04:42	魚
06/05		15:59	牡羊
06/08		00:05	牡牛
06/10		04:37	双子
06/11	●	-	双子
06/12		06:32	蟹
06/14		07:21	獅子
06/16		08:38	乙女
06/18		11:36	天秤
06/20		16:59	蠍
06/23		00:55	射手
06/25	○	11:08	山羊
06/27		23:07	水瓶
06/30		11:52	魚
07/02		23:47	牡羊
07/05		09:05	牡牛
07/07		14:41	双子
07/09		16:50	蟹
07/10	●	-	蟹
07/11		16:54	獅子
07/13		16:43	乙女
07/15		18:10	天秤
07/17		22:38	蠍
07/20		06:31	射手
07/22		17:11	山羊
07/25	○	05:26	水瓶
07/27		18:11	魚
07/30		06:21	牡羊
08/01		16:37	牡牛
08/03		23:43	双子
08/06		03:09	蟹
08/08		03:37	獅子
08/09	●	-	獅子
08/10		02:49	乙女
12/13		20:27	射手
12/15	●	-	射手
12/16		08:15	山羊
12/18		21:12	水瓶
12/21		09:56	魚
12/23		20:34	牡羊
12/26		03:37	牡牛
12/28		06:49	双子
12/30	○	07:12	蟹
1983年			
01/01		06:33	獅子
01/03		06:49	乙女
01/05		09:44	天秤
01/07		16:16	蠍
01/10		02:14	射手
01/12		14:26	山羊
01/14	●	-	山羊
01/15		03:26	水瓶
01/17		16:02	魚
01/20		03:08	牡羊
01/22		11:36	牡牛
01/24		16:40	双子
01/26		18:28	蟹
01/28		18:10	獅子
01/29	○	-	獅子
01/30		17:35	乙女
02/01		18:47	天秤
02/03		23:32	蠍
02/06		08:28	射手
02/08		20:33	山羊
02/11		09:40	水瓶
02/13	●	22:02	魚
02/16		08:46	牡羊
02/18		17:30	牡牛
02/20		23:52	双子
02/23		03:31	蟹
02/25		04:47	獅子
02/27	○	04:49	乙女
03/01		05:30	天秤
03/03		08:51	蠍
03/05		16:15	射手
03/08		03:29	山羊
03/10		16:30	水瓶
03/13		04:47	魚
03/15	●	15:00	牡羊
03/17		23:04	牡牛
03/20		05:20	双子
03/22		09:52	蟹
03/24		12:43	獅子
03/26		14:18	乙女
03/28		15:48	天秤
03/29	○	-	天秤
03/30		18:57	蠍
04/02		01:20	射手
04/04		11:30	山羊
04/07		00:06	水瓶
04/09		12:30	魚
04/11		22:37	牡羊
08/11		10:00	牡牛
08/13		14:22	双子
08/15		16:40	蟹
08/17		17:40	獅子
08/19	●	18:40	乙女
08/21		21:22	天秤
08/24		03:21	蠍
08/26		13:11	射手
08/29		01:42	山羊
08/31		14:23	水瓶
09/03	○	01:11	魚
09/05		09:24	牡羊
09/07		15:27	牡牛
09/09		19:57	双子
09/11		23:18	蟹
09/14		01:46	獅子
09/16		03:57	乙女
09/17	●	-	乙女
09/18		07:03	天秤
09/20		12:32	蠍
09/22		21:30	射手
09/25		09:31	山羊
09/27		22:21	水瓶
09/30		09:18	魚
10/02		17:06	牡羊
10/03	○	-	牡羊
10/04		22:09	牡牛
10/07		01:39	双子
10/09		04:39	蟹
10/11		07:44	獅子
10/13		11:09	乙女
10/15		15:23	天秤
10/17	●	21:21	蠍
10/20		06:02	射手
10/22		17:38	山羊
10/25		06:36	水瓶
10/27		18:12	魚
10/30		02:25	牡羊
11/01	○	07:04	牡牛
11/03		09:23	双子
11/05		10:59	蟹
11/07		13:10	獅子
11/09		16:40	乙女
11/11		21:46	天秤
11/14		04:42	蠍
11/16	●	13:52	射手
11/19		01:21	山羊
11/21		14:20	水瓶
11/24		02:43	魚
11/26		12:07	牡羊
11/28		17:31	牡牛
11/30		19:36	双子
12/01	○	-	双子
12/02		19:58	蟹
12/04		20:26	獅子
12/06		22:32	乙女
12/09		03:11	天秤
12/11		10:35	蠍
04/12		04:07	射手
04/14		16:41	山羊
04/17		05:18	水瓶
04/19		15:20	魚
04/21		21:23	牡羊
04/23		23:59	牡牛
04/24	●	-	牡牛
04/26		00:48	双子
04/28		01:43	蟹
04/30		04:09	獅子
05/02		08:45	乙女
05/04		15:32	天秤
05/07		00:24	蠍
05/08	○	-	蠍
05/09		11:17	射手
05/11		23:50	山羊
05/14		12:44	水瓶
05/16		23:46	魚
05/19		07:04	牡羊
05/21		10:22	牡牛
05/23	●	10:54	双子
05/25		10:38	蟹
05/27		11:27	獅子
05/29		14:43	乙女
05/31		21:02	天秤
06/03		06:12	蠍
06/05		17:31	射手
06/07	○	-	射手
06/08		06:12	山羊
06/10		19:08	水瓶
06/13		06:44	魚
06/15		15:20	牡羊
06/17		20:07	牡牛
06/19		21:34	双子
06/21	●	21:13	蟹
06/23		20:57	獅子
06/25		22:36	乙女
06/28		03:30	天秤
06/30		12:02	蠍
07/02		23:25	射手
07/05		12:15	山羊
07/06	○	-	山羊
07/08		01:03	水瓶
07/10		12:35	魚
07/12		21:49	牡羊
07/15		04:00	牡牛
07/17		07:03	双子
07/19		07:46	蟹
07/21	●	07:35	獅子
07/23		08:20	乙女
07/25		11:45	天秤
07/27		18:58	蠍
07/30		05:48	射手
08/01		18:36	山羊
08/04		07:17	水瓶
08/05	○	-	水瓶
08/06		18:23	魚
08/09		03:21	牡羊

08/05		19:30	射手
08/08		02:24	山羊
08/10		11:25	水瓶
08/12	○	22:13	魚
08/15		10:28	牡羊
08/17		23:13	牡牛
08/20		10:31	双子
08/22		18:20	蟹
08/24		22:00	獅子
08/26		22:32	乙女
08/27	●	-	乙女
08/28		21:57	天秤
08/30		22:23	蠍
09/02		01:30	射手
09/04		07:55	山羊
09/06		17:11	水瓶
09/09		04:24	魚
09/10	○	-	魚
09/11		16:47	牡羊
09/14		05:33	牡牛
09/16		17:26	双子
09/19		02:36	蟹
09/21		07:49	獅子
09/23		09:19	乙女
09/25	●	08:41	天秤
09/27		08:04	蠍
09/29		09:32	射手
10/01		14:28	山羊
10/03		23:03	水瓶
10/06		10:19	魚
10/08		22:51	牡羊
10/10	○	-	牡羊
10/11		11:28	牡牛
10/13		23:14	双子
10/16		09:00	蟹
10/18		15:41	獅子
10/20		18:56	乙女
10/22		19:32	天秤
10/24	●	19:08	蠍
10/26		19:43	射手
10/28		23:05	山羊
10/31		06:13	水瓶
11/02		16:50	魚
11/05		05:20	牡羊
11/07		17:53	牡牛
11/09	○	-	牡牛
11/10		05:10	双子
11/12		14:31	蟹
11/14		21:34	獅子
11/17		02:08	乙女
11/19		04:29	天秤
11/21		05:30	蠍
11/23	●	06:34	射手
11/25		09:17	山羊
11/27		15:06	水瓶
11/30		00:33	魚
12/02		12:42	牡羊
12/05		01:20	牡牛

04/08		02:59	蟹
04/10		08:01	獅子
04/12		10:11	乙女
04/14		10:29	天秤
04/16	○	10:41	蠍
04/18		12:44	射手
04/20		18:10	山羊
04/23		03:27	水瓶
04/25		15:26	魚
04/28		04:02	牡羊
04/30		15:30	牡牛
05/01	●	-	牡牛
05/03		01:02	双子
05/05		08:26	蟹
05/07		13:43	獅子
05/09		17:02	乙女
05/11		18:54	天秤
05/13		20:22	蠍
05/15	○	22:50	射手
05/18		03:43	山羊
05/20		11:55	水瓶
05/22		23:09	魚
05/25		11:39	牡羊
05/27		23:13	牡牛
05/30		08:23	双子
05/31	●	-	双子
06/01		14:53	蟹
06/03		19:19	獅子
06/05		22:27	乙女
06/08		01:03	天秤
06/10		03:48	蠍
06/12		07:26	射手
06/13	○	-	射手
06/14		12:48	山羊
06/16		20:41	水瓶
06/19		07:18	魚
06/21		19:40	牡羊
06/24		07:38	牡牛
06/26		17:04	双子
06/28		23:09	蟹
06/29	●	-	蟹
07/01		02:30	獅子
07/03		04:27	乙女
07/05		06:27	天秤
07/07		09:28	蠍
07/09		14:03	射手
07/11		20:23	山羊
07/13	○	-	山羊
07/14		04:41	水瓶
07/16		15:10	魚
07/19		03:26	牡羊
07/21		15:52	牡牛
07/24		02:10	双子
07/26		08:44	蟹
07/28	●	11:41	獅子
07/30		12:29	乙女
08/01		13:03	天秤
08/03		15:04	蠍

12/11		05:53	魚
12/13		18:17	牡羊
12/16		04:33	牡牛
12/18		11:23	双子
12/20	○	15:02	蟹
12/22		16:44	獅子
12/24		18:01	乙女
12/26		20:18	天秤
12/29		00:27	蠍
12/31		06:44	射手

1984年★

01/02		15:07	山羊
01/03	●	-	山羊
01/05		01:30	水瓶
01/07		13:34	魚
01/10		02:15	牡羊
01/12		13:36	牡牛
01/14		21:40	双子
01/17		01:47	蟹
01/18	○	-	蟹
01/19		02:50	獅子
01/21		02:35	乙女
01/23		03:07	天秤
01/25		06:04	蠍
01/27		12:12	射手
01/29		21:12	山羊
02/01		08:11	水瓶
02/02	●	-	水瓶
02/03		20:22	魚
02/06		09:04	牡羊
02/08		21:05	牡牛
02/11		06:39	双子
02/13		12:20	蟹
02/15		14:09	獅子
02/17	○	13:32	乙女
02/19		12:39	天秤
02/21		13:44	蠍
02/23		18:22	射手
02/26		02:49	山羊
02/28		14:02	水瓶
03/02		02:29	魚
03/03	●	-	魚
03/04		15:07	牡羊
03/07		03:09	牡牛
03/09		13:29	双子
03/11		20:48	蟹
03/14		00:21	獅子
03/16		00:47	乙女
03/17	○	23:51	天秤
03/19		23:49	蠍
03/22		02:41	射手
03/24		09:36	山羊
03/26		20:09	水瓶
03/29		08:37	魚
03/31		21:14	牡羊
04/01	●	-	牡羊
04/03		08:55	牡牛
04/05		19:04	双子

08/12		02:51	天秤
08/14		05:44	蠍
08/16		12:33	射手
08/18		22:59	山羊
08/21		11:25	水瓶
08/24	○	00:10	魚
08/26		12:08	牡羊
08/28		22:38	牡牛
08/31		06:49	双子
09/02		11:53	蟹
09/04		13:47	獅子
09/06		13:36	乙女
09/07	●	-	乙女
09/08		13:13	天秤
09/10		14:49	蠍
09/12		20:08	射手
09/15		05:34	山羊
09/17		17:45	水瓶
09/20		06:30	魚
09/22	○	18:10	牡羊
09/25		04:12	牡牛
09/27		12:24	双子
09/29		18:24	蟹
10/01		21:54	獅子
10/03		23:15	乙女
10/05		23:42	天秤
10/06	●	-	天秤
10/08		01:06	蠍
10/10		05:21	射手
10/12		13:30	山羊
10/15		01:00	水瓶
10/17		13:41	魚
10/20		01:18	牡羊
10/22	○	10:47	牡牛
10/24		18:10	双子
10/26		23:47	蟹
10/29		03:50	獅子
10/31		06:33	乙女
11/02		08:31	天秤
11/04		10:53	蠍
11/05	●	-	蠍
11/06		15:09	射手
11/08		22:31	山羊
11/11		09:10	水瓶
11/13		21:41	魚
11/16		09:36	牡羊
11/18		19:06	牡牛
11/20	○	-	牡牛
11/21		01:45	双子
11/23		06:10	蟹
11/25		09:19	獅子
11/27		12:02	乙女
11/29		14:57	天秤
12/01		18:41	蠍
12/03		23:56	射手
12/04	●	-	射手
12/06		07:28	山羊
12/08		17:39	水瓶

12/07		12:24	双子
12/08	○	-	双子
12/09		20:56	蟹
12/12		03:08	獅子
12/14		07:35	乙女
12/16		10:52	天秤
12/18		13:27	蠍
12/20		15:58	射手
12/22	●	19:21	山羊
12/25		00:47	水瓶
12/27		09:18	魚
12/29		20:49	牡羊

1985年

01/01		09:36	牡牛
01/03		21:00	双子
01/06		05:18	蟹
01/07	○	-	蟹
01/08		10:28	獅子
01/10		13:40	乙女
01/12		16:13	天秤
01/14		19:07	蠍
01/16		22:48	射手
01/19		03:29	山羊
01/21	●	09:38	水瓶
01/23		18:02	魚
01/26		05:05	牡羊
01/28		17:53	牡牛
01/31		06:00	双子
02/02		14:59	蟹
02/04		20:02	獅子
02/06	○	22:09	乙女
02/08		23:10	天秤
02/11		00:49	蠍
02/13		04:09	射手
02/15		09:27	山羊
02/17		16:36	水瓶
02/20	●	01:38	魚
02/22		12:42	牡羊
02/25		01:27	牡牛
02/27		14:11	双子
03/02		00:23	蟹
03/04		06:28	獅子
03/06		08:43	乙女
03/07	○	-	乙女
03/08		08:47	天秤
03/10		08:47	蠍
03/12		10:29	射手
03/14		14:55	山羊
03/16		22:11	水瓶
03/19		07:50	魚
03/21	●	19:20	牡羊
03/24		08:06	牡牛
03/26		21:02	双子
03/29		08:13	蟹
03/31		15:51	獅子
04/02		19:25	乙女
04/04		19:54	天秤
04/05	○	-	天秤
04/06		19:10	蠍
04/08		19:17	射手
04/10		21:57	山羊
04/13		04:04	水瓶
04/15		13:31	魚
04/18		01:18	牡羊
04/20	●	14:12	牡牛
04/23		03:00	双子
04/25		14:26	蟹
04/27		23:10	獅子
04/30		04:24	乙女
05/02		06:22	天秤
05/04		06:17	蠍
05/05	○	-	蠍
05/06		05:56	射手
05/08		07:11	山羊
05/10		11:38	水瓶
05/12		19:56	魚
05/15		07:25	牡羊
05/17		20:23	牡牛
05/20	●	09:01	双子
05/22		20:05	蟹
05/25		04:54	獅子
05/27		11:06	乙女
05/29		14:41	天秤
05/31		16:07	蠍
06/02		16:33	射手
06/03	○	-	射手
06/04		17:34	山羊
06/06		20:52	水瓶
06/09		03:46	魚
06/11		14:24	牡羊
06/14		03:11	牡牛
06/16		15:45	双子
06/18	●	-	双子
06/19		02:22	蟹
06/21		10:32	獅子
06/23		16:32	乙女
06/25		20:47	天秤
06/27		23:37	蠍
06/30		01:30	射手
07/02	○	03:22	山羊
07/04		06:36	水瓶
07/06		12:40	魚
07/08		22:20	牡羊
07/11		10:44	牡牛
07/13		23:23	双子
07/16		09:54	蟹
07/18	●	17:25	獅子
07/20		22:29	乙女
07/23		02:10	天秤
07/25		05:16	蠍
07/27		08:12	射手
07/29		11:21	山羊
07/31		15:25	水瓶
08/01	○	-	水瓶
08/02		21:33	魚
08/05		06:43	牡羊
08/07		18:41	牡牛
08/10		07:31	双子
08/12		18:28	蟹
08/15		01:57	獅子
08/16	●	-	獅子
08/17		06:15	乙女
08/19		08:44	天秤
08/21		10:51	蠍
08/23		13:36	射手
08/25		17:24	山羊
08/27		22:31	水瓶
08/30	○	05:25	魚
09/01		14:42	牡羊
09/04		02:28	牡牛
09/06		15:27	双子
09/09		03:10	蟹
09/11		11:27	獅子
09/13		15:52	乙女
09/15	●	17:34	天秤
09/17		18:17	蠍
09/19		19:40	射手
09/21		22:49	山羊
09/24		04:11	水瓶
09/26		11:50	魚
09/28		21:43	牡羊
09/29	○	-	牡羊
10/01		09:35	牡牛
10/03		22:36	双子
10/06		10:59	蟹
10/08		20:33	獅子
10/11		02:09	乙女
10/13		04:12	天秤
10/14	●	-	天秤
10/15		04:13	蠍
10/17		04:05	射手
10/19		05:35	山羊
10/21		09:54	水瓶
10/23		17:27	魚
10/26		03:47	牡羊
10/28		15:59	牡牛
10/29	○	-	牡牛
10/31		04:59	双子
11/02		17:31	蟹
11/05		04:04	獅子
11/07		11:18	乙女
11/09		14:52	天秤
11/11		15:31	蠍
11/12	●	-	蠍
11/13		14:52	射手
11/15		14:53	山羊
11/17		17:25	水瓶
11/19		23:42	魚
11/22		09:42	牡羊
11/24		22:07	牡牛
11/27	○	11:08	双子
11/29		23:23	蟹
12/02		09:59	獅子
12/04		18:14	乙女
12/06		23:33	天秤
12/09		01:56	蠍
12/11		02:13	射手
12/12	●	-	射手
12/13		01:59	山羊
12/15		03:15	水瓶
12/17		07:50	魚
12/19		16:37	牡羊
12/22		04:41	牡牛
12/24		17:45	双子
12/27	○	05:44	蟹
12/29		15:44	獅子
12/31		23:43	乙女

1986年

01/03		05:45	天秤
01/05		09:44	蠍
01/07		11:47	射手
01/09		12:42	山羊
01/10	●	-	山羊
01/11		14:01	水瓶
01/13		17:39	魚
01/16		01:03	牡羊
01/18		12:14	牡牛
01/21		01:12	双子
01/23		13:14	蟹
01/25		22:47	獅子
01/26	○	-	獅子
01/28		05:51	乙女
01/30		11:10	天秤
02/01		15:19	蠍
02/03		18:31	射手
02/05		21:02	山羊
02/07		23:35	水瓶
02/09	●	-	水瓶
02/10		03:32	魚
02/12		10:21	牡羊
02/14		20:38	牡牛
02/17		09:17	双子
02/19		21:39	蟹
02/22		07:25	獅子
02/24		13:58	乙女
02/25	○	-	乙女
02/26		18:07	天秤
02/28		21:06	蠍
03/02		23:51	射手
03/05		02:56	山羊
03/07		06:42	水瓶
03/09		11:48	魚
03/10	●	-	魚
03/11		19:03	牡羊
03/14		05:04	牡牛
03/16		17:23	双子
03/19		06:04	蟹
03/21		16:38	獅子
03/23		23:39	乙女
03/26	○	03:22	天秤
03/28		05:05	蠍
03/30		06:20	射手

日付		時刻	星座
03/29	●	07:12	牡羊
03/31		12:46	牡牛
04/02		21:16	双子
04/05		08:33	蟹
04/07		21:04	獅子
04/10		08:28	乙女
04/12		17:06	天秤
04/14	○	22:41	蠍
04/17		02:01	射手
04/19		04:21	山羊
04/21		06:45	水瓶
04/23		10:02	魚
04/25		14:41	牡羊
04/27		21:06	牡牛
04/28	●	-	牡牛
04/30		05:43	双子
05/02		16:39	蟹
05/05		05:06	獅子
05/07		17:07	乙女
05/10		02:29	天秤
05/12		08:09	蠍
05/13	○	-	蠍
05/14		10:41	射手
05/16		11:37	山羊
05/18		12:42	水瓶
05/20		15:24	魚
05/22		20:23	牡羊
05/25		03:39	牡牛
05/27		12:55	双子
05/28	●	-	双子
05/29		23:59	蟹
06/01		12:25	獅子
06/04		00:56	乙女
06/06		11:24	天秤
06/08		18:06	蠍
06/10		20:53	射手
06/12	○	21:05	山羊
06/14		20:45	水瓶
06/16		21:54	魚
06/19		01:56	牡羊
06/21		09:09	牡牛
06/23		18:54	双子
06/26	●	06:22	蟹
06/28		18:52	獅子
07/01		07:34	乙女
07/03		18:55	天秤
07/06		03:03	蠍
07/08		07:05	射手
07/10		07:43	山羊
07/11	○	-	山羊
07/12		06:49	水瓶
07/14		06:36	魚
07/16		09:00	牡羊
07/18		15:04	牡牛
07/21		00:33	双子
07/23		12:13	蟹
07/26	●	00:50	獅子
07/28		13:26	乙女

日付		時刻	星座
12/01		11:08	射手
12/02	●	-	射手
12/03		10:28	山羊
12/05		10:23	水瓶
12/07		12:48	魚
12/09		18:49	牡羊
12/12		04:10	牡牛
12/14		15:41	双子
12/16	○	-	双子
12/17		04:09	蟹
12/19		16:44	獅子
12/22		04:30	乙女
12/24		14:05	天秤
12/26		20:06	蠍
12/28		22:20	射手
12/30		21:54	山羊
12/31	●	-	山羊

1987年

日付		時刻	星座
01/01		20:53	水瓶
01/03		21:36	魚
01/06		01:51	牡羊
01/08		10:13	牡牛
01/10		21:39	双子
01/13		10:18	蟹
01/15	○	22:45	獅子
01/18		10:15	乙女
01/20		20:09	天秤
01/23		03:30	蠍
01/25		07:35	射手
01/27		08:42	山羊
01/29	●	08:17	水瓶
01/31		08:24	魚
02/02		11:09	牡羊
02/04		17:53	牡牛
02/07		04:23	双子
02/09		16:55	蟹
02/12		05:21	獅子
02/14	○	16:26	乙女
02/17		01:44	天秤
02/19		09:04	蠍
02/21		14:09	射手
02/23		16:57	山羊
02/25		18:08	水瓶
02/27		19:07	魚
02/28	●	-	魚
03/01		21:37	牡羊
03/04		03:11	牡牛
03/06		12:26	双子
03/09		00:24	蟹
03/11		12:54	獅子
03/13		23:55	乙女
03/15	○	-	乙女
03/16		08:34	天秤
03/18		14:57	蠍
03/20		19:32	射手
03/22		22:48	山羊
03/25		01:18	水瓶
03/27		03:46	魚

日付		時刻	星座
08/02		15:04	蟹
08/05		02:26	獅子
08/06	●	-	獅子
08/07		11:44	乙女
08/09		19:05	天秤
08/12		00:36	蠍
08/14		04:17	射手
08/16		06:22	山羊
08/18		07:44	水瓶
08/20	○	09:52	魚
08/22		14:27	牡羊
08/24		22:36	牡牛
08/27		10:00	双子
08/29		22:40	蟹
09/01		10:08	獅子
09/03		19:06	乙女
09/04	●	-	乙女
09/06		01:33	天秤
09/08		06:12	蠍
09/10		09:40	射手
09/12		12:28	山羊
09/14		15:07	水瓶
09/16		18:27	魚
09/18	○	23:33	牡羊
09/21		07:25	牡牛
09/23		18:13	双子
09/26		06:44	蟹
09/28		18:39	獅子
10/01		03:57	乙女
10/03		10:03	天秤
10/04	●	-	天秤
10/05		13:35	蠍
10/07		15:48	射手
10/09		17:52	山羊
10/11		20:45	水瓶
10/14		01:03	魚
10/16		07:13	牡羊
10/18	○	15:35	牡牛
10/21		02:15	双子
10/23		14:37	蟹
10/26		03:02	獅子
10/28		13:20	乙女
10/30		20:04	天秤
11/01		23:19	蠍
11/02	●	-	蠍
11/04		00:19	射手
11/06		00:48	山羊
11/08		02:28	水瓶
11/10		06:30	魚
11/12		13:14	牡羊
11/14		22:24	牡牛
11/16	○	-	牡牛
11/17		09:26	双子
11/19		21:46	蟹
11/22		10:25	獅子
11/24		21:46	乙女
11/27		05:59	天秤
11/29		10:13	蠍

日付		時刻	星座
04/01		08:25	山羊
04/03		12:11	水瓶
04/05		18:03	魚
04/08		02:12	牡羊
04/09	●	-	牡羊
04/10		12:36	牡牛
04/13		00:51	双子
04/15		13:42	蟹
04/18		01:10	獅子
04/20		09:24	乙女
04/22		13:50	天秤
04/24	○	15:15	蠍
04/26		15:16	射手
04/28		15:41	山羊
04/30		18:06	水瓶
05/02		23:30	魚
05/05		08:01	牡羊
05/07		18:59	牡牛
05/09	●	-	牡牛
05/10		07:26	双子
05/12		20:18	蟹
05/15		08:15	獅子
05/17		17:45	乙女
05/19		23:41	天秤
05/22		02:02	蠍
05/24	○	01:57	射手
05/26		01:15	山羊
05/28		02:00	水瓶
05/30		05:54	魚
06/01		13:43	牡羊
06/04		00:45	牡牛
06/06		13:26	双子
06/07	●	-	双子
06/09		02:16	蟹
06/11		14:11	獅子
06/14		00:18	乙女
06/16		07:38	天秤
06/18		11:36	蠍
06/20		12:36	射手
06/22	○	12:00	山羊
06/24		11:50	水瓶
06/26		14:12	魚
06/28		20:35	牡羊
07/01		06:54	牡牛
07/03		19:32	双子
07/06		08:19	蟹
07/07	●	-	蟹
07/08		19:56	獅子
07/11		05:50	乙女
07/13		13:40	天秤
07/15		18:58	蠍
07/17		21:34	射手
07/19		22:10	山羊
07/21	○	22:17	水瓶
07/23		23:59	魚
07/26		05:02	牡羊
07/28		14:11	牡牛
07/31		02:19	双子

07/29	○	02:25	水瓶
07/31		02:23	魚
08/02		02:53	牡羊
08/04		05:24	牡牛
08/06		10:43	双子
08/08		18:52	蟹
08/11		05:26	獅子
08/12	●	-	獅子
08/13		17:46	乙女
08/16		06:52	天秤
08/18		19:12	蠍
08/21		04:55	射手
08/23		10:49	山羊
08/25		13:05	水瓶
08/27	○	13:01	魚
08/29		12:29	牡羊
08/31		13:22	牡牛
09/02		17:11	双子
09/05		00:37	蟹
09/07		11:14	獅子
09/09		23:48	乙女
09/11	●	-	乙女
09/12		12:51	天秤
09/15		01:07	蠍
09/17		11:25	射手
09/19		18:45	山羊
09/21		22:43	水瓶
09/23		23:51	魚
09/25		23:29	牡羊
09/26	○	-	牡羊
09/27		23:29	牡牛
09/30		01:43	双子
10/02		07:39	蟹
10/04		17:31	獅子
10/07		06:01	乙女
10/09		19:03	天秤
10/11	●	-	天秤
10/12		06:58	蠍
10/14		16:58	射手
10/17		00:44	山羊
10/19		06:05	水瓶
10/21		08:58	魚
10/23		09:59	牡羊
10/25	○	10:22	牡牛
10/27		11:55	双子
10/29		16:28	蟹
11/01		01:03	獅子
11/03		13:02	乙女
11/06		02:04	天秤
11/08		13:46	蠍
11/09	●	-	蠍
11/10		23:06	射手
11/13		06:12	山羊
11/15		11:36	水瓶
11/17		15:34	魚
11/19		18:12	牡羊
11/21		20:02	牡牛
11/23		22:12	双子
03/30		04:49	乙女
04/01		17:05	天秤
04/02	○	-	天秤
04/04		03:26	蠍
04/06		11:29	射手
04/08		17:19	山羊
04/10		21:10	水瓶
04/12		23:24	魚
04/15		00:47	牡羊
04/16	●	-	牡羊
04/17		02:31	牡牛
04/19		06:10	双子
04/21		13:04	蟹
04/23		23:34	獅子
04/26		12:16	乙女
04/29		00:37	天秤
05/01		10:39	蠍
05/02	○	-	蠍
05/03		17:52	射手
05/05		22:54	山羊
05/08		02:37	水瓶
05/10		05:39	魚
05/12		08:23	牡羊
05/14		11:22	牡牛
05/16	●	15:31	双子
05/18		22:05	蟹
05/21		07:51	獅子
05/23		20:12	乙女
05/26		08:49	天秤
05/28		19:06	蠍
05/31	○	01:57	射手
06/02		05:58	山羊
06/04		08:34	水瓶
06/06		11:00	魚
06/08		14:04	牡羊
06/10		18:02	牡牛
06/12		23:14	双子
06/14	●	-	双子
06/15		06:19	蟹
06/17		15:57	獅子
06/20		04:03	乙女
06/22		16:57	天秤
06/25		03:58	蠍
06/27		11:18	射手
06/29		15:00	山羊
06/30	○	-	山羊
07/01		16:29	水瓶
07/03		17:33	魚
07/05		19:37	牡羊
07/07		23:27	牡牛
07/10		05:16	双子
07/12		13:08	蟹
07/14	●	23:11	獅子
07/17		11:17	乙女
07/20		00:22	天秤
07/22		12:13	蠍
07/24		20:42	射手
07/27		01:07	山羊
11/30		04:36	牡羊
12/02		10:06	牡牛
12/04		17:13	双子
12/05	○	-	双子
12/07		02:20	蟹
12/09		13:40	獅子
12/12		02:30	乙女
12/14		14:40	天秤
12/16		23:41	蠍
12/19		04:33	射手
12/21	●	06:07	山羊
12/23		06:20	水瓶
12/25		07:10	魚
12/27		10:05	牡羊
12/29		15:37	牡牛
12/31		23:29	双子
1988年★			
01/03		09:17	蟹
01/04	○	-	蟹
01/05		20:47	獅子
01/08		09:35	乙女
01/10		22:17	天秤
01/13		08:39	蠍
01/15		14:58	射手
01/17		17:15	山羊
01/19	●	17:02	水瓶
01/21		16:27	魚
01/23		17:31	牡羊
01/25		21:36	牡牛
01/28		05:02	双子
01/30		15:11	蟹
02/02		03:06	獅子
02/03	○	-	獅子
02/04		15:54	乙女
02/07		04:36	天秤
02/09		15:42	蠍
02/11		23:36	射手
02/14		03:36	山羊
02/16		04:25	水瓶
02/18	●	03:44	魚
02/20		03:35	牡羊
02/22		05:50	牡牛
02/24		11:42	双子
02/26		21:12	蟹
02/29		09:12	獅子
03/02		22:06	乙女
03/04	○	-	乙女
03/05		10:32	天秤
03/07		21:27	蠍
03/10		05:59	射手
03/12		11:31	山羊
03/14		14:08	水瓶
03/16		14:42	魚
03/18	●	14:45	牡羊
03/20		16:05	牡牛
03/22		20:21	双子
03/25		04:27	蟹
03/27		15:54	獅子
07/31		00:59	天秤
08/02		10:09	蠍
08/04		15:47	射手
08/06		17:51	山羊
08/08		17:37	水瓶
08/09	○	-	水瓶
08/10		17:01	魚
08/12		18:09	牡羊
08/14		22:38	牡牛
08/17		06:59	双子
08/19		18:19	蟹
08/22		06:58	獅子
08/24	●	19:23	乙女
08/27		06:35	天秤
08/29		15:49	蠍
08/31		22:24	射手
09/03		02:04	山羊
09/05		03:22	水瓶
09/07		03:37	魚
09/08	○	-	魚
09/09		04:34	牡羊
09/11		07:57	牡牛
09/13		14:55	双子
09/16		01:22	蟹
09/18		13:50	獅子
09/21		02:13	乙女
09/23	●	12:58	天秤
09/25		21:30	蠍
09/28		03:49	射手
09/30		08:08	山羊
10/02		10:51	水瓶
10/04		12:39	魚
10/06		14:35	牡羊
10/07	○	-	牡羊
10/08		17:57	牡牛
10/11		00:03	双子
10/13		09:31	蟹
10/15		21:34	獅子
10/18		10:06	乙女
10/20		20:50	天秤
10/23	●	04:41	蠍
10/25		09:57	射手
10/27		13:33	山羊
10/29		16:27	水瓶
10/31		19:19	魚
11/02		22:40	牡羊
11/05		03:02	牡牛
11/06	○	-	牡牛
11/07		09:16	双子
11/09		18:10	蟹
11/12		05:45	獅子
11/14		18:29	乙女
11/17		05:48	天秤
11/19		13:47	蠍
11/21	●	18:16	射手
11/23		20:32	山羊
11/25		22:13	水瓶
11/28		00:40	魚

11/24	○	-	双子
11/26		02:19	蟹
11/28		09:52	獅子
11/30		20:59	乙女
12/03		09:56	天秤
12/05		21:51	蠍
12/08		06:55	射手
12/09	●	-	射手
12/10		13:07	山羊
12/12		17:25	水瓶
12/14		20:53	魚
12/17		00:03	牡羊
12/19		03:11	牡牛
12/21		06:43	双子
12/23	○	11:35	蟹
12/25		18:57	獅子
12/28		05:27	乙女
12/30		18:09	天秤

1989年

01/02		06:34	蠍
01/04		16:12	射手
01/06		22:14	山羊
01/08	●	-	山羊
01/09		01:31	水瓶
01/11		03:31	魚
01/13		05:36	牡羊
01/15		08:36	牡牛
01/17		12:57	双子
01/19		18:57	蟹
01/22	○	03:02	獅子
01/24		13:32	乙女
01/27		02:01	天秤
01/29		14:49	蠍
02/01		01:30	射手
02/03		08:30	山羊
02/05		11:51	水瓶
02/06	●	-	水瓶
02/07		12:52	魚
02/09		13:18	牡羊
02/11		14:45	牡牛
02/13		18:22	双子
02/16		00:40	蟹
02/18		09:33	獅子
02/20		20:34	乙女
02/21	○	-	乙女
02/23		09:05	天秤
02/25		21:57	蠍
02/28		09:29	射手
03/02		17:58	山羊
03/04		22:36	水瓶
03/06		23:59	魚
03/08	●	23:36	牡羊
03/10		23:25	牡牛
03/13		01:16	双子
03/15		06:27	蟹
03/17		15:13	獅子
03/20		02:39	乙女
03/22	○	15:24	天秤
03/25		04:10	蠍
03/27		15:54	射手
03/30		01:25	山羊
04/01		07:45	水瓶
04/03		10:37	魚
04/05		10:51	牡羊
04/06	●	-	牡羊
04/07		10:07	牡牛
04/09		10:31	双子
04/11		13:58	蟹
04/13		21:31	獅子
04/16		08:39	乙女
04/18		21:31	天秤
04/21	○	10:13	蠍
04/23		21:38	射手
04/26		07:15	山羊
04/28		14:33	水瓶
04/30		19:03	魚
05/02		20:50	牡羊
05/04		20:55	牡牛
05/05	●	-	牡牛
05/06		21:03	双子
05/08		23:19	蟹
05/11		05:23	獅子
05/13		15:30	乙女
05/16		04:07	天秤
05/18		16:48	蠍
05/21	○	03:52	射手
05/23		12:54	山羊
05/25		20:01	水瓶
05/28		01:13	魚
05/30		04:25	牡羊
06/01		05:59	牡牛
06/03		07:02	双子
06/04	●	-	双子
06/05		09:17	蟹
06/07		14:28	獅子
06/09		23:29	乙女
06/12		11:31	天秤
06/15		00:11	蠍
06/17		11:12	射手
06/19	○	19:41	山羊
06/22		01:57	水瓶
06/24		06:36	魚
06/26		10:06	牡羊
06/28		12:45	牡牛
06/30		15:08	双子
07/02		18:19	蟹
07/03	●	-	蟹
07/04		23:37	獅子
07/07		08:04	乙女
07/09		19:30	天秤
07/12		08:09	蠍
07/14		19:31	射手
07/17		04:01	山羊
07/19	○	09:35	水瓶
07/21		13:07	魚
07/23		15:41	牡羊
07/25		18:10	牡牛
07/27		21:15	双子
07/30		01:32	蟹
08/01		07:41	獅子
08/02	●	-	獅子
08/03		16:19	乙女
08/06		03:28	天秤
08/08		16:05	蠍
08/11		04:02	射手
08/13		13:16	山羊
08/15		18:59	水瓶
08/17	○	21:46	魚
08/19		22:59	牡羊
08/22		00:10	牡牛
08/24		02:39	双子
08/26		07:13	蟹
08/28		14:12	獅子
08/30		23:29	乙女
08/31	●	-	乙女
09/02		10:47	天秤
09/04		23:23	蠍
09/07		11:51	射手
09/09		22:13	山羊
09/12		05:02	水瓶
09/14		08:07	魚
09/15	○	-	魚
09/16		08:38	牡羊
09/18		08:22	牡牛
09/20		09:16	双子
09/22		12:50	蟹
09/24		19:44	獅子
09/27		05:32	乙女
09/29		17:15	天秤
09/30	●	-	天秤
10/02		05:53	蠍
10/04		18:29	射手
10/07		05:45	山羊
10/09		14:06	水瓶
10/11		18:37	魚
10/13		19:41	牡羊
10/15	○	18:52	牡牛
10/17		18:19	双子
10/19		20:09	蟹
10/22		01:47	獅子
10/24		11:15	乙女
10/26		23:11	天秤
10/29		11:56	蠍
10/30	●	-	蠍
11/01		00:23	射手
11/03		11:46	山羊
11/05		21:09	水瓶
11/08		03:25	魚
11/10		06:08	牡羊
11/12		06:09	牡牛
11/13	○	-	牡牛
11/14		05:19	双子
11/16		05:51	蟹
11/18		09:45	獅子
11/20		17:54	乙女
11/23		05:25	天秤
11/25		18:13	蠍
11/28	●	06:30	射手
11/30		17:26	山羊
12/03		02:42	水瓶
12/05		09:48	魚
12/07		14:11	牡羊
12/09		15:59	牡牛
12/11		16:15	双子
12/13	○	16:49	蟹
12/15		19:41	獅子
12/18		02:19	乙女
12/20		12:45	天秤
12/23		01:18	蠍
12/25		13:37	射手
12/28	●	00:10	山羊
12/30		08:38	水瓶

1990年

01/01		15:10	魚
01/03		19:56	牡羊
01/05		23:04	牡牛
01/08		01:02	双子
01/10		02:52	蟹
01/11	○	-	蟹
01/12		06:02	獅子
01/14		11:57	乙女
01/16		21:17	天秤
01/19		09:16	蠍
01/21		21:44	射手
01/24		08:27	山羊
01/26		16:25	水瓶
01/27	●	-	水瓶
01/28		21:51	魚
01/31		01:34	牡羊
02/02		04:27	牡牛
02/04		07:12	双子
02/06		10:27	蟹
02/08		14:51	獅子
02/10	○	21:13	乙女
02/13		06:09	天秤
02/15		17:34	蠍
02/18		06:07	射手
02/20		17:30	山羊
02/23		01:52	水瓶
02/25	●	06:49	魚
02/27		09:16	牡羊
03/01		10:43	牡牛
03/03		12:37	双子
03/05		16:02	蟹
03/07		21:24	獅子
03/10		04:47	乙女
03/11	○	-	乙女
03/12		14:09	天秤
03/15		01:25	蠍
03/17		13:56	射手
03/20		02:01	山羊
03/22		11:31	水瓶

03/21		08:37	双子
03/23		11:27	蟹
03/25		14:43	獅子
03/27		18:41	乙女
03/29		23:49	天秤
03/30	○	-	天秤
04/01		07:01	蠍
04/03		16:59	射手
04/06		05:19	山羊
04/08		17:59	水瓶
04/11		04:17	魚
04/13		10:49	牡羊
04/15	●	14:05	牡牛
04/17		15:41	双子
04/19		17:17	蟹
04/21		20:04	獅子
04/24		00:29	乙女
04/26		06:36	天秤
04/28		14:34	蠍
04/29	○	-	蠍
05/01		00:42	射手
05/03		12:54	山羊
05/06		01:51	水瓶
05/08		13:04	魚
05/10		20:34	牡羊
05/13		00:07	牡牛
05/14	●	-	牡牛
05/15		01:02	双子
05/17		01:14	蟹
05/19		02:30	獅子
05/21		06:00	乙女
05/23		12:08	天秤
05/25		20:41	蠍
05/28	○	07:21	射手
05/30		19:40	山羊
06/02		08:41	水瓶
06/04		20:36	魚
06/07		05:25	牡羊
06/09		10:12	牡牛
06/11		11:36	双子
06/12	●	-	双子
06/13		11:16	蟹
06/15		11:10	獅子
06/17		13:03	乙女
06/19		18:01	天秤
06/22		02:18	蠍
06/24		13:16	射手
06/27	○	01:49	山羊
06/29		14:47	水瓶
07/02		02:51	魚
07/04		12:33	牡羊
07/06		18:52	牡牛
07/08		21:42	双子
07/10		22:03	蟹
07/12	●	21:35	獅子
07/14		22:12	乙女
07/17		01:34	天秤
07/19		08:41	蠍

11/20		17:31	山羊
11/23		06:07	水瓶
11/25		16:32	魚
11/27		23:06	牡羊
11/30		01:37	牡牛
12/02	○	01:23	双子
12/04		00:27	蟹
12/06		01:00	獅子
12/08		04:39	乙女
12/10		12:00	天秤
12/12		22:28	蠍
12/15		10:44	射手
12/17	●	23:35	山羊
12/20		11:59	水瓶
12/22		22:48	魚
12/25		06:45	牡羊
12/27		11:09	牡牛
12/29		12:26	双子
12/31		12:02	蟹
1991年			
01/01	○	-	蟹
01/02		11:54	獅子
01/04		13:57	乙女
01/06		19:33	天秤
01/09		04:59	蠍
01/11		17:06	射手
01/14		06:00	山羊
01/16	●	18:04	水瓶
01/19		04:23	魚
01/21		12:27	牡羊
01/23		18:01	牡牛
01/25		21:06	双子
01/27		22:23	蟹
01/29		23:03	獅子
01/30	○	-	獅子
02/01		00:44	乙女
02/03		05:02	天秤
02/05		13:01	蠍
02/08		00:23	射手
02/10		13:16	山羊
02/13		01:16	水瓶
02/15	●	10:59	魚
02/17		18:11	牡羊
02/19		23:24	牡牛
02/22		03:10	双子
02/24		05:56	蟹
02/26		08:13	獅子
02/28		10:50	乙女
03/01	○	-	乙女
03/02		15:03	天秤
03/04		22:08	蠍
03/07		08:35	射手
03/09		21:14	山羊
03/12		09:31	水瓶
03/14		19:11	魚
03/16	●	-	魚
03/17		01:37	牡羊
03/19		05:40	牡牛

07/22	●	13:29	獅子
07/24		17:17	乙女
07/27		00:18	天秤
07/29		10:39	蠍
07/31		23:00	射手
08/03		11:08	山羊
08/05		21:19	水瓶
08/06	○	-	水瓶
08/08		04:54	魚
08/10		10:13	牡羊
08/12		13:55	牡牛
08/14		16:41	双子
08/16		19:12	蟹
08/18		22:11	獅子
08/20	●	-	獅子
08/21		02:33	乙女
08/23		09:17	天秤
08/25		18:56	蠍
08/28		06:57	射手
08/30		19:23	山羊
09/02		05:51	水瓶
09/04		13:06	魚
09/05	○	-	魚
09/06		17:23	牡羊
09/08		19:55	牡牛
09/10		22:04	双子
09/13		00:53	蟹
09/15		04:52	獅子
09/17		10:19	乙女
09/19	●	17:34	天秤
09/22		03:06	蠍
09/24		14:52	射手
09/27		03:36	山羊
09/29		14:54	水瓶
10/01		22:42	魚
10/04	○	02:42	牡羊
10/06		04:06	牡牛
10/08		04:47	双子
10/10		06:29	蟹
10/12		10:16	獅子
10/14		16:21	乙女
10/17		00:26	天秤
10/19	●	10:24	蠍
10/21		22:09	射手
10/24		11:03	山羊
10/26		23:14	水瓶
10/29		08:22	魚
10/31		13:14	牡羊
11/02		14:31	牡牛
11/03	○	-	牡牛
11/04		14:06	双子
11/06		14:07	蟹
11/08		16:24	獅子
11/10		21:48	乙女
11/13		06:08	天秤
11/15		16:39	蠍
11/17	●	-	蠍
11/18		04:39	射手

03/24		17:08	魚
03/26		19:15	牡羊
03/27	●	-	牡羊
03/28		19:26	牡牛
03/30		19:42	双子
04/01		21:50	蟹
04/04		02:50	獅子
04/06		10:42	乙女
04/08		20:44	天秤
04/10	○	-	天秤
04/11		08:18	蠍
04/13		20:48	射手
04/16		09:15	山羊
04/18		19:53	水瓶
04/21		02:57	魚
04/23		05:58	牡羊
04/25	●	06:03	牡牛
04/27		05:12	双子
04/29		05:39	蟹
05/01		09:08	獅子
05/03		16:18	乙女
05/06		02:28	天秤
05/08		14:22	蠍
05/10	○	-	蠍
05/11		02:56	射手
05/13		15:21	山羊
05/16		02:30	水瓶
05/18		10:54	魚
05/20		15:31	牡羊
05/22		16:42	牡牛
05/24	●	16:00	双子
05/26		15:34	蟹
05/28		17:29	獅子
05/30		23:08	乙女
06/02		08:31	天秤
06/04		20:21	蠍
06/07		08:59	射手
06/08	○	-	射手
06/09		21:12	山羊
06/12		08:09	水瓶
06/14		17:00	魚
06/16		22:55	牡羊
06/19		01:43	牡牛
06/21		02:14	双子
06/23	●	02:09	蟹
06/25		03:25	獅子
06/27		07:42	乙女
06/29		15:47	天秤
07/02		03:01	蠍
07/04		15:35	射手
07/07		03:39	山羊
07/08	○	-	山羊
07/09		14:06	水瓶
07/11		22:29	魚
07/14		04:36	牡羊
07/16		08:29	牡牛
07/18		10:32	双子
07/20		11:44	蟹

07/20		20:07	牡羊
07/23		06:36	牡牛
07/25		13:44	双子
07/27		17:08	蟹
07/29		17:39	獅子
07/30	●	-	獅子
07/31		17:01	乙女
08/02		17:17	天秤
08/04		20:16	蠍
08/07		02:57	射手
08/09		13:00	山羊
08/12		01:06	水瓶
08/13	○	-	水瓶
08/14		13:51	魚
08/17		02:11	牡羊
08/19		13:10	牡牛
08/21		21:36	双子
08/24		02:36	蟹
08/26		04:15	獅子
08/28	●	03:46	乙女
08/30		03:10	天秤
09/01		04:38	蠍
09/03		09:50	射手
09/05		19:06	山羊
09/08		07:08	水瓶
09/10		19:56	魚
09/12	○	-	魚
09/13		08:02	牡羊
09/15		18:47	牡牛
09/18		03:40	双子
09/20		09:59	蟹
09/22		13:19	獅子
09/24		14:08	乙女
09/26	●	13:55	天秤
09/28		14:44	蠍
09/30		18:33	射手
10/03		02:29	山羊
10/05		13:53	水瓶
10/08		02:38	魚
10/10		14:36	牡羊
10/12	○	-	牡羊
10/13		00:48	牡牛
10/15		09:08	双子
10/17		15:36	蟹
10/19		20:01	獅子
10/21		22:27	乙女
10/23		23:39	天秤
10/26	●	01:04	蠍
10/28		04:29	射手
10/30		11:18	山羊
11/01		21:43	水瓶
11/04		10:13	魚
11/06		22:19	牡羊
11/09		08:19	牡牛
11/10	○	-	牡牛
11/11		15:49	双子
11/13		21:19	蟹
11/16		01:23	獅子

03/19	○	05:55	天秤
03/21		08:20	蠍
03/23		14:13	射手
03/26		00:08	山羊
03/28		12:44	水瓶
03/31		01:23	魚
04/02		12:04	牡羊
04/03	●	-	牡羊
04/04		20:18	牡牛
04/07		02:33	双子
04/09		07:18	蟹
04/11		10:46	獅子
04/13		13:09	乙女
04/15		15:10	天秤
04/17	○	18:10	蠍
04/19		23:40	射手
04/22		08:40	山羊
04/24		20:38	水瓶
04/27		09:20	魚
04/29		20:13	牡羊
05/02		04:09	牡牛
05/03	●	-	牡牛
05/04		09:28	双子
05/06		13:09	蟹
05/08		16:07	獅子
05/10		18:56	乙女
05/12		22:05	天秤
05/15		02:15	蠍
05/17	○	08:22	射手
05/19		17:13	山羊
05/22		04:43	水瓶
05/24		17:25	魚
05/27		04:52	牡羊
05/29		13:16	牡牛
05/31		18:19	双子
06/01	●	-	双子
06/02		20:57	蟹
06/04		22:35	獅子
06/07		00:28	乙女
06/09		03:33	天秤
06/11		08:27	蠍
06/13		15:29	射手
06/15	○	-	射手
06/16		00:50	山羊
06/18		12:19	水瓶
06/21		01:00	魚
06/23		13:03	牡羊
06/25		22:28	牡牛
06/28		04:14	双子
06/30	●	06:42	蟹
07/02		07:15	獅子
07/04		07:37	乙女
07/06		09:27	天秤
07/08		13:53	蠍
07/10		21:17	射手
07/13		07:15	山羊
07/15	○	19:03	水瓶
07/18		07:44	魚

11/20		06:49	牡牛
11/22	○	09:22	双子
11/24		10:25	蟹
11/26		11:37	獅子
11/28		14:12	乙女
11/30		18:47	天秤
12/03		01:33	蠍
12/05		10:32	射手
12/06	●	-	射手
12/07		21:41	山羊
12/10		10:27	水瓶
12/12		23:19	魚
12/15		10:06	牡羊
12/17		17:10	牡牛
12/19		20:21	双子
12/21	○	20:54	蟹
12/23		20:38	獅子
12/25		21:23	乙女
12/28		00:37	天秤
12/30		07:03	蠍

1992年★

01/01		16:30	射手
01/04		04:09	山羊
01/05	●	-	山羊
01/06		16:59	水瓶
01/09		05:52	魚
01/11		17:22	牡羊
01/14		02:00	牡牛
01/16		06:55	双子
01/18		08:26	蟹
01/20	○	07:57	獅子
01/22		07:22	乙女
01/24		08:42	天秤
01/26		13:32	蠍
01/28		22:20	射手
01/31		10:07	山羊
02/02		23:09	水瓶
02/04	●	-	水瓶
02/05		11:51	魚
02/07		23:15	牡羊
02/10		08:36	牡牛
02/12		15:08	双子
02/14		18:31	蟹
02/16		19:15	獅子
02/18	○	18:47	乙女
02/20		19:04	天秤
02/22		22:11	蠍
02/25		05:26	射手
02/27		16:33	山羊
03/01		05:34	水瓶
03/03		18:11	魚
03/04	●	-	魚
03/06		05:07	牡羊
03/08		14:05	牡牛
03/10		21:03	双子
03/13		01:50	蟹
03/15		04:20	獅子
03/17		05:13	乙女

07/21		19:16	射手
07/24		07:55	山羊
07/26		20:49	水瓶
07/27	○	-	水瓶
07/29		08:35	魚
07/31		18:20	牡羊
08/03		01:31	牡牛
08/05		05:54	双子
08/07		07:47	蟹
08/09		08:09	獅子
08/10	●	-	獅子
08/11		08:35	乙女
08/13		10:52	天秤
08/15		16:34	蠍
08/18		02:11	射手
08/20		14:34	山羊
08/23		03:27	水瓶
08/25	○	14:51	魚
08/28		00:01	牡羊
08/30		07:00	牡牛
09/01		12:02	双子
09/03		15:19	蟹
09/05		17:13	獅子
09/07		18:35	乙女
09/08	●	-	乙女
09/09		20:51	天秤
09/12		01:42	蠍
09/14		10:14	射手
09/16		22:04	山羊
09/19		10:58	水瓶
09/21		22:20	魚
09/24	○	06:56	牡羊
09/26		12:59	牡牛
09/28		17:25	双子
09/30		20:58	蟹
10/02		23:58	獅子
10/05		02:45	乙女
10/07		06:00	天秤
10/08	●	-	天秤
10/09		11:00	蠍
10/11		18:58	射手
10/14		06:10	山羊
10/16		19:04	水瓶
10/19		06:53	魚
10/21		15:33	牡羊
10/23	○	20:55	牡牛
10/26		00:09	双子
10/28		02:37	蟹
10/30		05:20	獅子
11/01		08:47	乙女
11/03		13:13	天秤
11/05		19:09	蠍
11/06	●	-	蠍
11/08		03:21	射手
11/10		14:16	山羊
11/13		03:06	水瓶
11/15		15:33	魚
11/18		01:08	牡羊

11/18		04:28	乙女
11/20		07:03	天秤
11/22		09:52	蠍
11/24	●	14:01	射手
11/26		20:38	山羊
11/29		06:19	水瓶
12/01		18:23	魚
12/04		06:49	牡羊
12/06		17:16	牡牛
12/09		00:37	双子
12/10	○	-	双子
12/11		05:05	蟹
12/13		07:47	獅子
12/15		09:56	乙女
12/17		12:33	天秤
12/19		16:20	蠍
12/21		21:42	射手
12/24	●	05:04	山羊
12/26		14:43	水瓶
12/29		02:28	魚
12/31		15:07	牡羊

1993年

01/03		02:30	牡牛
01/05		10:42	双子
01/07		15:10	蟹
01/08	○	-	蟹
01/09		16:49	獅子
01/11		17:20	乙女
01/13		18:30	天秤
01/15		21:42	蠍
01/18		03:30	射手
01/20		11:46	山羊
01/22		22:00	水瓶
01/23	●	-	水瓶
01/25		09:47	魚
01/27		22:28	牡羊
01/30		10:37	牡牛
02/01		20:14	双子
02/04		01:56	蟹
02/06		03:51	獅子
02/07	○	-	獅子
02/08		03:29	乙女
02/10		02:58	天秤
02/12		04:23	蠍
02/14		09:08	射手
02/16		17:20	山羊
02/19		04:05	水瓶
02/21	●	16:12	魚
02/24		04:50	牡羊
02/26		17:11	牡牛
03/01		03:52	双子
03/03		11:16	蟹
03/05		14:40	獅子
03/07		14:52	乙女
03/08	○	-	乙女
03/09		13:46	天秤
03/11		13:40	蠍
03/13		16:33	射手
03/15		23:28	山羊
03/18		09:52	水瓶
03/20		22:11	魚
03/23	●	10:51	牡羊
03/25		22:59	牡牛
03/28		09:48	双子
03/30		18:14	蟹
04/01		23:21	獅子
04/04		01:10	乙女
04/06		00:54	天秤
04/07	○	-	天秤
04/08		00:32	蠍
04/10		02:10	射手
04/12		07:24	山羊
04/14		16:36	水瓶
04/17		04:32	魚
04/19		17:14	牡羊
04/22	●	05:08	牡牛
04/24		15:27	双子
04/26		23:45	蟹
04/29		05:39	獅子
05/01		09:00	乙女
05/03		10:20	天秤
05/05		10:57	蠍
05/06	○	-	蠍
05/07		12:34	射手
05/09		16:51	山羊
05/12		00:44	水瓶
05/14		11:50	魚
05/17		00:24	牡羊
05/19		12:16	牡牛
05/21	●	22:07	双子
05/24		05:38	蟹
05/26		11:03	獅子
05/28		14:46	乙女
05/30		17:18	天秤
06/01		19:22	蠍
06/03		22:01	射手
06/04	○	-	射手
06/06		02:26	山羊
06/08		09:39	水瓶
06/10		19:57	魚
06/13		08:14	牡羊
06/15		20:19	牡牛
06/18		06:12	双子
06/20	●	13:05	蟹
06/22		17:26	獅子
06/24		20:18	乙女
06/26		22:45	天秤
06/29		01:37	蠍
07/01		05:28	射手
07/03		10:48	山羊
07/04	○	-	山羊
07/05		18:14	水瓶
07/08		04:09	魚
07/10		16:11	牡羊
07/13		04:37	牡牛
07/15		15:06	双子
07/17		22:08	蟹
07/19	●	-	蟹
07/20		01:47	獅子
07/22		03:24	乙女
07/24		04:39	天秤
07/26		07:00	蠍
07/28		11:13	射手
07/30		17:27	山羊
08/02	○	01:36	水瓶
08/04		11:43	魚
08/06		23:39	牡羊
08/09		12:22	牡牛
08/11		23:47	双子
08/14		07:46	蟹
08/16		11:43	獅子
08/18	●	12:41	乙女
08/20		12:35	天秤
08/22		13:27	蠍
08/24		16:45	射手
08/26		22:58	山羊
08/29		07:42	水瓶
08/31		18:18	魚
09/01	○	-	魚
09/03		06:21	牡羊
09/05		19:09	牡牛
09/08		07:16	双子
09/10		16:37	蟹
09/12		21:51	獅子
09/14		23:20	乙女
09/16	●	22:44	天秤
09/18		22:14	蠍
09/20		23:53	射手
09/23		04:54	山羊
09/25		13:19	水瓶
09/28		00:13	魚
09/30		12:29	牡羊
10/01	○	-	牡羊
10/03		01:13	牡牛
10/05		13:27	双子
10/07		23:42	蟹
10/10		06:33	獅子
10/12		09:36	乙女
10/14		09:47	天秤
10/15	●	-	天秤
10/16		09:01	蠍
10/18		09:23	射手
10/20		12:42	山羊
10/22		19:49	水瓶
10/25		06:17	魚
10/27		18:39	牡羊
10/30	○	07:20	牡牛
11/01		19:13	双子
11/04		05:24	蟹
11/06		13:06	獅子
11/08		17:47	乙女
11/10		19:42	天秤
11/12		20:00	蠍
11/14	●	20:20	射手
11/16		22:34	山羊
11/19		04:08	水瓶
11/21		13:27	魚
11/24		01:30	牡羊
11/26		14:14	牡牛
11/29	○	01:48	双子
12/01		11:17	蟹
12/03		18:33	獅子
12/05		23:43	乙女
12/08		03:03	天秤
12/10		05:04	蠍
12/12		06:39	射手
12/13	●	-	射手
12/14		09:06	山羊
12/16		13:51	水瓶
12/18		21:59	魚
12/21		09:19	牡羊
12/23		22:05	牡牛
12/26		09:46	双子
12/28		18:46	蟹
12/29	○	-	蟹
12/31		00:59	獅子

1994年

01/02		05:15	乙女
01/04		08:31	天秤
01/06		11:29	蠍
01/08		14:34	射手
01/10		18:16	山羊
01/12	●	23:25	水瓶
01/15		07:04	魚
01/17		17:42	牡羊
01/20		06:22	牡牛
01/22		18:34	双子
01/25		03:55	蟹
01/27	○	09:38	獅子
01/29		12:39	乙女
01/31		14:34	天秤
02/02		16:49	蠍
02/04		20:14	射手
02/07		01:02	山羊
02/09		07:16	水瓶
02/10	●	-	水瓶
02/11		15:22	魚
02/14		01:49	牡羊
02/16		14:19	牡牛
02/19		03:05	双子
02/21		13:27	蟹
02/23		19:48	獅子
02/25		22:27	乙女
02/26	○	-	乙女
02/27		23:06	天秤
03/01		23:43	蠍
03/04		01:53	射手
03/06		06:24	山羊
03/08		13:15	水瓶
03/10		22:09	魚
03/12	●	-	魚
03/13		08:59	牡羊

03/17	○	17:18	天秤
03/19		19:52	蠍
03/21		21:57	射手
03/24		00:31	山羊
03/26		04:10	水瓶
03/28		09:18	魚
03/30		16:26	牡羊
03/31	●	-	牡羊
04/02		01:59	牡牛
04/04		13:49	双子
04/07		02:40	蟹
04/09		14:15	獅子
04/11		22:39	乙女
04/14		03:20	天秤
04/15	○	-	天秤
04/16		05:13	蠍
04/18		05:51	射手
04/20		06:53	山羊
04/22		09:38	水瓶
04/24		14:50	魚
04/26		22:41	牡羊
04/29		08:53	牡牛
04/30	●	-	牡牛
05/01		20:53	双子
05/04		09:45	蟹
05/06		21:55	獅子
05/09		07:33	乙女
05/11		13:30	天秤
05/13		15:53	蠍
05/15	○	15:58	射手
05/17		15:36	山羊
05/19		16:39	水瓶
05/21		20:40	魚
05/24		04:13	牡羊
05/26		14:46	牡牛
05/29	●	03:07	双子
05/31		15:59	蟹
06/03		04:17	獅子
06/05		14:46	乙女
06/07		22:13	天秤
06/10		02:03	蠍
06/12		02:50	射手
06/13	○	-	射手
06/14		02:05	山羊
06/16		01:52	水瓶
06/18		04:13	魚
06/20		10:29	牡羊
06/22		20:35	牡牛
06/25		09:02	双子
06/27		21:56	蟹
06/28	●	-	蟹
06/30		10:02	獅子
07/02		20:35	乙女
07/05		04:55	天秤
07/07		10:19	蠍
07/09		12:37	射手
07/11		12:43	山羊
07/12	○	-	山羊

11/16		11:44	牡牛
11/18	○	-	牡牛
11/19		00:41	双子
11/21		13:21	蟹
11/24		00:33	獅子
11/26		09:09	乙女
11/28		14:22	天秤
11/30		16:21	蠍
12/02		16:13	射手
12/03	●	-	射手
12/04		15:42	山羊
12/06		16:51	水瓶
12/08		21:24	魚
12/11		06:03	牡羊
12/13		17:56	牡牛
12/16		07:00	双子
12/18	○	19:25	蟹
12/21		06:13	獅子
12/23		15:01	乙女
12/25		21:27	天秤
12/28		01:17	蠍
12/30		02:45	射手

1995年

01/01	●	02:57	山羊
01/03		03:39	水瓶
01/05		06:49	魚
01/07		13:56	牡羊
01/10		00:58	牡牛
01/12		13:57	双子
01/15		02:20	蟹
01/17	○	12:36	獅子
01/19		20:39	乙女
01/22		02:53	天秤
01/24		07:32	蠍
01/26		10:36	射手
01/28		12:26	山羊
01/30		14:03	水瓶
01/31	●	-	水瓶
02/01		17:05	魚
02/03		23:12	牡羊
02/06		09:08	牡牛
02/08		21:44	双子
02/11		10:17	蟹
02/13		20:31	獅子
02/15	○	-	獅子
02/16		03:52	乙女
02/18		09:00	天秤
02/20		12:55	蠍
02/22		16:13	射手
02/24		19:11	山羊
02/26		22:14	水瓶
03/01	●	02:16	魚
03/03		08:30	牡羊
03/05		17:50	牡牛
03/08		05:55	双子
03/10		18:40	蟹
03/13		05:28	獅子
03/15		12:54	乙女

07/16		21:35	蠍
07/19		00:09	射手
07/21		02:30	山羊
07/23	○	05:38	水瓶
07/25		10:56	魚
07/27		19:30	牡羊
07/30		07:13	牡牛
08/01		20:05	双子
08/04		07:22	蟹
08/06		15:31	獅子
08/07	●	-	獅子
08/08		20:42	乙女
08/11		00:06	天秤
08/13		02:56	蠍
08/15		05:53	射手
08/17		09:18	山羊
08/19		13:34	水瓶
08/21	○	19:27	魚
08/24		03:55	牡羊
08/26		15:13	牡牛
08/29		04:07	双子
08/31		16:00	蟹
09/03		00:37	獅子
09/05		05:33	乙女
09/06	●	-	乙女
09/07		07:56	天秤
09/09		09:26	蠍
09/11		11:25	射手
09/13		14:44	山羊
09/15		19:42	水瓶
09/18		02:31	魚
09/20	○	11:30	牡羊
09/22		22:47	牡牛
09/25		11:41	双子
09/28		00:12	蟹
09/30		09:55	獅子
10/02		15:39	乙女
10/04		17:56	天秤
10/05	●	-	天秤
10/06		18:22	蠍
10/08		18:47	射手
10/10		20:44	山羊
10/13		01:09	水瓶
10/15		08:18	魚
10/17		17:56	牡羊
10/19	○	-	牡羊
10/20		05:34	牡牛
10/22		18:27	双子
10/25		07:15	蟹
10/27		18:04	獅子
10/30		01:21	乙女
11/01		04:46	天秤
11/03	●	05:19	蠍
11/05		04:46	射手
11/07		05:02	山羊
11/09		07:48	水瓶
11/11		14:04	魚
11/13		23:44	牡羊

03/15		21:27	牡牛
03/18		10:29	双子
03/20		21:54	蟹
03/23		05:39	獅子
03/25		09:14	乙女
03/27	○	09:46	天秤
03/29		09:15	蠍
03/31		09:41	射手
04/02		12:37	山羊
04/04		18:45	水瓶
04/07		03:51	魚
04/09		15:09	牡羊
04/11	●	-	牡羊
04/12		03:47	牡牛
04/14		16:48	双子
04/17		04:41	蟹
04/19		13:45	獅子
04/21		18:58	乙女
04/23		20:40	天秤
04/25		20:18	蠍
04/26	○	-	蠍
04/27		19:48	射手
04/29		21:05	山羊
05/02		01:34	水瓶
05/04		09:47	魚
05/06		21:01	牡羊
05/09		09:50	牡牛
05/11	●	22:43	双子
05/14		10:27	蟹
05/16		19:58	獅子
05/19		02:31	乙女
05/21		05:54	天秤
05/23		06:51	蠍
05/25	○	06:43	射手
05/27		07:17	山羊
05/29		10:19	水瓶
05/31		17:03	魚
06/03		03:31	牡羊
06/05		16:14	牡牛
06/08		05:03	双子
06/09	●	-	双子
06/10		16:22	蟹
06/13		01:29	獅子
06/15		08:16	乙女
06/17		12:48	天秤
06/19		15:20	蠍
06/21		16:32	射手
06/23	○	17:37	山羊
06/25		20:10	水瓶
06/28		01:44	魚
06/30		11:06	牡羊
07/02		23:23	牡牛
07/05		12:12	双子
07/07		23:17	蟹
07/09	●	-	蟹
07/10		07:43	獅子
07/12		13:48	乙女
07/14		18:15	天秤

07/09		05:43	牡牛
07/11		14:52	双子
07/14		02:08	蟹
07/16	●	14:31	獅子
07/19		03:16	乙女
07/21		15:14	天秤
07/24		00:43	蠍
07/26		06:24	射手
07/28		08:17	山羊
07/30	○	07:47	水瓶
08/01		07:00	魚
08/03		08:05	牡羊
08/05		12:33	牡牛
08/07		20:49	双子
08/10		07:57	蟹
08/12		20:29	獅子
08/14	●	-	獅子
08/15		09:07	乙女
08/17		20:55	天秤
08/20		06:50	蠍
08/22		13:48	射手
08/24		17:22	山羊
08/26		18:10	水瓶
08/28		17:49	魚
08/29	○	-	魚
08/30		18:15	牡羊
09/01		21:19	牡牛
09/04		04:08	双子
09/06		14:29	蟹
09/09		02:54	獅子
09/11		15:28	乙女
09/13	●	-	乙女
09/14		02:51	天秤
09/16		12:20	蠍
09/18		19:31	射手
09/21		00:12	山羊
09/23		02:39	水瓶
09/25		03:43	魚
09/27	○	04:45	牡羊
09/29		07:23	牡牛
10/01		13:01	双子
10/03		22:14	蟹
10/06		10:12	獅子
10/08		22:49	乙女
10/11		10:00	天秤
10/12	●	-	天秤
10/13		18:45	蠍
10/16		01:07	射手
10/18		05:37	山羊
10/20		08:51	水瓶
10/22		11:22	魚
10/24		13:50	牡羊
10/26	○	17:11	牡牛
10/28		22:34	双子
10/31		06:56	蟹
11/02		18:16	獅子
11/05		06:57	乙女
11/07		18:29	天秤

03/11		11:32	射手
03/13		15:08	山羊
03/15		17:15	水瓶
03/17		18:50	魚
03/19	●	21:15	牡羊
03/22		01:59	牡牛
03/24		09:59	双子
03/26		21:06	蟹
03/29		09:37	獅子
03/31		21:14	乙女
04/03		06:26	天秤
04/04	○	-	天秤
04/05		12:57	蠍
04/07		17:21	射手
04/09		20:30	山羊
04/11		23:09	水瓶
04/14		02:00	魚
04/16		05:42	牡羊
04/18	●	11:05	牡牛
04/20		18:54	双子
04/23		05:25	蟹
04/25		17:44	獅子
04/28		05:49	乙女
04/30		15:27	天秤
05/02		21:42	蠍
05/03	○	-	蠍
05/05		01:05	射手
05/07		02:54	山羊
05/09		04:39	水瓶
05/11		07:29	魚
05/13		12:00	牡羊
05/15		18:25	牡牛
05/17	●	-	牡牛
05/18		02:48	双子
05/20		13:16	蟹
05/23		01:28	獅子
05/25		13:58	乙女
05/28		00:33	天秤
05/30		07:30	蠍
06/01		10:43	射手
06/02	○	-	射手
06/03		11:29	山羊
06/05		11:44	水瓶
06/07		13:19	魚
06/09		17:23	牡羊
06/12		00:11	牡牛
06/14		09:16	双子
06/16	●	20:08	蟹
06/19		08:22	獅子
06/21		21:07	乙女
06/24		08:37	天秤
06/26		16:53	蠍
06/28		21:01	射手
06/30		21:47	山羊
07/01	○	-	山羊
07/02		21:05	水瓶
07/04		21:07	魚
07/06		23:42	牡羊

11/11		10:56	蟹
11/13		23:37	獅子
11/16		11:02	乙女
11/18		19:18	天秤
11/20		23:40	蠍
11/23	●	00:56	射手
11/25		00:48	山羊
11/27		01:15	水瓶
11/29		03:59	魚
12/01		09:51	牡羊
12/03		18:40	牡牛
12/06		05:35	双子
12/07	○	-	双子
12/08		17:44	蟹
12/11		06:24	獅子
12/13		18:26	乙女
12/16		04:09	天秤
12/18		10:07	蠍
12/20		12:13	射手
12/22	●	11:46	山羊
12/24		10:52	水瓶
12/26		11:45	魚
12/28		16:06	牡羊
12/31		00:21	牡牛

1996年★

01/02		11:29	双子
01/04		23:56	蟹
01/06	○	-	蟹
01/07		12:30	獅子
01/10		00:29	乙女
01/12		10:55	天秤
01/14		18:30	蠍
01/16		22:25	射手
01/18		23:07	山羊
01/20	●	22:15	水瓶
01/22		22:02	魚
01/25		00:37	牡羊
01/27		07:16	牡牛
01/29		17:42	双子
02/01		06:10	蟹
02/03		18:46	獅子
02/05	○	-	獅子
02/06		06:22	乙女
02/08		16:30	天秤
02/11		00:35	蠍
02/13		05:58	射手
02/15		08:29	山羊
02/17		09:00	水瓶
02/19	●	09:09	魚
02/21		10:58	牡羊
02/23		16:08	牡牛
02/26		01:14	双子
02/28		13:10	蟹
03/02		01:47	獅子
03/04		13:13	乙女
03/05	○	-	乙女
03/06		22:40	天秤
03/09		06:05	蠍

07/13		12:21	水瓶
07/15		13:37	魚
07/17		18:23	牡羊
07/20		03:20	牡牛
07/22		15:23	双子
07/25		04:16	蟹
07/27		16:07	獅子
07/28	●	-	獅子
07/30		02:12	乙女
08/01		10:23	天秤
08/03		16:29	蠍
08/05		20:14	射手
08/07		21:52	山羊
08/09		22:28	水瓶
08/11	○	23:46	魚
08/14		03:41	牡羊
08/16		11:25	牡牛
08/18		22:40	双子
08/21		11:24	蟹
08/23		23:13	獅子
08/26	●	08:50	乙女
08/28		16:15	天秤
08/30		21:51	蠍
09/02		01:57	射手
09/04		04:45	山羊
09/06		06:47	水瓶
09/08		09:08	魚
09/09	○	-	魚
09/10		13:14	牡羊
09/12		20:21	牡牛
09/15		06:48	双子
09/17		19:16	蟹
09/20		07:19	獅子
09/22		17:01	乙女
09/24		23:50	天秤
09/25	●	-	天秤
09/27		04:20	蠍
09/29		07:30	射手
10/01		10:10	山羊
10/03		12:59	水瓶
10/05		16:35	魚
10/07		21:41	牡羊
10/09	○	-	牡羊
10/10		05:05	牡牛
10/12		15:09	双子
10/15		03:20	蟹
10/17		15:46	獅子
10/20		02:11	乙女
10/22		09:15	天秤
10/24	●	13:06	蠍
10/26		14:56	射手
10/28		16:15	山羊
10/30		18:23	水瓶
11/01		22:17	魚
11/04		04:21	牡羊
11/06		12:35	牡牛
11/07	○	-	牡牛
11/08		22:55	双子

11/10		03:02	蠍
11/11	●	-	蠍
11/12		08:26	射手
11/14		11:44	山羊
11/16		14:14	水瓶
11/18		17:00	魚
11/20		20:34	牡羊
11/23		01:12	牡牛
11/25	○	07:20	双子
11/27		15:37	蟹
11/30		02:30	獅子
12/02		15:11	乙女
12/05		03:23	天秤
12/07		12:38	蠍
12/09		17:58	射手
12/11	●	20:14	山羊
12/13		21:14	水瓶
12/15		22:44	魚
12/18		01:55	牡羊
12/20		07:09	牡牛
12/22		14:17	双子
12/24		23:14	蟹
12/25	○	-	蟹
12/27		10:09	獅子
12/29		22:45	乙女

1997年

01/01		11:32	天秤
01/03		22:02	蠍
01/06		04:27	射手
01/08		06:55	山羊
01/09	●	-	山羊
01/10		07:00	水瓶
01/12		06:51	魚
01/14		08:22	牡羊
01/16		12:40	牡牛
01/18		19:53	双子
01/21		05:29	蟹
01/23		16:50	獅子
01/24	○	-	獅子
01/26		05:26	乙女
01/28		18:21	天秤
01/31		05:48	蠍
02/02		13:51	射手
02/04		17:44	山羊
02/06		18:21	水瓶
02/08	●	17:34	魚
02/10		17:29	牡羊
02/12		19:56	牡牛
02/15		01:53	双子
02/17		11:13	蟹
02/19		22:52	獅子
02/22	○	11:38	乙女
02/25		00:23	天秤
02/27		11:57	蠍
03/01		21:01	射手
03/04		02:38	山羊
03/06		04:54	水瓶
03/08		04:57	魚
03/09	●	-	魚
03/10		04:33	牡羊
03/12		05:37	牡牛
03/14		09:48	双子
03/16		17:51	蟹
03/19		05:08	獅子
03/21		17:59	乙女
03/24	○	06:35	天秤
03/26		17:42	蠍
03/29		02:40	射手
03/31		09:07	山羊
04/02		12:59	水瓶
04/04		14:42	魚
04/06		15:19	牡羊
04/07	●	-	牡羊
04/08		16:20	牡牛
04/10		19:28	双子
04/13		02:03	蟹
04/15		12:22	獅子
04/18		01:00	乙女
04/20		13:36	天秤
04/23	○	00:19	蠍
04/25		08:32	射手
04/27		14:32	山羊
04/29		18:50	水瓶
05/01		21:50	魚
05/03		23:59	牡羊
05/06		02:04	牡牛
05/07	●	-	牡牛
05/08		05:21	双子
05/10		11:13	蟹
05/12		20:33	獅子
05/15		08:43	乙女
05/17		21:27	天秤
05/20		08:11	蠍
05/22	○	15:51	射手
05/24		20:51	山羊
05/27		00:20	水瓶
05/29		03:18	魚
05/31		06:18	牡羊
06/02		09:39	牡牛
06/04		13:55	双子
06/05	●	-	双子
06/06		20:02	蟹
06/09		04:58	獅子
06/11		16:43	乙女
06/14		05:35	天秤
06/16		16:51	蠍
06/19		00:39	射手
06/21	○	05:02	山羊
06/23		07:20	水瓶
06/25		09:09	魚
06/27		11:38	牡羊
06/29		15:23	牡牛
07/01		20:35	双子
07/04		03:33	蟹
07/05	●	-	蟹
07/06		12:45	獅子
07/09		00:22	乙女
07/11		13:21	天秤
07/14		01:20	蠍
07/16		10:02	射手
07/18		14:45	山羊
07/20	○	16:29	水瓶
07/22		16:59	魚
07/24		18:03	牡羊
07/26		20:53	牡牛
07/29		02:04	双子
07/31		09:38	蟹
08/02		19:27	獅子
08/03	●	-	獅子
08/05		07:15	乙女
08/07		20:17	天秤
08/10		08:50	蠍
08/12		18:45	射手
08/15		00:42	山羊
08/17		02:58	水瓶
08/18	○	-	水瓶
08/19		03:01	魚
08/21		02:45	牡羊
08/23		03:57	牡牛
08/25		07:56	双子
08/27		15:10	蟹
08/30		01:19	獅子
09/01		13:27	乙女
09/02	●	-	乙女
09/04		02:30	天秤
09/06		15:09	蠍
09/09		01:54	射手
09/11		09:23	山羊
09/13		13:10	水瓶
09/15		13:59	魚
09/17	○	13:25	牡羊
09/19		13:21	牡牛
09/21		15:38	双子
09/23		21:33	蟹
09/26		07:12	獅子
09/28		19:27	乙女
10/01		08:32	天秤
10/02	●	-	天秤
10/03		20:57	蠍
10/06		07:43	射手
10/08		16:04	山羊
10/10		21:29	水瓶
10/12		23:59	魚
10/15		00:25	牡羊
10/16	○	-	牡羊
10/17		00:16	牡牛
10/19		01:26	双子
10/21		05:45	蟹
10/23		14:10	獅子
10/26		01:59	乙女
10/28		15:05	天秤
10/31	●	03:15	蠍
11/02		13:27	射手
11/04		21:31	山羊
11/07		03:33	水瓶
11/09		07:34	魚
11/11		09:43	牡羊
11/13		10:45	牡牛
11/14	○	-	牡牛
11/15		12:05	双子
11/17		15:32	蟹
11/19		22:38	獅子
11/22		09:33	乙女
11/24		22:29	天秤
11/27		10:43	蠍
11/29		20:28	射手
11/30	●	-	射手
12/02		03:38	山羊
12/04		08:58	水瓶
12/06		13:07	魚
12/08		16:24	牡羊
12/10		19:00	牡牛
12/12		21:35	双子
12/14	○	-	双子
12/15		01:25	蟹
12/17		07:58	獅子
12/19		18:00	乙女
12/22		06:35	天秤
12/24		19:07	蠍
12/27		05:07	射手
12/29		11:48	山羊
12/30	●	-	山羊
12/31		15:58	水瓶

1998年

01/02		18:56	魚
01/04		21:43	牡羊
01/07		00:52	牡牛
01/09		04:42	双子
01/11		09:43	蟹
01/13	○	16:45	獅子
01/16		02:31	乙女
01/18		14:44	天秤
01/21		03:34	蠍
01/23		14:25	射手
01/25		21:39	山羊
01/28	●	01:27	水瓶
01/30		03:08	魚
02/01		04:21	牡羊
02/03		06:25	牡牛
02/05		10:09	双子
02/07		15:57	蟹
02/09		23:57	獅子
02/11	○	-	獅子
02/12		10:09	乙女
02/14		22:17	天秤
02/17		11:13	蠍
02/19		22:56	射手
02/22		07:29	山羊
02/24		12:10	水瓶
02/26		13:42	魚
02/27	●	-	魚
02/28		13:42	牡羊

03/02	○	-	乙女
03/04		03:34	天秤
03/06		14:22	蠍
03/09		02:46	射手
03/11		14:53	山羊
03/14		00:32	水瓶
03/16		06:30	魚
03/18	●	09:13	牡羊
03/20		10:08	牡牛
03/22		11:05	双子
03/24		13:33	蟹
03/26		18:22	獅子
03/29		01:34	乙女
03/31		10:49	天秤
04/01	○	-	天秤
04/02		21:48	蠍
04/05		10:07	射手
04/07		22:39	山羊
04/10		09:24	水瓶
04/12		16:35	魚
04/14		19:46	牡羊
04/16	●	20:07	牡牛
04/18		19:39	双子
04/20		20:27	蟹
04/23		00:06	獅子
04/25		07:04	乙女
04/27		16:46	天秤
04/30	○	04:12	蠍
05/02		16:36	射手
05/05		05:12	山羊
05/07		16:40	水瓶
05/10		01:16	魚
05/12		05:53	牡羊
05/14		06:56	牡牛
05/15	●	-	牡牛
05/16		06:07	双子
05/18		05:39	蟹
05/20		07:37	獅子
05/22		13:15	乙女
05/24		22:29	天秤
05/27		10:05	蠍
05/29		22:37	射手
05/30	○	-	射手
06/01		11:05	山羊
06/03		22:37	水瓶
06/06		08:00	魚
06/08		14:08	牡羊
06/10		16:44	牡牛
06/12		16:48	双子
06/14	●	16:14	蟹
06/16		17:07	獅子
06/18		21:12	乙女
06/21		05:10	天秤
06/23		16:18	蠍
06/26		04:51	射手
06/28		17:12	山羊
06/29	○	-	山羊
07/01		04:19	水瓶

11/03		20:12	牡牛
11/04	○	-	牡牛
11/05		19:11	双子
11/07		19:39	蟹
11/09		23:33	獅子
11/12		07:37	乙女
11/14		18:57	天秤
11/17		07:41	蠍
11/19	●	20:13	射手
11/22		07:45	山羊
11/24		17:43	水瓶
11/27		01:14	魚
11/29		05:34	牡羊
12/01		06:52	牡牛
12/03		06:29	双子
12/04	○	-	双子
12/05		06:28	蟹
12/07		08:55	獅子
12/09		15:21	乙女
12/12		01:43	天秤
12/14		14:16	蠍
12/17		02:47	射手
12/19	●	13:55	山羊
12/21		23:17	水瓶
12/24		06:45	魚
12/26		12:03	牡羊
12/28		15:05	牡牛
12/30		16:22	双子

1999年

01/01		17:15	蟹
01/02	○	-	蟹
01/03		19:31	獅子
01/06		00:49	乙女
01/08		09:53	天秤
01/10		21:49	蠍
01/13		10:23	射手
01/15		21:28	山羊
01/18	●	06:11	水瓶
01/20		12:40	魚
01/22		17:25	牡羊
01/24		20:52	牡牛
01/26		23:29	双子
01/29		01:57	蟹
01/31		05:16	獅子
02/01	○	-	獅子
02/02		10:37	乙女
02/04		18:55	天秤
02/07		06:06	蠍
02/09		18:38	射手
02/12		06:10	山羊
02/14		14:57	水瓶
02/16	●	20:40	魚
02/19		00:06	牡羊
02/21		02:29	牡牛
02/23		04:54	双子
02/25		08:09	蟹
02/27		12:44	獅子
03/01		19:04	乙女

07/03		20:45	蠍
07/06		08:24	射手
07/08		17:27	山羊
07/10	○	23:52	水瓶
07/13		04:22	魚
07/15		07:45	牡羊
07/17		10:33	牡牛
07/19		13:18	双子
07/21		16:43	蟹
07/23	●	21:48	獅子
07/26		05:34	乙女
07/28		16:14	天秤
07/31		04:44	蠍
08/02		16:48	射手
08/05		02:18	山羊
08/07		08:31	水瓶
08/08	○	-	水瓶
08/09		12:04	魚
08/11		14:10	牡羊
08/13		16:04	牡牛
08/15		18:46	双子
08/17		22:55	蟹
08/20		05:00	獅子
08/22	●	13:21	乙女
08/25		00:02	天秤
08/27		12:25	蠍
08/30		00:55	射手
09/01		11:23	山羊
09/03		18:21	水瓶
09/05		21:48	魚
09/06	○	-	魚
09/07		22:52	牡羊
09/09		23:16	牡牛
09/12		00:40	双子
09/14		04:20	蟹
09/16		10:48	獅子
09/18		19:52	乙女
09/21	●	06:57	天秤
09/23		19:22	蠍
09/26		08:05	射手
09/28		19:30	山羊
10/01		03:53	水瓶
10/03		08:23	魚
10/05		09:32	牡羊
10/06	○	-	牡羊
10/07		08:57	牡牛
10/09		08:43	双子
10/11		10:48	蟹
10/13		16:25	獅子
10/16		01:32	乙女
10/18		13:02	天秤
10/20	●	-	天秤
10/21		01:36	蠍
10/23		14:16	射手
10/26		02:05	山羊
10/28		11:44	水瓶
10/30		17:58	魚
11/01		20:27	牡羊

03/02		14:00	牡牛
03/04		16:15	双子
03/06		21:26	蟹
03/09		05:46	獅子
03/11		16:35	乙女
03/13	○	-	乙女
03/14		04:58	天秤
03/16		17:51	蠍
03/19		05:56	射手
03/21		15:43	山羊
03/23		22:01	水瓶
03/26		00:43	魚
03/28	●	00:49	牡羊
03/30		00:06	牡牛
04/01		00:37	双子
04/03		04:10	蟹
04/05		11:36	獅子
04/07		22:25	乙女
04/10		11:04	天秤
04/12	○	23:55	蠍
04/15		11:52	射手
04/17		22:05	山羊
04/20		05:41	水瓶
04/22		10:06	魚
04/24		11:30	牡羊
04/26	●	11:09	牡牛
04/28		10:55	双子
04/30		12:57	蟹
05/02		18:49	獅子
05/05		04:47	乙女
05/07		17:19	天秤
05/10		06:10	蠍
05/11	○	-	蠍
05/12		17:48	射手
05/15		03:39	山羊
05/17		11:30	水瓶
05/19		17:03	魚
05/21		20:06	牡羊
05/23		21:06	牡牛
05/25		21:25	双子
05/26	●	-	双子
05/27		22:58	蟹
05/30		03:38	獅子
06/01		12:21	乙女
06/04		00:17	天秤
06/06		13:06	蠍
06/09		00:34	射手
06/10	○	-	射手
06/11		09:50	山羊
06/13		17:03	水瓶
06/15		22:31	魚
06/18		02:23	牡羊
06/20		04:47	牡牛
06/22		06:26	双子
06/24	●	08:39	蟹
06/26		13:04	獅子
06/28		20:54	乙女
07/01		08:05	天秤

日付		時刻	星座
07/03		11:38	獅子
07/05		12:19	乙女
07/07		15:47	天秤
07/09		22:48	蠍
07/12		09:06	射手
07/14		21:28	山羊
07/16	○	-	山羊
07/17		10:27	水瓶
07/19		22:44	魚
07/22		09:09	牡羊
07/24		16:44	牡牛
07/26		21:01	双子
07/28		22:30	蟹
07/30		22:23	獅子
07/31	●	-	獅子
08/01		22:27	乙女
08/04		00:31	天秤
08/06		06:04	蠍
08/08		15:30	射手
08/11		03:44	山羊
08/13		16:43	水瓶
08/15	○	-	水瓶
08/16		04:41	魚
08/18		14:44	牡羊
08/20		22:31	牡牛
08/23		03:55	双子
08/25		07:00	蟹
08/27		08:17	獅子
08/29	●	08:55	乙女
08/31		10:33	天秤
09/02		14:55	蠍
09/04		23:08	射手
09/07		10:47	山羊
09/09		23:44	水瓶
09/12		11:34	魚
09/14	○	21:00	牡羊
09/17		04:05	牡牛
09/19		09:22	双子
09/21		13:16	蟹
09/23		16:00	獅子
09/25		18:02	乙女
09/27		20:22	天秤
09/28	●	-	天秤
09/30		00:29	蠍
10/02		07:50	射手
10/04		18:42	山羊
10/07		07:33	水瓶
10/09		19:36	魚
10/12		04:51	牡羊
10/13	○	-	牡羊
10/14		11:06	牡牛
10/16		15:19	双子
10/18		18:37	蟹
10/20		21:42	獅子
10/23		00:52	乙女
10/25		04:30	天秤
10/27	●	09:23	蠍
10/29		16:40	射手

日付		時刻	星座
03/02		22:14	水瓶
03/05		08:30	魚
03/06	●	-	魚
03/07		15:54	牡羊
03/09		21:01	牡牛
03/12		00:46	双子
03/14		03:51	蟹
03/16		06:43	獅子
03/18		09:48	乙女
03/20	○	13:57	天秤
03/22		20:17	蠍
03/25		05:43	射手
03/27		17:51	山羊
03/30		06:34	水瓶
04/01		17:12	魚
04/04		00:22	牡羊
04/05	●	-	牡羊
04/06		04:29	牡牛
04/08		06:58	双子
04/10		09:16	蟹
04/12		12:16	獅子
04/14		16:19	乙女
04/16		21:36	天秤
04/19	○	04:35	蠍
04/21		13:58	射手
04/24		01:47	山羊
04/26		14:42	水瓶
04/29		02:06	魚
05/01		09:54	牡羊
05/03		13:54	牡牛
05/04	●	-	牡牛
05/05		15:23	双子
05/07		16:14	蟹
05/09		18:01	獅子
05/11		21:41	乙女
05/14		03:27	天秤
05/16		11:16	蠍
05/18	○	21:09	射手
05/21		09:01	山羊
05/23		22:00	水瓶
05/26		10:07	魚
05/28		19:08	牡羊
05/31		00:02	牡牛
06/02	●	01:34	双子
06/04		01:30	蟹
06/06		01:45	獅子
06/08		03:57	乙女
06/10		08:59	天秤
06/12		16:55	蠍
06/15		03:18	射手
06/17	○	15:26	山羊
06/20		04:26	水瓶
06/22		16:52	魚
06/25		02:55	牡羊
06/27		09:19	牡牛
06/29		11:59	双子
07/01		12:09	蟹
07/02	●	-	蟹

日付		時刻	星座
11/02		13:07	乙女
11/04		20:57	天秤
11/07		06:46	蠍
11/08	●	-	蠍
11/09		18:15	射手
11/12		07:00	山羊
11/14		19:45	水瓶
11/17		06:21	魚
11/19		12:57	牡羊
11/21		15:26	牡牛
11/23	○	15:13	双子
11/25		14:29	蟹
11/27		15:19	獅子
11/29		19:11	乙女
12/02		02:29	天秤
12/04		12:35	蠍
12/07		00:27	射手
12/08	●	-	射手
12/09		13:13	山羊
12/12		01:59	水瓶
12/14		13:18	魚
12/16		21:30	牡羊
12/19		01:45	牡牛
12/21		02:39	双子
12/23	○	01:52	蟹
12/25		01:32	獅子
12/27		03:34	乙女
12/29		09:14	天秤
12/31		18:36	蠍
2000年★			
01/03		06:32	射手
01/05		19:24	山羊
01/07	●	-	山羊
01/08		07:53	水瓶
01/10		18:59	魚
01/13		03:48	牡羊
01/15		09:38	牡牛
01/17		12:25	双子
01/19		13:01	蟹
01/21	○	12:58	獅子
01/23		14:07	乙女
01/25		18:09	天秤
01/28		02:01	蠍
01/30		13:17	射手
02/02		02:10	山羊
02/04		14:31	水瓶
02/05	●	-	水瓶
02/07		01:02	魚
02/09		09:17	牡羊
02/11		15:21	牡牛
02/13		19:23	双子
02/15		21:45	蟹
02/17		23:11	獅子
02/20	○	00:53	乙女
02/22		04:21	天秤
02/24		10:58	蠍
02/26		21:10	射手
02/29		09:45	山羊

日付		時刻	星座
07/03		13:34	魚
07/05		20:21	牡羊
07/08		00:22	牡牛
07/10		02:00	双子
07/12		02:27	蟹
07/13	●	-	蟹
07/14		03:26	獅子
07/16		06:39	乙女
07/18		13:19	天秤
07/20		23:30	蠍
07/23		11:48	射手
07/26		00:08	山羊
07/28	○	10:54	水瓶
07/30		19:27	魚
08/02		01:47	牡羊
08/04		06:09	牡牛
08/06		08:57	双子
08/08		10:52	蟹
08/10		12:55	獅子
08/11	●	-	獅子
08/12		16:21	乙女
08/14		22:24	天秤
08/17		07:40	蠍
08/19		19:31	射手
08/22		07:59	山羊
08/24		18:49	水瓶
08/27	○	02:50	魚
08/29		08:09	牡羊
08/31		11:41	牡牛
09/02		14:25	双子
09/04		17:09	蟹
09/06		20:29	獅子
09/09		00:57	乙女
09/10	●	-	乙女
09/11		07:16	天秤
09/13		16:08	蠍
09/16		03:35	射手
09/18		16:13	山羊
09/21		03:38	水瓶
09/23		11:51	魚
09/25	○	16:34	牡羊
09/27		18:51	牡牛
09/29		20:21	双子
10/01		22:31	蟹
10/04		02:13	獅子
10/06		07:40	乙女
10/08		14:52	天秤
10/09	●	-	天秤
10/11		00:01	蠍
10/13		11:18	射手
10/16		00:03	山羊
10/18		12:17	水瓶
10/20		21:33	魚
10/23		02:41	牡羊
10/25	○	04:25	牡牛
10/27		04:33	双子
10/29		05:09	蟹
10/31		07:47	獅子

11/01		03:01	山羊
11/03		15:41	水瓶
11/06		04:13	魚
11/08		14:02	牡羊
11/10		20:12	牡牛
11/12	○	23:27	双子
11/15		01:21	蟹
11/17		03:19	獅子
11/19		06:15	乙女
11/21		10:35	天秤
11/23		16:33	蠍
11/26	●	00:33	射手
11/28		10:57	山羊
11/30		23:26	水瓶
12/03		12:23	魚
12/05		23:17	牡羊
12/08		06:26	牡牛
12/10		09:50	双子
12/11	○	-	双子
12/12		10:48	蟹
12/14		11:09	獅子
12/16		12:30	乙女
12/18		16:01	天秤
12/20		22:12	蠍
12/23		06:57	射手
12/25		17:54	山羊
12/26	●	-	山羊
12/28		06:25	水瓶
12/30		19:27	魚

2001年

01/02		07:14	牡羊
01/04		15:57	牡牛
01/06		20:44	双子
01/08		22:09	蟹
01/10	○	21:44	獅子
01/12		21:26	乙女
01/14		23:05	天秤
01/17		04:02	蠍
01/19		12:35	射手
01/21		23:57	山羊
01/24	●	12:43	水瓶
01/27		01:39	魚
01/29		13:35	牡羊
01/31		23:21	牡牛
02/03		05:55	双子
02/05		09:00	蟹
02/07		09:21	獅子
02/08	○	-	獅子
02/09		08:35	乙女
02/11		08:46	天秤
02/13		11:51	蠍
02/15		19:02	射手
02/18		05:59	山羊
02/20		18:53	水瓶
02/23	●	07:45	魚
02/25		19:20	牡羊
02/28		05:06	牡牛
03/02		12:36	双子
03/04		17:24	蟹
03/06		19:30	獅子
03/08		19:44	乙女
03/10	○	19:47	天秤
03/12		21:42	蠍
03/15		03:17	射手
03/17		13:02	山羊
03/20		01:36	水瓶
03/22		14:28	魚
03/25	●	01:43	牡羊
03/27		10:50	牡牛
03/29		18:01	双子
03/31		23:23	蟹
04/03		02:54	獅子
04/05		04:46	乙女
04/07		05:57	天秤
04/08	○	-	天秤
04/09		08:01	蠍
04/11		12:47	射手
04/13		21:21	山羊
04/16		09:11	水瓶
04/18		22:00	魚
04/21		09:18	牡羊
04/23		17:56	牡牛
04/24	●	-	牡牛
04/26		00:11	双子
04/28		04:49	蟹
04/30		08:25	獅子
05/02		11:16	乙女
05/04		13:50	天秤
05/06		17:00	蠍
05/07	○	-	蠍
05/08		22:05	射手
05/11		06:10	山羊
05/13		17:20	水瓶
05/16		06:01	魚
05/18		17:41	牡羊
05/21		02:29	牡牛
05/23	●	08:12	双子
05/25		11:42	蟹
05/27		14:12	獅子
05/29		16:38	乙女
05/31		19:41	天秤
06/02		23:56	蠍
06/05		05:58	射手
06/06	○	-	射手
06/07		14:23	山羊
06/10		01:20	水瓶
06/12		13:53	魚
06/15		02:03	牡羊
06/17		11:39	牡牛
06/19		17:42	双子
06/21	●	20:40	蟹
06/23		21:55	獅子
06/25		22:57	乙女
06/28		01:11	天秤
06/30		05:28	蠍
07/02		12:13	射手
07/04		21:21	山羊
07/06	○	-	山羊
07/07		08:33	水瓶
07/09		21:05	魚
07/12		09:36	牡羊
07/14		20:13	牡牛
07/17		03:26	双子
07/19		06:56	蟹
07/21	●	07:43	獅子
07/23		07:29	乙女
07/25		08:08	天秤
07/27		11:17	蠍
07/29		17:44	射手
08/01		03:16	山羊
08/03		14:53	水瓶
08/04	○	-	水瓶
08/06		03:30	魚
08/08		16:05	牡羊
08/11		03:23	牡牛
08/13		11:59	双子
08/15		16:55	蟹
08/17		18:25	獅子
08/19	●	17:53	乙女
08/21		17:19	天秤
08/23		18:50	蠍
08/25		23:59	射手
08/28		09:02	山羊
08/30		20:48	水瓶
09/02		09:32	魚
09/03	○	-	魚
09/04		21:58	牡羊
09/07		09:18	牡牛
09/09		18:41	双子
09/12		01:09	蟹
09/14		04:16	獅子
09/16		04:39	乙女
09/17	●	-	乙女
09/18		04:00	天秤
09/20		04:27	蠍
09/22		08:02	射手
09/24		15:48	山羊
09/27		03:05	水瓶
09/29		15:50	魚
10/02	○	04:08	牡羊
10/04		15:01	牡牛
10/07		00:12	双子
10/09		07:19	蟹
10/11		11:54	獅子
10/13		13:58	乙女
10/15		14:26	天秤
10/17	●	15:02	蠍
10/19		17:47	射手
10/22		00:11	山羊
10/24		10:26	水瓶
10/26		22:56	魚
10/29		11:15	牡羊
10/31		21:48	牡牛
11/01	○	-	牡牛
11/03		06:12	双子
11/05		12:44	蟹
11/07		17:34	獅子
11/09		20:49	乙女
11/11		22:53	天秤
11/14		00:44	蠍
11/15	●	-	蠍
11/16		03:51	射手
11/18		09:40	山羊
11/20		18:55	水瓶
11/23		06:52	魚
11/25		19:21	牡羊
11/28		06:06	牡牛
11/30		14:04	双子
12/01	○	-	双子
12/02		19:30	蟹
12/04		23:15	獅子
12/07		02:11	乙女
12/09		04:57	天秤
12/11		08:09	蠍
12/13		12:30	射手
12/15	●	18:48	山羊
12/18		03:43	水瓶
12/20		15:09	魚
12/23		03:45	牡羊
12/25		15:12	牡牛
12/27		23:39	双子
12/30	○	04:40	蟹

2002年

01/01		07:09	獅子
01/03		08:34	乙女
01/05		10:23	天秤
01/07		13:41	蠍
01/09		18:57	射手
01/12		02:18	山羊
01/13	●	-	山羊
01/14		11:41	水瓶
01/16		23:00	魚
01/19		11:35	牡羊
01/21		23:47	牡牛
01/24		09:28	双子
01/26		15:17	蟹
01/28		17:31	獅子
01/29	○	-	獅子
01/30		17:40	乙女
02/01		17:44	天秤
02/03		19:35	蠍
02/06		00:21	射手
02/08		08:08	山羊
02/10		18:15	水瓶
02/12	●	-	水瓶
02/13		05:53	魚
02/15		18:26	牡羊
02/18		06:58	牡牛
02/20		17:50	双子
02/23		01:16	蟹
02/25		04:36	獅子
02/27	○	04:47	乙女

02/28		04:24	水瓶
03/02		12:26	魚
03/03	●	-	魚
03/04		22:30	牡羊
03/07		10:36	牡牛
03/09		23:37	双子
03/12		11:12	蟹
03/14		19:06	獅子
03/16		22:52	乙女
03/18	○	23:43	天秤
03/20		23:38	蠍
03/23		00:33	射手
03/25		03:48	山羊
03/27		09:51	水瓶
03/29		18:26	魚
04/01		05:04	牡羊
04/02	●	-	牡羊
04/03		17:20	牡牛
04/06		06:24	双子
04/08		18:36	蟹
04/11		03:54	獅子
04/13		09:07	乙女
04/15		10:42	天秤
04/17	○	10:16	蠍
04/19		09:51	射手
04/21		11:20	山羊
04/23		15:58	水瓶
04/26		00:02	魚
04/28		10:54	牡羊
04/30		23:26	牡牛
05/01	●	-	牡牛
05/03		12:27	双子
05/06		00:42	蟹
05/08		10:46	獅子
05/10		17:31	乙女
05/12		20:42	天秤
05/14		21:14	蠍
05/16	○	20:43	射手
05/18		21:03	山羊
05/21		00:01	水瓶
05/23		06:41	魚
05/25		16:59	牡羊
05/28		05:32	牡牛
05/30		18:32	双子
05/31	●	-	双子
06/02		06:27	蟹
06/04		16:25	獅子
06/06		23:51	乙女
06/09		04:30	天秤
06/11		06:39	蠍
06/13		07:12	射手
06/14	○	-	射手
06/15		07:38	山羊
06/17		09:41	水瓶
06/19		14:57	魚
06/22		00:06	牡羊
06/24		12:15	牡牛
06/27		01:13	双子

10/31		08:59	乙女
11/02		10:28	天秤
11/04		10:10	蠍
11/05	●	-	蠍
11/06		10:01	射手
11/08		11:59	山羊
11/10		17:27	水瓶
11/13		02:42	魚
11/15		14:38	牡羊
11/18		03:23	牡牛
11/20	○	15:25	双子
11/23		01:47	蟹
11/25		10:00	獅子
11/27		15:41	乙女
11/29		18:54	天秤
12/01		20:15	蠍
12/03		20:58	射手
12/04	●	-	射手
12/05		22:39	山羊
12/08		02:54	水瓶
12/10		10:46	魚
12/12		21:58	牡羊
12/15		10:43	牡牛
12/17		22:43	双子
12/20	○	08:30	蟹
12/22		15:48	獅子
12/24		21:05	乙女
12/27		00:53	天秤
12/29		03:41	蠍
12/31		06:01	射手
2003年			
01/02		08:42	山羊
01/03	●	-	山羊
01/04		12:56	水瓶
01/06		19:57	魚
01/09		06:15	牡羊
01/11		18:48	牡牛
01/14		07:08	双子
01/16		16:56	蟹
01/18	○	23:29	獅子
01/21		03:32	乙女
01/23		06:23	天秤
01/25		09:09	蠍
01/27		12:26	射手
01/29		16:30	山羊
01/31		21:44	水瓶
02/01	●	-	水瓶
02/03		04:54	魚
02/05		14:44	牡羊
02/08		02:59	牡牛
02/10		15:45	双子
02/13		02:19	蟹
02/15		09:04	獅子
02/17	○	12:22	乙女
02/19		13:48	天秤
02/21		15:09	蠍
02/23		17:46	射手
02/25		22:11	山羊

07/02		04:49	牡羊
07/04		17:16	牡牛
07/07		04:01	双子
07/09		11:36	蟹
07/10	●	-	蟹
07/11		16:08	獅子
07/13		18:41	乙女
07/15		20:39	天秤
07/17		23:13	蠍
07/20		03:02	射手
07/22		08:26	山羊
07/24	○	15:40	水瓶
07/27		01:04	魚
07/29		12:38	牡羊
08/01		01:17	牡牛
08/03		12:46	双子
08/05		21:02	蟹
08/08		01:27	獅子
08/09	●	-	獅子
08/10		03:03	乙女
08/12		03:38	天秤
08/14		05:00	蠍
08/16		08:25	射手
08/18		14:15	山羊
08/20		22:16	水瓶
08/23	○	08:11	魚
08/25		19:47	牡羊
08/28		08:31	牡牛
08/30		20:45	双子
09/02		06:14	蟹
09/04		11:36	獅子
09/06		13:16	乙女
09/07	●	-	乙女
09/08		12:57	天秤
09/10		12:48	蠍
09/12		14:44	射手
09/14		19:47	山羊
09/17		03:54	水瓶
09/19		14:18	魚
09/21	○	-	魚
09/22		02:11	牡羊
09/24		14:54	牡牛
09/27		03:26	双子
09/29		14:01	蟹
10/01		20:58	獅子
10/03		23:52	乙女
10/05		23:51	天秤
10/06	●	-	天秤
10/07		22:57	蠍
10/09		23:21	射手
10/12		02:45	山羊
10/14		09:51	水瓶
10/16		20:07	魚
10/19		08:13	牡羊
10/21	○	20:57	牡牛
10/24		09:17	双子
10/26		20:10	蟹
10/29		04:20	獅子

03/01		03:47	天秤
03/03		03:51	蠍
03/05		06:55	射手
03/07		13:48	山羊
03/09		23:56	水瓶
03/12		11:56	魚
03/14	●	-	魚
03/15		00:34	牡羊
03/17		13:01	牡牛
03/20		00:20	双子
03/22		09:06	蟹
03/24		14:12	獅子
03/26		15:44	乙女
03/28		15:04	天秤
03/29	○	-	天秤
03/30		14:21	蠍
04/01		15:48	射手
04/03		20:58	山羊
04/06		06:07	水瓶
04/08		17:57	魚
04/11		06:40	牡羊
04/13	●	18:55	牡牛
04/16		05:56	双子
04/18		15:01	蟹
04/20		21:20	獅子
04/23		00:35	乙女
04/25		01:22	天秤
04/27	○	01:15	蠍
04/29		02:12	射手
05/01		06:03	山羊
05/03		13:43	水瓶
05/06		00:46	魚
05/08		13:22	牡羊
05/11		01:32	牡牛
05/12	●	-	牡牛
05/13		12:04	双子
05/15		20:33	蟹
05/18		02:52	獅子
05/20		07:01	乙女
05/22		09:19	天秤
05/24		10:38	蠍
05/26	○	12:20	射手
05/28		15:54	山羊
05/30		22:35	水瓶
06/02		08:37	魚
06/04		20:51	牡羊
06/07		09:06	牡牛
06/09		19:29	双子
06/11	●	-	双子
06/12		03:15	蟹
06/14		08:39	獅子
06/16		12:23	乙女
06/18		15:11	天秤
06/20		17:42	蠍
06/22		20:42	射手
06/25	○	01:01	山羊
06/27		07:36	水瓶
06/29		17:00	魚

06/28		01:13	蠍
06/30		03:15	射手
07/02	○	03:01	山羊
07/04		02:22	水瓶
07/06		03:26	魚
07/08		08:03	牡羊
07/10		16:50	牡牛
07/13		04:45	双子
07/15		17:40	蟹
07/17	●	-	蟹
07/18		05:56	獅子
07/20		16:44	乙女
07/23		01:39	天秤
07/25		08:08	蠍
07/27		11:48	射手
07/29		12:57	山羊
07/31		12:54	水瓶
08/01	○	-	水瓶
08/02		13:34	魚
08/04		16:59	牡羊
08/07		00:26	牡牛
08/09		11:33	双子
08/12		00:20	蟹
08/14		12:30	獅子
08/16	●	22:49	乙女
08/19		07:09	天秤
08/21		13:37	蠍
08/23		18:08	射手
08/25		20:46	山羊
08/27		22:08	水瓶
08/29		23:33	魚
08/30	○	-	魚
09/01		02:46	牡羊
09/03		09:16	牡牛
09/05		19:24	双子
09/08		07:50	蟹
09/10		20:06	獅子
09/13		06:16	乙女
09/14	●	-	乙女
09/15		13:53	天秤
09/17		19:25	蠍
09/19		23:29	射手
09/22		02:35	山羊
09/24		05:10	水瓶
09/26		07:55	魚
09/28	○	11:57	牡羊
09/30		18:24	牡牛
10/03		03:55	双子
10/05		15:54	蟹
10/08		04:23	獅子
10/10		15:00	乙女
10/12		22:32	天秤
10/14	●	-	天秤
10/15		03:10	蠍
10/17		05:58	射手
10/19		08:07	山羊
10/21		10:37	水瓶
10/23		14:13	魚

02/25		06:30	牡牛
02/27		18:22	双子
03/01		07:12	蟹
03/03		18:18	獅子
03/06		02:18	乙女
03/07	○	-	乙女
03/08		07:31	天秤
03/10		11:03	蠍
03/12		13:57	射手
03/14		16:51	山羊
03/16		20:10	水瓶
03/19		00:26	魚
03/21	●	06:29	牡羊
03/23		15:09	牡牛
03/26		02:34	双子
03/28		15:23	蟹
03/31		03:07	獅子
04/02		11:45	乙女
04/04		16:52	天秤
04/05	○	-	天秤
04/06		19:24	蠍
04/08		20:50	射手
04/10		22:33	山羊
04/13		01:33	水瓶
04/15		06:24	魚
04/17		13:24	牡羊
04/19	●	22:42	牡牛
04/22		10:10	双子
04/24		22:56	蟹
04/27		11:14	獅子
04/29		21:00	乙女
05/02		03:03	天秤
05/04		05:38	蠍
05/05	○	-	蠍
05/06		06:08	射手
05/08		06:16	山羊
05/10		07:46	水瓶
05/12		11:52	魚
05/14		19:02	牡羊
05/17		04:57	牡牛
05/19	●	16:47	双子
05/22		05:35	蟹
05/24		18:07	獅子
05/27		04:52	乙女
05/29		12:22	天秤
05/31		16:08	蠍
06/02		16:52	射手
06/03	○	-	射手
06/04		16:12	山羊
06/06		16:10	水瓶
06/08		18:38	魚
06/11		00:49	牡羊
06/13		10:37	牡牛
06/15		22:44	双子
06/18	●	11:37	蟹
06/21		00:05	獅子
06/23		11:10	乙女
06/25		19:50	天秤

10/27		18:55	射手
10/29		19:37	山羊
10/31		22:41	水瓶
11/03		04:52	魚
11/05		14:02	牡羊
11/08		01:29	牡牛
11/09	○	-	牡牛
11/10		14:14	双子
11/13		03:10	蟹
11/15		14:48	獅子
11/17		23:36	乙女
11/20		04:42	天秤
11/22		06:24	蠍
11/24	●	06:02	射手
11/26		05:31	山羊
11/28		06:48	水瓶
11/30		11:25	魚
12/02		19:56	牡羊
12/05		07:30	牡牛
12/07		20:26	双子
12/09	○	-	双子
12/10		09:11	蟹
12/12		20:40	獅子
12/15		06:07	乙女
12/17		12:46	天秤
12/19		16:20	蠍
12/21		17:16	射手
12/23	●	16:55	山羊
12/25		17:13	水瓶
12/27		20:10	魚
12/30		03:08	牡羊
2004年★			
01/01		14:01	牡牛
01/04		02:58	双子
01/06		15:38	蟹
01/08	○	-	蟹
01/09		02:38	獅子
01/11		11:37	乙女
01/13		18:38	天秤
01/15		23:32	蠍
01/18		02:18	射手
01/20		03:24	山羊
01/22	●	04:10	水瓶
01/24		06:29	魚
01/26		12:06	牡羊
01/28		21:46	牡牛
01/31		10:18	双子
02/02		23:03	蟹
02/05		09:50	獅子
02/06	○	-	獅子
02/07		18:03	乙女
02/10		00:12	天秤
02/12		04:57	蠍
02/14		08:35	射手
02/16		11:14	山羊
02/18		13:27	水瓶
02/20	●	16:26	魚
02/22		21:45	牡羊

06/29		12:52	蟹
06/30	●	-	蟹
07/01		22:13	獅子
07/04		05:16	乙女
07/06		10:20	天秤
07/08		13:43	蠍
07/10		15:48	射手
07/12		17:21	山羊
07/14	○	19:38	水瓶
07/17		00:13	魚
07/19		08:20	牡羊
07/21		19:48	牡牛
07/24		08:42	双子
07/26		20:23	蟹
07/29	●	05:17	獅子
07/31		11:27	乙女
08/02		15:48	天秤
08/04		19:12	蠍
08/06		22:11	射手
08/09		01:02	山羊
08/11		04:23	水瓶
08/12	○	-	水瓶
08/13		09:19	魚
08/15		17:00	牡羊
08/18		03:52	牡牛
08/20		16:41	双子
08/23		04:44	蟹
08/25		13:48	獅子
08/27		19:27	乙女
08/28	●	-	乙女
08/29		22:41	天秤
09/01		01:00	蠍
09/03		03:32	射手
09/05		06:51	山羊
09/07		11:15	水瓶
09/09		17:07	魚
09/11	○	-	魚
09/12		01:09	牡羊
09/14		11:50	牡牛
09/17		00:32	双子
09/19		13:07	蟹
09/21		23:02	獅子
09/24		05:04	乙女
09/26	●	07:49	天秤
09/28		08:52	蠍
09/30		09:57	射手
10/02		12:21	山羊
10/04		16:45	水瓶
10/06		23:20	魚
10/09		08:07	牡羊
10/10	○	-	牡羊
10/11		19:05	牡牛
10/14		07:45	双子
10/16		20:41	蟹
10/19		07:41	獅子
10/21		15:01	乙女
10/23		18:27	天秤
10/25	●	19:08	蠍

日付		時刻	星座
10/20		11:44	双子
10/22		19:41	蟹
10/25		06:48	獅子
10/27		19:28	乙女
10/30		07:15	天秤
11/01		16:29	蠍
11/02	●	-	蠍
11/03		22:55	射手
11/06		03:17	山羊
11/08		06:31	水瓶
11/10		09:22	魚
11/12		12:22	牡羊
11/14		16:02	牡牛
11/16	○	21:10	双子
11/19		04:42	蟹
11/21		15:10	獅子
11/24		03:41	乙女
11/26		15:58	天秤
11/29		01:33	蠍
12/01		07:32	射手
12/02	●	-	射手
12/03		10:42	山羊
12/05		12:36	水瓶
12/07		14:44	魚
12/09		18:02	牡羊
12/11		22:46	牡牛
12/14		04:59	双子
12/16	○	13:01	蟹
12/18		23:18	獅子
12/21		11:39	乙女
12/24		00:26	天秤
12/26		11:04	蠍
12/28		17:43	射手
12/30		20:35	山羊
12/31	●	-	山羊

2006年

日付		時刻	星座
01/01		21:14	水瓶
01/03		21:43	魚
01/05		23:44	牡羊
01/08		04:09	牡牛
01/10		10:58	双子
01/12		19:50	蟹
01/14	○	-	蟹
01/15		06:31	獅子
01/17		18:49	乙女
01/20		07:49	天秤
01/22		19:28	蠍
01/25		03:37	射手
01/27		07:31	山羊
01/29	●	08:09	水瓶
01/31		07:32	魚
02/02		07:46	牡羊
02/04		10:31	牡牛
02/06		16:32	双子
02/09		01:33	蟹
02/11		12:44	獅子
02/13	○	-	獅子
02/14		01:13	乙女

日付		時刻	星座
06/22	○	11:52	山羊
06/24		11:36	水瓶
06/26		12:03	魚
06/28		14:51	牡羊
06/30		20:45	牡牛
07/03		05:26	双子
07/05		16:07	蟹
07/06	●	-	蟹
07/08		04:11	獅子
07/10		16:57	乙女
07/13		05:09	天秤
07/15		14:51	蠍
07/17		20:35	射手
07/19		22:26	山羊
07/21	○	21:55	水瓶
07/23		21:11	魚
07/25		22:22	牡羊
07/28		02:54	牡牛
07/30		11:02	双子
08/01		21:52	蟹
08/04		10:10	獅子
08/05	●	-	獅子
08/06		22:54	乙女
08/09		11:08	天秤
08/11		21:35	蠍
08/14		04:47	射手
08/16		08:13	山羊
08/18		08:39	水瓶
08/20	○	07:52	魚
08/22		08:01	牡羊
08/24		10:58	牡牛
08/26		17:42	双子
08/29		03:57	蟹
08/31		16:14	獅子
09/03		04:56	乙女
09/04	●	-	乙女
09/05		16:52	天秤
09/08		03:10	蠍
09/10		11:03	射手
09/12		15:56	山羊
09/14		18:02	水瓶
09/16		18:24	魚
09/18	○	18:43	牡羊
09/20		20:47	牡牛
09/23		02:07	双子
09/25		11:10	蟹
09/27		23:03	獅子
09/30		11:44	乙女
10/02		23:24	天秤
10/03	●	-	天秤
10/05		09:03	蠍
10/07		16:28	射手
10/09		21:43	山羊
10/12		01:05	水瓶
10/14		03:05	魚
10/16		04:39	牡羊
10/17	○	-	牡羊
10/18		07:04	牡牛

日付		時刻	星座
02/21		14:54	獅子
02/24	○	02:44	乙女
02/26		12:59	天秤
02/28		21:20	蠍
03/03		03:29	射手
03/05		07:11	山羊
03/07		08:49	水瓶
03/09		09:32	魚
03/10	●	-	魚
03/11		11:03	牡羊
03/13		15:05	牡牛
03/15		22:44	双子
03/18		09:44	蟹
03/20		22:17	獅子
03/23		10:10	乙女
03/25		20:00	天秤
03/26	○	-	天秤
03/28		03:29	蠍
03/30		08:56	射手
04/01		12:48	山羊
04/03		15:31	水瓶
04/05		17:45	魚
04/07		20:28	牡羊
04/09	●	-	牡羊
04/10		00:50	牡牛
04/12		07:54	双子
04/14		18:03	蟹
04/17		06:17	獅子
04/19		18:27	乙女
04/22		04:27	天秤
04/24	○	11:25	蠍
04/26		15:46	射手
04/28		18:32	山羊
04/30		20:54	水瓶
05/02		23:43	魚
05/05		03:36	牡羊
05/07		09:01	牡牛
05/08	●	-	牡牛
05/09		16:29	双子
05/12		02:20	蟹
05/14		14:17	獅子
05/17		02:46	乙女
05/19		13:30	天秤
05/21		20:48	蠍
05/24	○	00:38	射手
05/26		02:11	山羊
05/28		03:09	水瓶
05/30		05:09	魚
06/01		09:07	牡羊
06/03		15:20	牡牛
06/05		23:36	双子
06/07	●	-	双子
06/08		09:46	蟹
06/10		21:39	獅子
06/13		10:22	乙女
06/15		21:59	天秤
06/18		06:23	蠍
06/20		10:45	射手

日付		時刻	星座
10/25		19:24	牡羊
10/28	○	02:37	牡牛
10/30		12:11	双子
11/01		23:53	蟹
11/04		12:32	獅子
11/07		00:00	乙女
11/09		08:23	天秤
11/11		13:05	蠍
11/12	●	-	蠍
11/13		14:56	射手
11/15		15:33	山羊
11/17		16:39	水瓶
11/19		19:38	魚
11/22		01:11	牡羊
11/24		09:16	牡牛
11/26		19:25	双子
11/27	○	-	双子
11/29		07:10	蟹
12/01		19:50	獅子
12/04		08:00	乙女
12/06		17:46	天秤
12/08		23:43	蠍
12/11		01:54	射手
12/12	●	-	射手
12/13		01:41	山羊
12/15		01:10	水瓶
12/17		02:24	魚
12/19		06:52	牡羊
12/21		14:52	牡牛
12/24		01:32	双子
12/26		13:38	蟹
12/27	○	-	蟹
12/29		02:14	獅子
12/31		14:33	乙女

2005年

日付		時刻	星座
01/03		01:19	天秤
01/05		08:59	蠍
01/07		12:44	射手
01/09		13:11	山羊
01/10	●	-	山羊
01/11		12:07	水瓶
01/13		11:50	魚
01/15		14:27	牡羊
01/17		21:06	牡牛
01/20		07:24	双子
01/22		19:42	蟹
01/25	○	08:21	獅子
01/27		20:24	乙女
01/30		07:13	天秤
02/01		15:51	蠍
02/03		21:21	射手
02/05		23:32	山羊
02/07		23:26	水瓶
02/09	●	22:59	魚
02/12		00:21	牡羊
02/14		05:17	牡牛
02/16		14:18	双子
02/19		02:13	蟹

02/20		04:06	牡羊
02/22		05:03	牡牛
02/24		07:42	双子
02/26		12:48	蟹
02/28		20:29	獅子
03/03		06:32	乙女
03/04	○	-	乙女
03/05		18:25	天秤
03/08		07:16	蠍
03/10		19:37	射手
03/13		05:34	山羊
03/15		11:52	水瓶
03/17		14:30	魚
03/19	●	14:41	牡羊
03/21		14:15	牡牛
03/23		15:06	双子
03/25		18:49	蟹
03/28		02:04	獅子
03/30		12:27	乙女
04/02		00:43	天秤
04/03	○	-	天秤
04/04		13:35	蠍
04/07		01:56	射手
04/09		12:36	山羊
04/11		20:23	水瓶
04/14		00:38	魚
04/16		01:46	牡羊
04/17	●	-	牡羊
04/18		01:11	牡牛
04/20		00:51	双子
04/22		02:50	蟹
04/24		08:38	獅子
04/26		18:24	乙女
04/29		06:45	天秤
05/01		19:41	蠍
05/02	○	-	蠍
05/04		07:48	射手
05/06		18:21	山羊
05/09		02:48	水瓶
05/11		08:31	魚
05/13		11:19	牡羊
05/15		11:48	牡牛
05/17	●	11:34	双子
05/19		12:38	蟹
05/21		16:56	獅子
05/24		01:26	乙女
05/26		13:16	天秤
05/29		02:11	蠍
05/31		14:07	射手
06/01	○	-	射手
06/03		00:09	山羊
06/05		08:15	水瓶
06/07		14:24	魚
06/09		18:26	牡羊
06/11		20:29	牡牛
06/13		21:24	双子
06/15	●	22:45	蟹
06/18		02:25	獅子
10/20		04:19	天秤
10/22	●	16:54	蠍
10/25		03:53	射手
10/27		12:47	山羊
10/29		19:17	水瓶
10/31		23:10	魚
11/03		00:46	牡羊
11/05	○	01:05	牡牛
11/07		01:46	双子
11/09		04:46	蟹
11/11		11:34	獅子
11/13		22:18	乙女
11/16		11:14	天秤
11/18		23:46	蠍
11/21	●	10:15	射手
11/23		18:25	山羊
11/26		00:41	水瓶
11/28		05:20	魚
11/30		08:30	牡羊
12/02		10:26	牡牛
12/04		12:05	双子
12/05	○	-	双子
12/06		15:00	蟹
12/08		20:52	獅子
12/11		06:31	乙女
12/13		19:00	天秤
12/16		07:42	蠍
12/18		18:10	射手
12/20	●	-	射手
12/21		01:39	山羊
12/23		06:49	水瓶
12/25		10:43	魚
12/27		14:04	牡羊
12/29		17:08	牡牛
12/31		20:16	双子
2007年			
01/03	○	00:14	蟹
01/05		06:14	獅子
01/07		15:18	乙女
01/10		03:15	天秤
01/12		16:08	蠍
01/15		03:11	射手
01/17		10:49	山羊
01/19	●	15:15	水瓶
01/21		17:48	魚
01/23		19:52	牡羊
01/25		22:28	牡牛
01/28		02:10	双子
01/30		07:16	蟹
02/01		14:14	獅子
02/02	○	-	獅子
02/03		23:34	乙女
02/06		11:15	天秤
02/09		00:09	蠍
02/11		12:01	射手
02/13		20:42	山羊
02/16		01:34	水瓶
02/18	●	03:30	魚
06/21		07:23	牡牛
06/23		11:49	双子
06/25		17:48	蟹
06/26	●	-	蟹
06/28		02:09	獅子
06/30		13:15	乙女
07/03		02:06	天秤
07/05		14:13	蠍
07/07		23:13	射手
07/10		04:25	山羊
07/11	○	-	山羊
07/12		06:46	水瓶
07/14		07:59	魚
07/16		09:39	牡羊
07/18		12:44	牡牛
07/20		17:38	双子
07/23		00:28	蟹
07/25	●	09:24	獅子
07/27		20:36	乙女
07/30		09:27	天秤
08/01		22:08	蠍
08/04		08:13	射手
08/06		14:19	山羊
08/08		16:47	水瓶
08/09	○	-	水瓶
08/10		17:10	魚
08/12		17:22	牡羊
08/14		19:00	牡牛
08/16		23:07	双子
08/19		06:03	蟹
08/21		15:33	獅子
08/24	●	03:08	乙女
08/26		16:01	天秤
08/29		04:56	蠍
08/31		16:00	射手
09/02		23:34	山羊
09/05		03:15	水瓶
09/07		03:56	魚
09/08	○	-	魚
09/09		03:23	牡羊
09/11		03:30	牡牛
09/13		05:59	双子
09/15		11:53	蟹
09/17		21:15	獅子
09/20		09:07	乙女
09/22	●	22:06	天秤
09/25		10:54	蠍
09/27		22:16	射手
09/30		07:01	山羊
10/02		12:24	水瓶
10/04		14:33	魚
10/06		14:32	牡羊
10/07	○	-	牡羊
10/08		14:04	牡牛
10/10		15:06	双子
10/12		19:21	蟹
10/15		03:38	獅子
10/17		15:15	乙女
02/16		14:09	天秤
02/19		02:11	蠍
02/21		11:38	射手
02/23		17:16	山羊
02/25		19:14	水瓶
02/27		18:56	魚
02/28	●	-	魚
03/01		18:18	牡羊
03/03		19:22	牡牛
03/05		23:37	双子
03/08		07:38	蟹
03/10		18:42	獅子
03/13		07:23	乙女
03/15	○	20:12	天秤
03/18		07:59	蠍
03/20		17:43	射手
03/23		00:36	山羊
03/25		04:21	水瓶
03/27		05:33	魚
03/29	●	05:31	牡羊
03/31		06:01	牡牛
04/02		08:49	双子
04/04		15:15	蟹
04/07		01:25	獅子
04/09		13:58	乙女
04/12		02:46	天秤
04/14	○	14:08	蠍
04/16		23:19	射手
04/19		06:13	山羊
04/21		10:56	水瓶
04/23		13:43	魚
04/25		15:12	牡羊
04/27		16:27	牡牛
04/28	●	-	牡牛
04/29		18:58	双子
05/02		00:17	蟹
05/04		09:18	獅子
05/06		21:20	乙女
05/09		10:10	天秤
05/11		21:24	蠍
05/13	○	-	蠍
05/14		05:56	射手
05/16		11:59	山羊
05/18		16:19	水瓶
05/20		19:39	魚
05/22		22:24	牡羊
05/25		01:00	牡牛
05/27	●	04:19	双子
05/29		09:33	蟹
05/31		17:51	獅子
06/03		05:17	乙女
06/05		18:08	天秤
06/08		05:41	蠍
06/10		14:05	射手
06/12	○	19:19	山羊
06/14		22:32	水瓶
06/17		01:05	魚
06/19		03:54	牡羊

06/19	○	06:51	山羊
06/21		18:33	水瓶
06/24		04:32	魚
06/26		11:49	牡羊
06/28		15:50	牡牛
06/30		17:03	双子
07/02		16:53	蟹
07/03	●	-	蟹
07/04		17:15	獅子
07/06		20:04	乙女
07/09		02:31	天秤
07/11		12:35	蠍
07/14		00:50	射手
07/16		13:20	山羊
07/18	○	-	山羊
07/19		00:40	水瓶
07/21		10:07	魚
07/23		17:22	牡羊
07/25		22:14	牡牛
07/28		00:55	双子
07/30		02:11	蟹
08/01	●	03:21	獅子
08/03		05:59	乙女
08/05		11:28	天秤
08/07		20:26	蠍
08/10		08:10	射手
08/12		20:42	山羊
08/15		07:56	水瓶
08/17	○	16:46	魚
08/19		23:10	牡羊
08/22		03:38	牡牛
08/24		06:48	双子
08/26		09:18	蟹
08/28		11:51	獅子
08/30		15:18	乙女
08/31	●	-	乙女
09/01		20:44	天秤
09/04		05:02	蠍
09/06		16:11	射手
09/09		04:45	山羊
09/11		16:19	水瓶
09/14		01:04	魚
09/15	○	-	魚
09/16		06:39	牡羊
09/18		09:56	牡牛
09/20		12:17	双子
09/22		14:48	蟹
09/24		18:13	獅子
09/26		22:52	乙女
09/29	●	05:05	天秤
10/01		13:26	蠍
10/04		00:14	射手
10/06		12:48	山羊
10/09		01:03	水瓶
10/11		10:31	魚
10/13		16:07	牡羊
10/15	○	18:31	牡牛
10/17		19:25	双子

02/14		21:19	双子
02/17		00:12	蟹
02/19		03:51	獅子
02/21	○	09:06	乙女
02/23		16:44	天秤
02/26		03:06	蠍
02/28		15:22	射手
03/02		03:33	山羊
03/04		13:24	水瓶
03/06		19:53	魚
03/08	●	23:23	牡羊
03/11		01:13	牡牛
03/13		02:54	双子
03/15		05:37	蟹
03/17		10:04	獅子
03/19		16:25	乙女
03/22	○	00:45	天秤
03/24		11:06	蠍
03/26		23:11	射手
03/29		11:43	山羊
03/31		22:34	水瓶
04/03		05:55	魚
04/05		09:27	牡羊
04/06	●	-	牡羊
04/07		10:20	牡牛
04/09		10:27	双子
04/11		11:43	蟹
04/13		15:29	獅子
04/15		22:06	乙女
04/18		07:10	天秤
04/20	○	18:00	蠍
04/23		06:07	射手
04/25		18:47	山羊
04/28		06:27	水瓶
04/30		15:11	魚
05/02		19:51	牡羊
05/04		20:58	牡牛
05/05	●	-	牡牛
05/06		20:17	双子
05/08		20:02	蟹
05/10		22:10	獅子
05/13		03:48	乙女
05/15		12:46	天秤
05/17		23:59	蠍
05/20	○	12:18	射手
05/23		00:55	山羊
05/25		12:51	水瓶
05/27		22:38	魚
05/30		04:52	牡羊
06/01		07:18	牡牛
06/03		07:06	双子
06/04	●	-	双子
06/05		06:16	蟹
06/07		07:00	獅子
06/09		11:01	乙女
06/11		18:55	天秤
06/14		05:53	蠍
06/16		18:19	射手

10/17		16:03	山羊
10/20		01:52	水瓶
10/22		08:02	魚
10/24		10:24	牡羊
10/26	○	10:07	牡牛
10/28		09:11	双子
10/30		09:49	蟹
11/01		13:48	獅子
11/03		21:44	乙女
11/06		08:47	天秤
11/08		21:18	蠍
11/10	●	-	蠍
11/11		09:59	射手
11/13		22:00	山羊
11/16		08:30	水瓶
11/18		16:14	魚
11/20		20:24	牡羊
11/22		21:18	牡牛
11/24	○	20:29	双子
11/26		20:07	蟹
11/28		22:23	獅子
12/01		04:44	乙女
12/03		15:01	天秤
12/06		03:31	蠍
12/08		16:11	射手
12/10	●	-	射手
12/11		03:50	山羊
12/13		14:01	水瓶
12/15		22:15	魚
12/18		03:52	牡羊
12/20		06:38	牡牛
12/22		07:14	双子
12/24	○	07:18	蟹
12/26		08:52	獅子
12/28		13:44	乙女
12/30		22:37	天秤

2008年★

01/02		10:32	蠍
01/04		23:13	射手
01/07		10:43	山羊
01/08	●	-	山羊
01/09		20:13	水瓶
01/12		03:44	魚
01/14		09:23	牡羊
01/16		13:13	牡牛
01/18		15:30	双子
01/20		17:05	蟹
01/22	○	19:20	獅子
01/24		23:48	乙女
01/27		07:35	天秤
01/29		18:35	蠍
02/01		07:08	射手
02/03		18:52	山羊
02/06		04:10	水瓶
02/07	●	-	水瓶
02/08		10:46	魚
02/10		15:17	牡羊
02/12		18:34	牡牛

06/20		09:45	乙女
06/22		20:43	天秤
06/25		09:26	蠍
06/27		21:23	射手
06/30	○	07:05	山羊
07/02		14:24	水瓶
07/04		19:52	魚
07/06		23:57	牡羊
07/09		02:54	牡牛
07/11		05:10	双子
07/13		07:39	蟹
07/14	●	-	蟹
07/15		11:43	獅子
07/17		18:39	乙女
07/20		04:53	天秤
07/22		17:18	蠍
07/25		05:29	射手
07/27		15:21	山羊
07/29		22:13	水瓶
07/30	○	-	水瓶
08/01		02:40	魚
08/03		05:43	牡羊
08/05		08:16	牡牛
08/07		11:01	双子
08/09		14:36	蟹
08/11		19:42	獅子
08/13	●	-	獅子
08/14		03:03	乙女
08/16		13:04	天秤
08/19		01:13	蠍
08/21		13:44	射手
08/24		00:20	山羊
08/26		07:35	水瓶
08/28	○	11:34	魚
08/30		13:24	牡羊
09/01		14:35	牡牛
09/03		16:30	双子
09/05		20:08	蟹
09/08		01:59	獅子
09/10		10:10	乙女
09/11	●	-	乙女
09/12		20:31	天秤
09/15		08:37	蠍
09/17		21:21	射手
09/20		08:51	山羊
09/22		17:18	水瓶
09/24		21:55	魚
09/26		23:22	牡羊
09/27	○	-	牡羊
09/28		23:17	牡牛
09/30		23:34	双子
10/03		01:57	蟹
10/05		07:27	獅子
10/07		16:03	乙女
10/10		02:57	天秤
10/11	●	-	天秤
10/12		15:13	蠍
10/15		03:58	射手

10/19		20:40	蟹
10/21		23:35	獅子
10/24		04:40	乙女
10/26		11:47	天秤
10/28		20:47	蠍
10/29	●	-	蠍
10/31		07:41	射手
11/02		20:13	山羊
11/05		09:01	水瓶
11/07		19:43	魚
11/10		02:26	牡羊
11/12		05:05	牡牛
11/13	○	-	牡牛
11/14		05:11	双子
11/16		04:52	蟹
11/18		06:07	獅子
11/20		10:12	乙女
11/22		17:20	天秤
11/25		02:54	蠍
11/27		14:14	射手
11/28	●	-	射手
11/30		02:48	山羊
12/02		15:45	水瓶
12/05		03:23	魚
12/07		11:44	牡羊
12/09		15:52	牡牛
12/11		16:33	双子
12/13	○	15:40	蟹
12/15		15:22	獅子
12/17		17:36	乙女
12/19		23:23	天秤
12/22		08:36	蠍
12/24		20:13	射手
12/27	●	08:56	山羊
12/29		21:42	水瓶
2009年			
01/01		09:27	魚
01/03		18:50	牡羊
01/06		00:46	牡牛
01/08		03:11	双子
01/10		03:14	蟹
01/11	○	-	蟹
01/12		02:41	獅子
01/14		03:33	乙女
01/16		07:30	天秤
01/18		15:20	蠍
01/21		02:30	射手
01/23		15:18	山羊
01/26	●	03:56	水瓶
01/28		15:12	魚
01/31		00:25	牡羊
02/02		07:08	牡牛
02/04		11:14	双子
02/06		13:05	蟹
02/08		13:43	獅子
02/09	○	-	獅子
02/10		14:38	乙女
02/12		17:33	天秤
02/14		23:50	蠍
02/17		09:53	射手
02/19		22:25	山羊
02/22		11:06	水瓶
02/24		21:59	魚
02/25	●	-	魚
02/27		06:24	牡羊
03/01		12:33	牡牛
03/03		16:59	双子
03/05		20:07	蟹
03/07		22:24	獅子
03/10		00:34	乙女
03/11	○	-	乙女
03/12		03:46	天秤
03/14		09:22	蠍
03/16		18:21	射手
03/19		06:19	山羊
03/21		19:06	水瓶
03/24		06:08	魚
03/26		14:03	牡羊
03/27	●	-	牡羊
03/28		19:09	牡牛
03/30		22:36	双子
04/02		01:30	蟹
04/04		04:32	獅子
04/06		08:01	乙女
04/08		12:22	天秤
04/09	○	-	天秤
04/10		18:23	蠍
04/13		03:00	射手
04/15		14:27	山羊
04/18		03:19	水瓶
04/20		14:55	魚
04/22		23:09	牡羊
04/25	●	03:46	牡牛
04/27		06:02	双子
04/29		07:38	蟹
05/01		09:56	獅子
05/03		13:37	乙女
05/05		18:51	天秤
05/08		01:48	蠍
05/09	○	-	蠍
05/10		10:49	射手
05/12		22:09	山羊
05/15		11:01	水瓶
05/17		23:17	魚
05/20		08:30	牡羊
05/22		13:40	牡牛
05/24	●	15:34	双子
05/26		15:58	蟹
05/28		16:44	獅子
05/30		19:17	乙女
06/02		00:17	天秤
06/04		07:43	蠍
06/06		17:23	射手
06/08	○	-	射手
06/09		04:59	山羊
06/11		17:52	水瓶
06/14		06:32	魚
06/16		16:51	牡羊
06/18		23:20	牡牛
06/21		02:00	双子
06/23	●	02:12	蟹
06/25		01:50	獅子
06/27		02:46	乙女
06/29		06:24	天秤
07/01		13:18	蠍
07/03		23:11	射手
07/06		11:07	山羊
07/07	○	-	山羊
07/09		00:03	水瓶
07/11		12:44	魚
07/13		23:40	牡羊
07/16		07:30	牡牛
07/18		11:41	双子
07/20		12:51	蟹
07/22	●	12:27	獅子
07/24		12:22	乙女
07/26		14:25	天秤
07/28		19:56	蠍
07/31		05:10	射手
08/02		17:08	山羊
08/05		06:08	水瓶
08/06	○	-	水瓶
08/07		18:34	魚
08/10		05:23	牡羊
08/12		13:49	牡牛
08/14		19:25	双子
08/16		22:13	蟹
08/18		22:56	獅子
08/20	●	23:00	乙女
08/23		00:12	天秤
08/25		04:16	蠍
08/27		12:16	射手
08/29		23:44	山羊
09/01		12:43	水瓶
09/04		00:58	魚
09/05	○	-	魚
09/06		11:14	牡羊
09/08		19:17	牡牛
09/11		01:17	双子
09/13		05:19	蟹
09/15		07:39	獅子
09/17		08:56	乙女
09/19	●	10:26	天秤
09/21		13:52	蠍
09/23		20:43	射手
09/26		07:19	山羊
09/28		20:06	水瓶
10/01		08:26	魚
10/03		18:20	牡羊
10/04	○	-	牡羊
10/06		01:33	牡牛
10/08		06:46	双子
10/10		10:48	蟹
10/12		14:02	獅子
10/14		16:45	乙女
10/16		19:29	天秤
10/18	●	23:23	蠍
10/21		05:49	射手
10/23		15:39	山羊
10/26		04:08	水瓶
10/28		16:45	魚
10/31		02:56	牡羊
11/02		09:44	牡牛
11/03	○	-	牡牛
11/04		13:53	双子
11/06		16:42	蟹
11/08		19:23	獅子
11/10		22:30	乙女
11/13		02:22	天秤
11/15		07:24	蠍
11/17	●	14:22	射手
11/20		00:00	山羊
11/22		12:11	水瓶
11/25		01:07	魚
11/27		12:10	牡羊
11/29		19:34	牡牛
12/01		23:23	双子
12/02	○	-	双子
12/04		01:00	蟹
12/06		02:07	獅子
12/08		04:05	乙女
12/10		07:47	天秤
12/12		13:31	蠍
12/14		21:25	射手
12/16	●	-	射手
12/17		07:32	山羊
12/19		19:38	水瓶
12/22		08:42	魚
12/24		20:39	牡羊
12/27		05:26	牡牛
12/29		10:13	双子
12/31		11:45	蟹
2010年			
01/01	○	-	00:00
01/02		11:41	獅子
01/04		11:52	乙女
01/06		13:58	天秤
01/08		19:00	蠍
01/11		03:10	射手
01/13		13:54	山羊
01/15	●	-	山羊
01/16		02:17	水瓶
01/18		15:17	魚
01/21		03:36	牡羊
01/23		13:39	牡牛
01/25		20:11	双子
01/27		23:01	蟹
01/29		23:10	獅子
01/30	○	-	獅子
01/31		22:23	乙女
02/02		22:42	天秤
02/05		01:55	蠍

02/07		07:45	牡羊
02/09		20:22	牡牛
02/12		07:20	双子
02/14		14:48	蟹
02/16		18:14	獅子
02/18	○	18:39	乙女
02/20		18:00	天秤
02/22		18:29	蠍
02/24		21:45	射手
02/27		04:31	山羊
03/01		14:14	水瓶
03/04		01:46	魚
03/05	●	-	魚
03/06		14:14	牡羊
03/09		02:52	牡牛
03/11		14:31	双子
03/13		23:29	蟹
03/16		04:33	獅子
03/18		05:53	乙女
03/20	○	05:03	天秤
03/22		04:16	蠍
03/24		05:45	射手
03/26		10:57	山羊
03/28		20:00	水瓶
03/31		07:38	魚
04/02		20:16	牡羊
04/03	●	-	牡羊
04/05		08:46	牡牛
04/07		20:21	双子
04/10		06:01	蟹
04/12		12:37	獅子
04/14		15:40	乙女
04/16		15:59	天秤
04/18	○	15:19	蠍
04/20		15:49	射手
04/22		19:24	山羊
04/25		02:59	水瓶
04/27		13:57	魚
04/30		02:33	牡羊
05/02		14:58	牡牛
05/03	●	-	牡牛
05/05		02:09	双子
05/07		11:31	蟹
05/09		18:35	獅子
05/11		22:59	乙女
05/14		00:56	天秤
05/16		01:31	蠍
05/17	○	-	蠍
05/18		02:22	射手
05/20		05:16	山羊
05/22		11:31	水瓶
05/24		21:23	魚
05/27		09:36	牡羊
05/29		22:02	牡牛
06/01		08:56	双子
06/02	●	-	双子
06/03		17:36	蟹
06/06		00:03	獅子

10/09		04:52	蠍
10/11		07:09	射手
10/13		13:17	山羊
10/15		23:24	水瓶
10/18		11:51	魚
10/21		00:23	牡羊
10/23	○	11:29	牡牛
10/25		20:47	双子
10/28		04:14	蟹
10/30		09:38	獅子
11/01		12:51	乙女
11/03		14:19	天秤
11/05		15:15	蠍
11/06	●	-	蠍
11/07		17:27	射手
11/09		22:36	山羊
11/12		07:32	水瓶
11/14		19:24	魚
11/17		07:58	牡羊
11/19		19:04	牡牛
11/22	○	03:46	双子
11/24		10:14	蟹
11/26		15:01	獅子
11/28		18:33	乙女
11/30		21:15	天秤
12/02		23:43	蠍
12/05		02:59	射手
12/06	●	-	射手
12/07		08:16	山羊
12/09		16:30	水瓶
12/12		03:40	魚
12/14		16:14	牡羊
12/17		03:49	牡牛
12/19		12:37	双子
12/21	○	18:22	蟹
12/23		21:50	獅子
12/26		00:14	乙女
12/28		02:38	天秤
12/30		05:49	蠍
2011年			
01/01		10:21	射手
01/03		16:38	山羊
01/04	●	-	山羊
01/06		01:07	水瓶
01/08		11:57	魚
01/11		00:23	牡羊
01/13		12:37	牡牛
01/15		22:23	双子
01/18		04:29	蟹
01/20	○	07:16	獅子
01/22		08:10	乙女
01/24		08:59	天秤
01/26		11:15	蠍
01/28		15:55	射手
01/30		23:04	山羊
02/02		08:21	水瓶
02/03	●	-	水瓶
02/04		19:24	魚

06/11		07:11	双子
06/12	●	-	双子
06/13		10:50	蟹
06/15		12:54	獅子
06/17		14:41	乙女
06/19		17:13	天秤
06/21		21:13	蠍
06/24		03:10	射手
06/26	○	11:21	山羊
06/28		21:52	水瓶
07/01		10:09	魚
07/03		22:44	牡羊
07/06		09:29	牡牛
07/08		16:51	双子
07/10		20:38	蟹
07/12	●	21:53	獅子
07/14		22:15	乙女
07/16		23:24	天秤
07/19		02:42	蠍
07/21		08:48	射手
07/23		17:39	山羊
07/26	○	04:38	水瓶
07/28		17:00	魚
07/31		05:41	牡羊
08/02		17:13	牡牛
08/05		01:54	双子
08/07		06:50	蟹
08/09		08:23	獅子
08/10	●	-	獅子
08/11		08:01	乙女
08/13		07:42	天秤
08/15		09:26	蠍
08/17		14:34	射手
08/19		23:17	山羊
08/22		10:37	水瓶
08/24		23:11	魚
08/25	○	-	魚
08/27		11:49	牡羊
08/29		23:35	牡牛
09/01		09:19	双子
09/03		15:50	蟹
09/05		18:45	獅子
09/07		18:53	乙女
09/08	●	-	乙女
09/09		18:01	天秤
09/11		18:21	蠍
09/13		21:52	射手
09/16		05:30	山羊
09/18		16:34	水瓶
09/21		05:15	魚
09/23	○	17:47	牡羊
09/26		05:16	牡牛
09/28		15:10	双子
09/30		22:45	蟹
10/03		03:21	獅子
10/05		05:00	乙女
10/07		04:51	天秤
10/08	●	-	天秤

02/07		09:03	射手
02/09		19:43	山羊
02/12		08:24	水瓶
02/14	●	21:23	魚
02/17		09:30	牡羊
02/19		19:55	牡牛
02/22		03:47	双子
02/24		08:28	蟹
02/26		10:08	獅子
02/28		09:52	乙女
03/01	○	-	乙女
03/02		09:31	天秤
03/04		11:11	蠍
03/06		16:36	射手
03/09		02:13	山羊
03/11		14:42	水瓶
03/14		03:43	魚
03/16	●	15:32	牡羊
03/19		01:29	牡牛
03/21		09:28	双子
03/23		15:16	蟹
03/25		18:39	獅子
03/27		19:57	乙女
03/29		20:21	天秤
03/30	○	-	天秤
03/31		21:41	蠍
04/03		01:52	射手
04/05		10:07	山羊
04/07		21:51	水瓶
04/10		10:47	魚
04/12		22:31	牡羊
04/14	●	-	牡羊
04/15		07:55	牡牛
04/17		15:08	双子
04/19		20:39	蟹
04/22		00:42	獅子
04/24		03:24	乙女
04/26		05:16	天秤
04/28	○	07:28	蠍
04/30		11:36	射手
05/02		19:00	山羊
05/05		05:51	水瓶
05/07		18:34	魚
05/10		06:29	牡羊
05/12		15:48	牡牛
05/14	●	22:18	双子
05/17		02:45	蟹
05/19		06:06	獅子
05/21		08:58	乙女
05/23		11:50	天秤
05/25		15:17	蠍
05/27		20:15	射手
05/28	○	-	射手
05/30		03:44	山羊
06/01		14:08	水瓶
06/04		02:33	魚
06/06		14:49	牡羊
06/09		00:41	牡牛

06/05		21:31	山羊
06/07		23:17	水瓶
06/10		04:22	魚
06/12		13:21	牡羊
06/15		01:21	牡牛
06/17		14:24	双子
06/20	●	02:34	蟹
06/22		12:47	獅子
06/24		20:42	乙女
06/27		02:15	天秤
06/29		05:32	蠍
07/01		07:03	射手
07/03		07:51	山羊
07/04	○	-	山羊
07/05		09:26	水瓶
07/07		13:29	魚
07/09		21:14	牡羊
07/12		08:30	牡牛
07/14		21:26	双子
07/17		09:31	蟹
07/19	●	19:13	獅子
07/22		02:24	乙女
07/24		07:38	天秤
07/26		11:29	蠍
07/28		14:18	射手
07/30		16:29	山羊
08/01		18:56	水瓶
08/02	○	-	水瓶
08/03		22:58	魚
08/06		05:58	牡羊
08/08		16:28	牡牛
08/11		05:11	双子
08/13		17:27	蟹
08/16		03:04	獅子
08/18	●	09:33	乙女
08/20		13:45	天秤
08/22		16:54	蠍
08/24		19:50	射手
08/26		22:58	山羊
08/29		02:38	水瓶
08/31	○	07:31	魚
09/02		14:37	牡羊
09/05		00:41	牡牛
09/07		13:09	双子
09/10		01:49	蟹
09/12		12:00	獅子
09/14		18:30	乙女
09/16	●	21:55	天秤
09/18		23:46	蠍
09/21		01:34	射手
09/23		04:20	山羊
09/25		08:32	水瓶
09/27		14:23	魚
09/29		22:14	牡羊
09/30	○	-	牡羊
10/02		08:26	牡牛
10/04		20:46	双子
10/07		09:45	蟹

02/06		22:23	獅子
02/08	○	-	獅子
02/09		02:32	乙女
02/11		04:54	天秤
02/13		07:01	蠍
02/15		09:56	射手
02/17		14:03	山羊
02/19		19:28	水瓶
02/22	●	02:31	魚
02/24		11:48	牡羊
02/26		23:29	牡牛
02/29		12:27	双子
03/03		00:08	蟹
03/05		08:17	獅子
03/07		12:27	乙女
03/08	○	-	乙女
03/09		13:50	天秤
03/11		14:24	蠍
03/13		15:53	射手
03/15		19:24	山羊
03/18		01:11	水瓶
03/20		09:05	魚
03/22	●	18:57	牡羊
03/25		06:43	牡牛
03/27		19:43	双子
03/30		08:07	蟹
04/01		17:35	獅子
04/03		22:53	乙女
04/06		00:32	天秤
04/07	○	-	天秤
04/08		00:17	蠍
04/10		00:12	射手
04/12		02:01	山羊
04/14		06:48	水瓶
04/16		14:38	魚
04/19		00:59	牡羊
04/21	●	13:05	牡牛
04/24		02:05	双子
04/26		14:42	蟹
04/29		01:10	獅子
05/01		08:02	乙女
05/03		11:04	天秤
05/05		11:19	蠍
05/06	○	-	蠍
05/07		10:39	射手
05/09		11:00	山羊
05/11		14:02	水瓶
05/13		20:42	魚
05/16		06:45	牡羊
05/18		19:03	牡牛
05/21	●	08:05	双子
05/23		20:31	蟹
05/26		07:11	獅子
05/28		15:06	乙女
05/30		19:46	天秤
06/01		21:31	蠍
06/03		21:32	射手
06/04	○	-	射手

10/10		21:57	牡羊
10/12	○	-	牡羊
10/13		10:35	牡牛
10/15		23:15	双子
10/18		10:38	蟹
10/20		19:06	獅子
10/22		23:40	乙女
10/25		00:49	天秤
10/27	●	00:08	蠍
10/28		23:45	射手
10/31		01:39	山羊
11/02		07:08	水瓶
11/04		16:18	魚
11/07		04:02	牡羊
11/09		16:45	牡牛
11/11	○	-	牡牛
11/12		05:10	双子
11/14		16:19	蟹
11/17		01:17	獅子
11/19		07:18	乙女
11/21		10:16	天秤
11/23		10:58	蠍
11/25	●	10:57	射手
11/27		12:04	山羊
11/29		16:01	水瓶
12/01		23:45	魚
12/04		10:51	牡羊
12/06		23:34	牡牛
12/09		11:52	双子
12/10	○	-	双子
12/11		22:26	蟹
12/14		06:48	獅子
12/16		12:58	乙女
12/18		17:06	天秤
12/20		19:33	蠍
12/22		21:02	射手
12/24		22:47	山羊
12/25	●	-	山羊
12/27		02:14	水瓶
12/29		08:45	魚
12/31		18:48	牡羊
2012年★			
01/03		07:16	牡牛
01/05		19:44	双子
01/08		06:05	蟹
01/09	○	-	蟹
01/10		13:35	獅子
01/12		18:44	乙女
01/14		22:28	天秤
01/17		01:33	蠍
01/19		04:29	射手
01/21		07:40	山羊
01/23	●	11:53	水瓶
01/25		18:11	魚
01/28		03:28	牡羊
01/30		15:28	牡牛
02/02		04:14	双子
02/04		15:04	蟹

06/08		04:33	乙女
06/10		07:30	天秤
06/12		09:33	蠍
06/14		11:38	射手
06/16	○	14:59	山羊
06/18		20:47	水瓶
06/21		05:45	魚
06/23		17:24	牡羊
06/26		05:52	牡牛
06/28		16:56	双子
07/01	●	01:13	蟹
07/03		06:42	獅子
07/05		10:15	乙女
07/07		12:54	天秤
07/09		15:31	蠍
07/11		18:47	射手
07/13		23:13	山羊
07/15	○	-	山羊
07/16		05:30	水瓶
07/18		14:13	魚
07/21		01:25	牡羊
07/23		13:58	牡牛
07/26		01:34	双子
07/28		10:11	蟹
07/30		15:16	獅子
07/31	●	-	獅子
08/01		17:41	乙女
08/03		19:04	天秤
08/05		20:57	蠍
08/08		00:21	射手
08/10		05:37	山羊
08/12		12:47	水瓶
08/14	○	21:54	魚
08/17		09:01	牡羊
08/19		21:36	牡牛
08/22		09:53	双子
08/24		19:31	蟹
08/27		01:09	獅子
08/29	●	03:13	乙女
08/31		03:25	天秤
09/02		03:48	蠍
09/04		06:03	射手
09/06		11:03	山羊
09/08		18:42	水瓶
09/11		04:26	魚
09/12	○	-	魚
09/13		15:49	牡羊
09/16		04:25	牡牛
09/18		17:06	双子
09/21		03:53	蟹
09/23		10:55	獅子
09/25		13:49	乙女
09/27	●	13:50	天秤
09/29		13:05	蠍
10/01		13:41	射手
10/03		17:15	山羊
10/06		00:18	水瓶
10/08		10:13	魚

10/05	●	-	天秤
10/06		17:32	蠍
10/08		21:21	射手
10/11		00:17	山羊
10/13		03:00	水瓶
10/15		06:05	魚
10/17		10:17	牡羊
10/19	○	16:26	牡牛
10/22		01:14	双子
10/24		12:36	蟹
10/27		01:11	獅子
10/29		12:44	乙女
10/31		21:21	天秤
11/03	●	02:35	蠍
11/05		05:14	射手
11/07		06:44	山羊
11/09		08:29	水瓶
11/11		11:36	魚
11/13		16:39	牡羊
11/15		23:49	牡牛
11/18	○	09:07	双子
11/20		20:23	蟹
11/23		08:56	獅子
11/25		21:10	乙女
11/28		06:59	天秤
11/30		13:03	蠍
12/02		15:31	射手
12/03	●	-	射手
12/04		15:49	山羊
12/06		15:53	水瓶
12/08		17:34	魚
12/10		22:05	牡羊
12/13		05:40	牡牛
12/15		15:40	双子
12/17	○	-	双子
12/18		03:17	蟹
12/20		15:47	獅子
12/23		04:19	乙女
12/25		15:17	天秤
12/27		22:58	蠍
12/30		02:37	射手
2014年			
01/01	●	03:01	山羊
01/03		02:03	水瓶
01/05		01:58	魚
01/07		04:45	牡羊
01/09		11:24	牡牛
01/11		21:26	双子
01/14		09:25	蟹
01/16	○	22:00	獅子
01/19		10:23	乙女
01/21		21:43	天秤
01/24		06:43	蠍
01/26		12:12	射手
01/28		14:04	山羊
01/30		13:33	水瓶
01/31	●	-	水瓶
02/01		12:44	魚

06/07		12:32	双子
06/09	●	-	双子
06/10		01:16	蟹
06/12		13:58	獅子
06/15		01:26	乙女
06/17		10:18	天秤
06/19		15:38	蠍
06/21		17:31	射手
06/23	○	17:08	山羊
06/25		16:26	水瓶
06/27		17:32	魚
06/29		22:06	牡羊
07/02		06:43	牡牛
07/04		18:21	双子
07/07		07:13	蟹
07/08	●	-	蟹
07/09		19:48	獅子
07/12		07:12	乙女
07/14		16:40	天秤
07/16		23:24	蠍
07/19		02:54	射手
07/21		03:39	山羊
07/23	○	03:07	水瓶
07/25		03:22	魚
07/27		06:29	牡羊
07/29		13:43	牡牛
08/01		00:42	双子
08/03		13:29	蟹
08/06		01:57	獅子
08/07	●	-	獅子
08/08		12:57	乙女
08/10		22:08	天秤
08/13		05:17	蠍
08/15		10:04	射手
08/17		12:25	山羊
08/19		13:06	水瓶
08/21	○	13:43	魚
08/23		16:13	牡羊
08/25		22:13	牡牛
08/28		08:08	双子
08/30		20:32	蟹
09/02		09:00	獅子
09/04		19:43	乙女
09/05	●	-	乙女
09/07		04:12	天秤
09/09		10:44	蠍
09/11		15:35	射手
09/13		18:56	山羊
09/15		21:05	水瓶
09/17		22:58	魚
09/19	○	-	魚
09/20		01:57	牡羊
09/22		07:33	牡牛
09/24		16:34	双子
09/27		04:24	蟹
09/29		16:57	獅子
10/02		03:51	乙女
10/04		11:59	天秤

02/07		02:55	山羊
02/09		04:16	水瓶
02/10	●	-	水瓶
02/11		06:19	魚
02/13		10:51	牡羊
02/15		19:08	牡牛
02/18		06:50	双子
02/20		19:45	蟹
02/23		07:12	獅子
02/25		15:52	乙女
02/26	○	-	乙女
02/27		22:02	天秤
03/02		02:33	蠍
03/04		06:10	射手
03/06		09:13	山羊
03/08		12:01	水瓶
03/10		15:18	魚
03/12	●	20:17	牡羊
03/15		04:08	牡牛
03/17		15:09	双子
03/20		03:55	蟹
03/22		15:50	獅子
03/25		00:49	乙女
03/27	○	06:31	天秤
03/29		09:53	蠍
03/31		12:13	射手
04/02		14:35	山羊
04/04		17:41	水瓶
04/06		22:00	魚
04/09		04:02	牡羊
04/10	●	-	牡羊
04/11		12:22	牡牛
04/13		23:12	双子
04/16		11:49	蟹
04/19		00:13	獅子
04/21		10:08	乙女
04/23		16:24	天秤
04/25		19:25	蠍
04/26	○	-	蠍
04/27		20:32	射手
04/29		21:21	山羊
05/01		23:19	水瓶
05/04		03:25	魚
05/06		10:03	牡羊
05/08		19:09	牡牛
05/10	●	-	牡牛
05/11		06:21	双子
05/13		18:56	蟹
05/16		07:37	獅子
05/18		18:33	乙女
05/21		02:07	天秤
05/23		05:55	蠍
05/25	○	06:49	射手
05/27		06:28	山羊
05/29		06:48	水瓶
05/31		09:30	魚
06/02		15:33	牡羊
06/05		00:53	牡牛

10/09		20:55	獅子
10/12		04:23	乙女
10/14		08:02	天秤
10/15	●	-	天秤
10/16		09:06	蠍
10/18		09:26	射手
10/20		10:41	山羊
10/22		14:02	水瓶
10/24		20:00	魚
10/27		04:31	牡羊
10/29		15:15	牡牛
10/30	○	-	牡牛
11/01		03:40	双子
11/03		16:43	蟹
11/06		04:39	獅子
11/08		13:35	乙女
11/10		18:35	天秤
11/12		20:10	蠍
11/14	●	19:52	射手
11/16		19:35	山羊
11/18		21:10	水瓶
11/21		01:55	魚
11/23		10:11	牡羊
11/25		21:18	牡牛
11/28	○	09:58	双子
11/30		22:55	蟹
12/03		10:57	獅子
12/05		20:51	乙女
12/08		03:35	天秤
12/10		06:50	蠍
12/12		07:21	射手
12/13	●	-	射手
12/14		06:42	山羊
12/16		06:53	水瓶
12/18		09:48	魚
12/20		16:43	牡羊
12/23		03:25	牡牛
12/25		16:13	双子
12/28	○	05:06	蟹
12/30		16:45	獅子
2013年			
01/02		02:35	乙女
01/04		10:10	天秤
01/06		15:09	蠍
01/08		17:28	射手
01/10		17:54	山羊
01/12	●	18:01	水瓶
01/14		19:49	魚
01/17		01:07	牡羊
01/19		10:36	牡牛
01/21		23:04	双子
01/24		12:00	蟹
01/26		23:20	獅子
01/27	○	-	獅子
01/29		08:27	乙女
01/31		15:35	天秤
02/02		21:01	蠍
02/05		00:45	射手

02/03		02:41	獅子
02/04	○	-	獅子
02/05		14:46	乙女
02/08		03:43	天秤
02/10		16:05	蠍
02/13		01:46	射手
02/15		07:24	山羊
02/17		09:13	水瓶
02/19	●	08:47	魚
02/21		08:13	牡羊
02/23		09:28	牡牛
02/25		13:54	双子
02/27		21:49	蟹
03/02		08:34	獅子
03/04		20:57	乙女
03/06	○	-	乙女
03/07		09:52	天秤
03/09		22:10	蠍
03/12		08:30	射手
03/14		15:39	山羊
03/16		19:14	水瓶
03/18		19:58	魚
03/20	●	19:28	牡羊
03/22		19:40	牡牛
03/24		22:22	双子
03/27		04:45	蟹
03/29		14:48	獅子
04/01		03:12	乙女
04/03		16:07	天秤
04/04	○	-	天秤
04/06		04:04	蠍
04/08		14:08	射手
04/10		21:47	山羊
04/13		02:44	水瓶
04/15		05:12	魚
04/17		06:00	牡羊
04/19	●	06:31	牡牛
04/21		08:28	双子
04/23		13:25	蟹
04/25		22:12	獅子
04/28		10:07	乙女
04/30		23:03	天秤
05/03		10:47	蠍
05/04	○	-	蠍
05/05		20:12	射手
05/08		03:16	山羊
05/10		08:22	水瓶
05/12		11:53	魚
05/14		14:13	牡羊
05/16		16:02	牡牛
05/18	●	18:27	双子
05/20		22:56	蟹
05/23		06:42	獅子
05/25		17:51	乙女
05/28		06:42	天秤
05/30		18:34	蠍
06/02		03:39	射手
06/03	○	-	射手
10/05		18:24	魚
10/07		19:07	牡羊
10/08	○	-	牡羊
10/09		20:44	牡牛
10/12		00:51	双子
10/14		08:30	蟹
10/16		19:29	獅子
10/19		08:08	乙女
10/21		20:11	天秤
10/24	●	06:09	蠍
10/26		13:40	射手
10/28		19:03	山羊
10/30		22:52	水瓶
11/02		01:36	魚
11/04		03:53	牡羊
11/06		06:33	牡牛
11/07	○	-	牡牛
11/08		10:44	双子
11/10		17:38	蟹
11/13		03:44	獅子
11/15		16:08	乙女
11/18		04:30	天秤
11/20		14:31	蠍
11/22	●	21:19	射手
11/25		01:31	山羊
11/27		04:23	水瓶
11/29		07:03	魚
12/01		10:14	牡羊
12/03		14:15	牡牛
12/05		19:28	双子
12/06	○	-	双子
12/08		02:34	蟹
12/10		12:14	獅子
12/13		00:19	乙女
12/15		13:04	天秤
12/17		23:51	蠍
12/20		06:55	射手
12/22	●	10:25	山羊
12/24		11:52	水瓶
12/26		13:07	魚
12/28		15:35	牡羊
12/30		19:56	牡牛

2015年

01/02		02:09	双子
01/04		10:07	蟹
01/05	○	-	蟹
01/06		20:02	獅子
01/09		07:58	乙女
01/11		20:56	天秤
01/14		08:44	蠍
01/16		17:01	射手
01/18		21:04	山羊
01/20	●	21:59	水瓶
01/22		21:48	魚
01/24		22:31	牡羊
01/27		01:37	牡牛
01/29		07:36	双子
01/31		16:08	蟹
06/04		23:20	乙女
06/07		11:01	天秤
06/09		19:38	蠍
06/12		00:23	射手
06/13	○	-	射手
06/14		02:04	山羊
06/16		02:27	水瓶
06/18		03:25	魚
06/20		06:26	牡羊
06/22		12:03	牡牛
06/24		20:05	双子
06/27	●	06:05	蟹
06/29		17:42	獅子
07/02		06:23	乙女
07/04		18:43	天秤
07/07		04:33	蠍
07/09		10:24	射手
07/11		12:24	山羊
07/12	○	-	山羊
07/13		12:06	水瓶
07/15		11:40	魚
07/17		13:07	牡羊
07/19		17:42	牡牛
07/22		01:36	双子
07/24		11:59	蟹
07/26		23:54	獅子
07/27	●	-	獅子
07/29		12:37	乙女
08/01		01:09	天秤
08/03		11:57	蠍
08/05		19:18	射手
08/07		22:38	山羊
08/09		22:52	水瓶
08/11	○	21:55	魚
08/13		22:00	牡羊
08/16		00:58	牡牛
08/18		07:41	双子
08/20		17:45	蟹
08/23		05:49	獅子
08/25	●	18:32	乙女
08/28		06:54	天秤
08/30		17:53	蠍
09/02		02:17	射手
09/04		07:15	山羊
09/06		08:59	水瓶
09/08		08:46	魚
09/09	○	-	魚
09/10		08:33	牡羊
09/12		10:17	牡牛
09/14		15:26	双子
09/17		00:24	蟹
09/19		12:10	獅子
09/22		00:54	乙女
09/24	●	12:59	天秤
09/26		23:29	蠍
09/29		07:50	射手
10/01		13:41	山羊
10/03		17:00	水瓶
02/03		13:54	牡羊
02/05		18:46	牡牛
02/08		03:44	双子
02/10		15:33	蟹
02/13		04:15	獅子
02/15	○	16:25	乙女
02/18		03:22	天秤
02/20		12:33	蠍
02/22		19:11	射手
02/24		22:50	山羊
02/26		23:55	水瓶
02/28		23:52	魚
03/01	●	-	魚
03/03		00:40	牡羊
03/05		04:12	牡牛
03/07		11:37	双子
03/09		22:33	蟹
03/12		11:08	獅子
03/14		23:17	乙女
03/17	○	09:46	天秤
03/19		18:13	蠍
03/22		00:39	射手
03/24		05:03	山羊
03/26		07:39	水瓶
03/28		09:10	魚
03/30		10:53	牡羊
03/31	●	-	牡羊
04/01		14:20	牡牛
04/03		20:48	双子
04/06		06:39	蟹
04/08		18:50	獅子
04/11		07:07	乙女
04/13		17:33	天秤
04/15	○	-	天秤
04/16		01:20	蠍
04/18		06:44	射手
04/20		10:28	山羊
04/22		13:18	水瓶
04/24		15:55	魚
04/26		19:00	牡羊
04/28		23:23	牡牛
04/29	●	-	牡牛
05/01		05:55	双子
05/03		15:13	蟹
05/06		02:55	獅子
05/08		15:24	乙女
05/11		02:19	天秤
05/13		10:07	蠍
05/15	○	14:43	射手
05/17		17:12	山羊
05/19		18:58	水瓶
05/21		21:18	魚
05/24		01:01	牡羊
05/26		06:27	牡牛
05/28		13:47	双子
05/29	●	-	双子
05/30		23:13	蟹
06/02		10:43	獅子

05/31		10:09	牡羊
06/02		11:46	牡牛
06/04		12:01	双子
06/05	●	-	双子
06/06		12:41	蟹
06/08		15:47	獅子
06/10		22:45	乙女
06/13		09:33	天秤
06/15		22:18	蠍
06/18		10:34	射手
06/20	○	20:55	山羊
06/23		05:08	水瓶
06/25		11:30	魚
06/27		16:08	牡羊
06/29		19:03	牡牛
07/01		20:44	双子
07/03		22:20	蟹
07/04	●	-	蟹
07/06		01:28	獅子
07/08		07:41	乙女
07/10		17:32	天秤
07/13		05:52	蠍
07/15		18:14	射手
07/18		04:32	山羊
07/20	○	12:10	水瓶
07/22		17:35	魚
07/24		21:33	牡羊
07/27		00:37	牡牛
07/29		03:16	双子
07/31		06:08	蟹
08/02		10:12	獅子
08/03	●	-	獅子
08/04		16:34	乙女
08/07		01:56	天秤
08/09		13:51	蠍
08/12		02:24	射手
08/14		13:11	山羊
08/16		20:52	水瓶
08/18	○	-	水瓶
08/19		01:34	魚
08/21		04:18	牡羊
08/23		06:19	牡牛
08/25		08:40	双子
08/27		12:06	蟹
08/29		17:11	獅子
09/01	●	00:22	乙女
09/03		09:55	天秤
09/05		21:38	蠍
09/08		10:19	射手
09/10		21:54	山羊
09/13		06:28	水瓶
09/15		11:23	魚
09/17	○	13:22	牡羊
09/19		13:58	牡牛
09/21		14:53	双子
09/23		17:33	蟹
09/25		22:48	獅子
09/28		06:43	乙女

01/31		12:50	蠍
02/03		00:49	射手
02/05		09:44	山羊
02/07		14:59	水瓶
02/08	●	-	水瓶
02/09		17:31	魚
02/11		18:54	牡羊
02/13		20:35	牡牛
02/15		23:34	双子
02/18		04:23	蟹
02/20		11:17	獅子
02/22		20:24	乙女
02/23	○	-	乙女
02/25		07:41	天秤
02/27		20:26	蠍
03/01		08:56	射手
03/03		19:01	山羊
03/06		01:22	水瓶
03/08		04:08	魚
03/09	●	-	魚
03/10		04:40	牡羊
03/12		04:43	牡牛
03/14		06:03	双子
03/16		09:56	蟹
03/18		16:54	獅子
03/21		02:39	乙女
03/23	○	14:23	天秤
03/26		03:09	蠍
03/28		15:46	射手
03/31		02:44	山羊
04/02		10:37	水瓶
04/04		14:45	魚
04/06		15:46	牡羊
04/07	●	-	牡羊
04/08		15:10	牡牛
04/10		14:58	双子
04/12		17:06	蟹
04/14		22:53	獅子
04/17		08:22	乙女
04/19		20:24	天秤
04/22	○	09:17	蠍
04/24		21:46	射手
04/27		08:54	山羊
04/29		17:47	水瓶
05/01		23:33	魚
05/04		02:04	牡羊
05/06		02:10	牡牛
05/07	●	-	牡牛
05/08		01:34	双子
05/10		02:23	蟹
05/12		06:32	獅子
05/14		14:51	乙女
05/17		02:32	天秤
05/19		15:29	蠍
05/22	○	03:48	射手
05/24		14:34	山羊
05/26		23:27	水瓶
05/29		06:06	魚

10/02		05:03	双子
10/04		09:22	蟹
10/06		17:30	獅子
10/09		04:50	乙女
10/11		17:45	天秤
10/13	●	-	天秤
10/14		06:38	蠍
10/16		18:18	射手
10/19		03:52	山羊
10/21		10:37	水瓶
10/23		14:17	魚
10/25		15:21	牡羊
10/27	○	15:07	牡牛
10/29		15:24	双子
10/31		18:09	蟹
11/03		00:47	獅子
11/05		11:22	乙女
11/08		00:14	天秤
11/10		13:02	蠍
11/12	●	-	蠍
11/13		00:14	射手
11/15		09:21	山羊
11/17		16:24	水瓶
11/19		21:21	魚
11/22		00:12	牡羊
11/24		01:26	牡牛
11/26	○	02:15	双子
11/28		04:26	蟹
11/30		09:47	獅子
12/02		19:09	乙女
12/05		07:33	天秤
12/07		20:25	蠍
12/10		07:25	射手
12/11	●	-	射手
12/12		15:46	山羊
12/14		21:58	水瓶
12/17		02:44	魚
12/19		06:26	牡羊
12/21		09:13	牡牛
12/23		11:31	双子
12/25	○	14:26	蟹
12/27		19:31	獅子
12/30		03:58	乙女

2016年★

01/01		15:40	天秤
01/04		04:36	蠍
01/06		15:56	射手
01/09		00:07	山羊
01/10	●	-	山羊
01/11		05:22	水瓶
01/13		08:53	魚
01/15		11:48	牡羊
01/17		14:48	牡牛
01/19		18:13	双子
01/21		22:28	蟹
01/24	○	04:21	獅子
01/26		12:46	乙女
01/28		23:59	天秤

06/04		09:50	山羊
06/06		14:02	水瓶
06/08		17:16	魚
06/10		20:14	牡羊
06/12		23:16	牡牛
06/15		02:51	双子
06/16	●	-	双子
06/17		07:51	蟹
06/19		15:22	獅子
06/22		01:59	乙女
06/24		14:41	天秤
06/27		02:56	蠍
06/29		12:21	射手
07/01		18:11	山羊
07/02	○	-	山羊
07/03		21:21	水瓶
07/05		23:23	魚
07/08		01:37	牡羊
07/10		04:49	牡牛
07/12		09:16	双子
07/14		15:14	蟹
07/16	●	23:15	獅子
07/19		09:47	乙女
07/21		22:23	天秤
07/24		11:07	蠍
07/26		21:24	射手
07/29		03:47	山羊
07/31	○	06:40	水瓶
08/02		07:36	魚
08/04		08:24	牡羊
08/06		10:29	牡牛
08/08		14:40	双子
08/10		21:08	蟹
08/13		05:52	獅子
08/14	●	-	獅子
08/15		16:45	乙女
08/18		05:22	天秤
08/20		18:24	蠍
08/23		05:41	射手
08/25		13:22	山羊
08/27		17:03	水瓶
08/29		17:51	魚
08/30	○	-	魚
08/31		17:33	牡羊
09/02		18:02	牡牛
09/04		20:48	双子
09/07		02:40	蟹
09/09		11:36	獅子
09/11		22:55	乙女
09/13	●	-	乙女
09/14		11:41	天秤
09/17		00:43	蠍
09/19		12:31	射手
09/21		21:32	山羊
09/24		02:51	水瓶
09/26		04:43	魚
09/28	○	04:29	牡羊
09/30		03:57	牡牛

09/30		16:52	天秤
10/01	●	-	天秤
10/03		04:42	蠍
10/05		17:26	射手
10/08		05:40	山羊
10/10		15:33	水瓶
10/12		21:43	魚
10/15		00:08	牡羊
10/16	○	-	牡羊
10/17		00:04	牡牛
10/18		23:30	双子
10/21		00:28	蟹
10/23		04:34	獅子
10/25		12:16	乙女
10/27		22:51	天秤
10/30		11:01	蠍
10/31	●	-	蠍
11/01		23:43	射手
11/04		12:05	山羊
11/06		22:55	水瓶
11/09		06:45	魚
11/11		10:44	牡羊
11/13		11:23	牡牛
11/14	○	-	牡牛
11/15		10:23	双子
11/17		09:57	蟹
11/19		12:14	獅子
11/21		18:34	乙女
11/24		04:42	天秤
11/26		17:01	蠍
11/29	●	05:46	射手
12/01		17:52	山羊
12/04		04:44	水瓶
12/06		13:31	魚
12/08		19:15	牡羊
12/10		21:41	牡牛
12/12		21:41	双子
12/14	○	21:08	蟹
12/16		22:15	獅子
12/19		02:52	乙女
12/21		11:39	天秤
12/23		23:32	蠍
12/26		12:19	射手
12/29	●	00:12	山羊
12/31		10:28	水瓶
2017年			
01/02		18:57	魚
01/05		01:19	牡羊
01/07		05:18	牡牛
01/09		07:06	双子
01/11		07:48	蟹
01/12	○	-	蟹
01/13		09:08	獅子
01/15		12:52	乙女
01/17		20:16	天秤
01/20		07:09	蠍
01/22		19:45	射手
01/25		07:43	山羊

01/27		17:36	水瓶
01/28	●	-	水瓶
01/30		01:10	魚
02/01		06:46	牡羊
02/03		10:50	牡牛
02/05		13:44	双子
02/07		16:02	蟹
02/09		18:41	獅子
02/11	○	22:51	乙女
02/14		05:43	天秤
02/16		15:41	蠍
02/19		03:52	射手
02/21		16:08	山羊
02/24		02:17	水瓶
02/26	●	09:24	魚
02/28		13:51	牡羊
03/02		16:42	牡牛
03/04		19:05	双子
03/06		21:54	蟹
03/09		01:45	獅子
03/11		07:07	乙女
03/12	○	-	乙女
03/13		14:28	天秤
03/16		00:10	蠍
03/18		12:00	射手
03/21		00:31	山羊
03/23		11:28	水瓶
03/25		19:06	魚
03/27		23:10	牡羊
03/28	●	-	牡羊
03/30		00:48	牡牛
04/01		01:40	双子
04/03		03:27	蟹
04/05		07:13	獅子
04/07		13:19	乙女
04/09		21:34	天秤
04/11	○	-	天秤
04/12		07:41	蠍
04/14		19:27	射手
04/17		08:04	山羊
04/19		19:51	水瓶
04/22		04:42	魚
04/24		09:32	牡羊
04/26	●	10:56	牡牛
04/28		10:39	双子
04/30		10:48	蟹
05/02		13:12	獅子
05/04		18:46	乙女
05/07		03:20	天秤
05/09		14:00	蠍
05/11	○	-	蠍
05/12		01:59	射手
05/14		14:37	山羊
05/17		02:50	水瓶
05/19		12:52	魚
05/21		19:10	牡羊
05/23		21:33	牡牛
05/25		21:15	双子

05/26	●	-	双子
05/27		20:24	蟹
05/29		21:12	獅子
06/01		01:16	乙女
06/03		09:03	天秤
06/05		19:46	蠍
06/08		07:59	射手
06/09	○	-	射手
06/10		20:36	山羊
06/13		08:44	水瓶
06/15		19:17	魚
06/18		02:55	牡羊
06/20		06:53	牡牛
06/22		07:44	双子
06/24	●	07:06	蟹
06/26		07:06	獅子
06/28		09:41	乙女
06/30		16:02	天秤
07/03		01:59	蠍
07/05		14:08	射手
07/08		02:44	山羊
07/09	○	-	山羊
07/10		14:35	水瓶
07/13		00:51	魚
07/15		08:52	牡羊
07/17		14:04	牡牛
07/19		16:31	双子
07/21		17:09	蟹
07/23	●	17:33	獅子
07/25		19:32	乙女
07/28		00:37	天秤
07/30		09:23	蠍
08/01		21:01	射手
08/04		09:36	山羊
08/06		21:15	水瓶
08/08	○	-	水瓶
08/09		06:56	魚
08/11		14:22	牡羊
08/13		19:40	牡牛
08/15		23:06	双子
08/18		01:13	蟹
08/20		02:54	獅子
08/22	●	05:25	乙女
08/24		10:04	天秤
08/26		17:53	蠍
08/29		04:47	射手
08/31		17:18	山羊
09/03		05:06	水瓶
09/05		14:28	魚
09/06	○	-	魚
09/07		21:01	牡羊
09/10		01:22	牡牛
09/12		04:29	双子
09/14		07:12	蟹
09/16		10:09	獅子
09/18		13:52	乙女
09/20	●	19:06	天秤
09/23		02:40	蠍

09/25		13:01	射手
09/28		01:24	山羊
09/30		13:40	水瓶
10/02		23:26	魚
10/05		05:39	牡羊
10/06	○	-	牡羊
10/07		08:56	牡牛
10/09		10:44	双子
10/11		12:38	蟹
10/13		15:41	獅子
10/15		20:19	乙女
10/18		02:35	天秤
10/20	●	10:41	蠍
10/22		20:56	射手
10/25		09:12	山羊
10/27		21:58	水瓶
10/30		08:46	魚
11/01		15:42	牡羊
11/03		18:46	牡牛
11/04	○	-	牡牛
11/05		19:26	双子
11/07		19:44	蟹
11/09		21:29	獅子
11/12		01:41	乙女
11/14		08:26	天秤
11/16		17:19	蠍
11/18	●	-	蠍
11/19		03:59	射手
11/21		16:14	山羊
11/24		05:14	水瓶
11/26		17:04	魚
11/29		01:30	牡羊
12/01		05:38	牡牛
12/03		06:21	双子
12/04	○	-	双子
12/05		05:37	蟹
12/07		05:37	獅子
12/09		08:08	乙女
12/11		14:01	天秤
12/13		22:58	蠍
12/16		10:07	射手
12/18	●	22:33	山羊
12/21		11:29	水瓶
12/23		23:42	魚
12/26		09:27	牡羊
12/28		15:23	牡牛
12/30		17:31	双子
2018年			
01/01		17:10	蟹
01/02	○	-	蟹
01/03		16:22	獅子
01/05		17:12	乙女
01/07		21:14	天秤
01/10		05:05	蠍
01/12		16:04	射手
01/15		04:42	山羊
01/17	●	17:32	水瓶
01/20		05:26	魚

01/21	○	12:54	獅子
01/23		12:22	乙女
01/25		13:02	天秤
01/27		16:30	蠍
01/29		23:33	射手
02/01		09:47	山羊
02/03		22:03	水瓶
02/05	●	-	水瓶
02/06		11:02	魚
02/08		23:34	牡羊
02/11		10:28	牡牛
02/13		18:32	双子
02/15		23:02	蟹
02/18		00:21	獅子
02/19		23:47	乙女
02/20	○	-	乙女
02/21		23:17	天秤
02/24		00:56	蠍
02/26		06:19	射手
02/28		15:48	山羊
03/03		04:06	水瓶
03/05		17:11	魚
03/07	●	-	魚
03/08		05:27	牡羊
03/10		16:10	牡牛
03/13		00:48	双子
03/15		06:49	蟹
03/17		09:56	獅子
03/19		10:41	乙女
03/21	○	10:28	天秤
03/23		11:16	蠍
03/25		15:06	射手
03/27		23:07	山羊
03/30		10:46	水瓶
04/01		23:48	魚
04/04		11:56	牡羊
04/05	●	-	牡羊
04/06		22:06	牡牛
04/09		06:15	双子
04/11		12:31	蟹
04/13		16:50	獅子
04/15		19:14	乙女
04/17		20:22	天秤
04/19	○	21:40	蠍
04/22		00:59	射手
04/24		07:50	山羊
04/26		18:27	水瓶
04/29		07:11	魚
05/01		19:24	牡羊
05/04		05:18	牡牛
05/05	●	-	牡牛
05/06		12:40	双子
05/08		18:06	蟹
05/10		22:14	獅子
05/13		01:22	乙女
05/15		03:50	天秤
05/17		06:26	蠍
05/19	○	10:21	射手

09/25	○	08:03	牡羊
09/27		16:15	牡牛
09/29		22:26	双子
10/02		03:00	蟹
10/04		06:12	獅子
10/06		08:19	乙女
10/08		10:10	天秤
10/09	●	-	天秤
10/10		13:09	蠍
10/12		18:53	射手
10/15		04:17	山羊
10/17		16:36	水瓶
10/20		05:20	魚
10/22		15:58	牡羊
10/24		23:33	牡牛
10/25	○	-	牡牛
10/27		04:41	双子
10/29		08:27	蟹
10/31		11:42	獅子
11/02		14:47	乙女
11/04		18:01	天秤
11/06		22:02	蠍
11/08	●	-	蠍
11/09		03:59	射手
11/11		12:54	山羊
11/14		00:45	水瓶
11/16		13:41	魚
11/19		00:56	牡羊
11/21		08:43	牡牛
11/23	○	13:10	双子
11/25		15:38	蟹
11/27		17:35	獅子
11/29		20:07	乙女
12/01		23:48	天秤
12/04		04:55	蠍
12/06		11:49	射手
12/07	●	-	射手
12/08		21:01	山羊
12/11		08:39	水瓶
12/13		21:39	魚
12/16		09:44	牡羊
12/18		18:37	牡牛
12/20		23:34	双子
12/23	○	01:28	蟹
12/25		01:58	獅子
12/27		02:50	乙女
12/29		05:23	天秤
12/31		10:23	蠍
2019年			
01/02		17:58	射手
01/05		03:55	山羊
01/06	●	-	山羊
01/07		15:46	水瓶
01/10		04:43	魚
01/12		17:18	牡羊
01/15		03:31	牡牛
01/17		10:00	双子
01/19		12:44	蟹

05/24		15:52	天秤
05/26		22:39	蠍
05/29	○	07:29	射手
05/31		18:26	山羊
06/03		07:06	水瓶
06/05		19:53	魚
06/08		06:25	牡羊
06/10		13:03	牡牛
06/12		15:53	双子
06/14	●	16:20	蟹
06/16		16:20	獅子
06/18		17:40	乙女
06/20		21:29	天秤
06/23		04:10	蠍
06/25		13:29	射手
06/28	○	00:52	山羊
06/30		13:36	水瓶
07/03		02:31	魚
07/05		13:49	牡羊
07/07		21:51	牡牛
07/10		01:58	双子
07/12		02:58	蟹
07/13	●	-	蟹
07/14		02:31	獅子
07/16		02:30	乙女
07/18		04:42	天秤
07/20		10:13	蠍
07/22		19:12	射手
07/25		06:48	山羊
07/27		19:41	水瓶
07/28	○	-	水瓶
07/30		08:28	魚
08/01		19:54	牡羊
08/04		04:51	牡牛
08/06		10:31	双子
08/08		13:01	蟹
08/10		13:17	獅子
08/11	●	-	獅子
08/12		12:59	乙女
08/14		13:57	天秤
08/16		17:54	蠍
08/19		01:45	射手
08/21		13:00	山羊
08/24		01:55	水瓶
08/26	○	14:32	魚
08/29		01:35	牡羊
08/31		10:30	牡牛
09/02		17:01	双子
09/04		21:03	蟹
09/06		22:54	獅子
09/08		23:29	乙女
09/10	●	-	乙女
09/11		00:20	天秤
09/13		03:15	蠍
09/15		09:45	射手
09/17		20:07	山羊
09/20		08:51	水瓶
09/22		21:27	魚

01/22		15:27	牡羊
01/24		22:39	牡牛
01/27		02:39	双子
01/29		03:57	蟹
01/31	○	03:53	獅子
02/02		04:13	乙女
02/04		06:47	天秤
02/06		12:56	蠍
02/08		22:53	射手
02/11		11:21	山羊
02/14		00:11	水瓶
02/16	●	11:41	魚
02/18		21:04	牡羊
02/21		04:11	牡牛
02/23		09:07	双子
02/25		12:06	蟹
02/27		13:41	獅子
03/01		14:57	乙女
03/02	○	-	乙女
03/03		17:20	天秤
03/05		22:23	蠍
03/08		07:03	射手
03/10		18:52	山羊
03/13		07:44	水瓶
03/15		19:12	魚
03/17	●	-	魚
03/18		03:57	牡羊
03/20		10:06	牡牛
03/22		14:30	双子
03/24		17:53	蟹
03/26		20:44	獅子
03/28		23:30	乙女
03/31	○	02:52	天秤
04/02		07:57	蠍
04/04		15:55	射手
04/07		03:01	山羊
04/09		15:50	水瓶
04/12		03:40	魚
04/14		12:25	牡羊
04/16	●	17:51	牡牛
04/18		21:02	双子
04/20		23:26	蟹
04/23		02:09	獅子
04/25		05:40	乙女
04/27		10:13	天秤
04/29		16:11	蠍
04/30	○	-	蠍
05/02		00:19	射手
05/04		11:06	山羊
05/06		23:48	水瓶
05/09		12:10	魚
05/11		21:40	牡羊
05/14		03:15	牡牛
05/15	●	-	牡牛
05/16		05:43	双子
05/18		06:47	蟹
05/20		08:10	獅子
05/22		11:03	乙女

05/13		00:38	水瓶
05/15		10:24	魚
05/17		22:35	牡羊
05/20		11:10	牡牛
05/22		22:36	双子
05/23	●	-	双子
05/25		08:09	蟹
05/27		15:33	獅子
05/29		20:40	乙女
05/31		23:38	天秤
06/03		01:05	蠍
06/05		02:17	射手
06/06	○	-	射手
06/07		04:44	山羊
06/09		09:54	水瓶
06/11		18:31	魚
06/14		06:03	牡羊
06/16		18:35	牡牛
06/19		06:00	双子
06/21	●	15:01	蟹
06/23		21:33	獅子
06/26		02:05	乙女
06/28		05:16	天秤
06/30		07:47	蠍
07/02		10:21	射手
07/04		13:48	山羊
07/05	○	-	山羊
07/06		19:08	水瓶
07/09		03:12	魚
07/11		14:06	牡羊
07/14		02:34	牡牛
07/16		14:19	双子
07/18		23:24	蟹
07/21	●	05:16	獅子
07/23		08:40	乙女
07/25		10:53	天秤
07/27		13:12	蠍
07/29		16:25	射手
07/31		20:58	山羊
08/03		03:11	水瓶
08/04	○	-	水瓶
08/05		11:27	魚
08/07		22:04	牡羊
08/10		10:28	牡牛
08/12		22:46	双子
08/15		08:35	蟹
08/17		14:38	獅子
08/19	●	17:20	乙女
08/21		18:15	天秤
08/23		19:16	蠍
08/25		21:49	射手
08/28		02:37	山羊
08/30		09:37	水瓶
09/01		18:34	魚
09/02	○	-	魚
09/04		05:22	牡羊
09/06		17:43	牡牛
09/09		06:27	双子

01/13		23:06	乙女
01/16		00:43	天秤
01/18		03:20	蠍
01/20		07:41	射手
01/22		14:00	山羊
01/24		22:20	水瓶
01/25	●	-	水瓶
01/27		08:43	魚
01/29		20:50	牡羊
02/01		09:28	牡牛
02/03		20:29	双子
02/06		04:03	蟹
02/08		07:45	獅子
02/09	○	-	獅子
02/10		08:39	乙女
02/12		08:37	天秤
02/14		09:37	蠍
02/16		13:07	射手
02/18		19:36	山羊
02/21		04:42	水瓶
02/23		15:37	魚
02/24	●	-	魚
02/26		03:47	牡羊
02/28		16:29	牡牛
03/02		04:21	双子
03/04		13:25	蟹
03/06		18:27	獅子
03/08		19:47	乙女
03/10	○	19:03	天秤
03/12		18:28	蠍
03/14		20:09	射手
03/17		01:25	山羊
03/19		10:16	水瓶
03/21		21:33	魚
03/24	●	09:58	牡羊
03/26		22:36	牡牛
03/29		10:38	双子
03/31		20:43	蟹
04/03		03:26	獅子
04/05		06:18	乙女
04/07		06:16	天秤
04/08	○	-	天秤
04/09		05:17	蠍
04/11		05:35	射手
04/13		09:05	山羊
04/15		16:37	水瓶
04/18		03:29	魚
04/20		16:00	牡羊
04/23	●	04:36	牡牛
04/25		16:20	双子
04/28		02:28	蟹
04/30		10:06	獅子
05/02		14:35	乙女
05/04		16:09	天秤
05/06		16:05	蠍
05/07	○	-	蠍
05/08		16:15	射手
05/10		18:38	山羊

09/17		19:31	牡牛
09/20		05:57	双子
09/22		13:50	蟹
09/24		18:19	獅子
09/26		19:37	乙女
09/28		19:03	天秤
09/29	●	-	天秤
09/30		18:42	蠍
10/02		20:44	射手
10/05		02:43	山羊
10/07		12:42	水瓶
10/10		01:05	魚
10/12		13:45	牡羊
10/14	○	-	牡羊
10/15		01:24	牡牛
10/17		11:30	双子
10/19		19:42	蟹
10/22		01:28	獅子
10/24		04:29	乙女
10/26		05:20	天秤
10/28	●	05:29	蠍
10/30		06:58	射手
11/01		11:38	山羊
11/03		20:19	水瓶
11/06		08:08	魚
11/08		20:48	牡羊
11/11		08:18	牡牛
11/12	○	-	牡牛
11/13		17:45	双子
11/16		01:15	蟹
11/18		06:57	獅子
11/20		10:54	乙女
11/22		13:19	天秤
11/24		14:58	蠍
11/26		17:11	射手
11/27	●	-	射手
11/28		21:32	山羊
12/01		05:13	水瓶
12/03		16:10	魚
12/06		04:44	牡羊
12/08		16:29	牡牛
12/11		01:47	双子
12/12	○	-	双子
12/13		08:23	蟹
12/15		12:56	獅子
12/17		16:16	乙女
12/19		19:04	天秤
12/21		21:57	蠍
12/24		01:34	射手
12/26	●	06:45	山羊
12/28		14:20	水瓶
12/31		00:41	魚

2020年★

01/02		13:00	牡羊
01/05		01:15	牡牛
01/07		11:11	双子
01/09		17:43	蟹
01/11	○	21:16	獅子

05/21		16:56	山羊
05/24		02:49	水瓶
05/26		15:07	魚
05/29		03:31	牡羊
05/31		13:43	牡牛
06/02		20:48	双子
06/03	●	-	双子
06/05		01:17	蟹
06/07		04:15	獅子
06/09		06:45	乙女
06/11		09:29	天秤
06/13		13:02	蠍
06/15		18:03	射手
06/17	○	-	射手
06/18		01:13	山羊
06/20		11:00	水瓶
06/22		23:01	魚
06/25		11:37	牡羊
06/27		22:32	牡牛
06/30		06:09	双子
07/02		10:23	蟹
07/03	●	-	蟹
07/04		12:19	獅子
07/06		13:25	乙女
07/08		15:07	天秤
07/10		18:28	蠍
07/13		00:05	射手
07/15		08:05	山羊
07/17	○	18:18	水瓶
07/20		06:19	魚
07/22		19:02	牡羊
07/25		06:42	牡牛
07/27		15:29	双子
07/29		20:31	蟹
07/31		22:18	獅子
08/01	●	-	獅子
08/02		22:20	乙女
08/04		22:30	天秤
08/07		00:31	蠍
08/09		05:34	射手
08/11		13:50	山羊
08/14		00:35	水瓶
08/15	○	-	水瓶
08/16		12:49	魚
08/19		01:32	牡羊
08/21		13:37	牡牛
08/23		23:34	双子
08/26		06:05	蟹
08/28		08:53	獅子
08/30	●	08:57	乙女
09/01		08:08	天秤
09/03		08:35	蠍
09/05		12:08	射手
09/07		19:37	山羊
09/10		06:24	水瓶
09/12		18:51	魚
09/14	○	-	魚
09/15		07:32	牡羊

09/11		17:22	蟹
09/14		00:32	獅子
09/16		03:37	乙女
09/17	●	-	乙女
09/18		03:56	天秤
09/20		03:33	蠍
09/22		04:31	射手
09/24		08:16	山羊
09/26		15:08	水瓶
09/29		00:34	魚
10/01		11:47	牡羊
10/02	○	-	牡羊
10/04		00:12	牡牛
10/06		13:02	双子
10/09		00:45	蟹
10/11		09:24	獅子
10/13		13:56	乙女
10/15		14:54	天秤
10/17	●	14:05	蠍
10/19		13:43	射手
10/21		15:43	山羊
10/23		21:17	水瓶
10/26		06:18	魚
10/28		17:44	牡羊
10/31	○	06:19	牡牛
11/02		18:59	双子
11/05		06:45	蟹
11/07		16:18	獅子
11/09		22:30	乙女
11/12		01:09	天秤
11/14		01:19	蠍
11/15	●	-	蠍
11/16		00:47	射手
11/18		01:34	山羊
11/20		05:25	水瓶
11/22		13:06	魚
11/25		00:04	牡羊
11/27		12:43	牡牛
11/30	○	01:16	双子
12/02		12:33	蟹
12/04		21:52	獅子
12/07		04:46	乙女
12/09		09:01	天秤
12/11		10:58	蠍
12/13		11:39	射手
12/15	●	12:35	山羊
12/17		15:27	水瓶
12/19		21:39	魚
12/22		07:32	牡羊
12/24		19:55	牡牛
12/27		08:32	双子
12/29		19:28	蟹
12/30	○	-	蟹
2021年			
01/01		03:58	獅子
01/03		10:12	乙女
01/05		14:42	天秤
01/07		17:53	蠍
01/09		20:15	射手
01/11		22:30	山羊
01/13	●	-	山羊
01/14		01:44	水瓶
01/16		07:17	魚
01/18		16:07	牡羊
01/21		03:56	牡牛
01/23		16:43	双子
01/26		03:51	蟹
01/28		11:54	獅子
01/29	○	-	獅子
01/30		17:02	乙女
02/01		20:25	天秤
02/03		23:14	蠍
02/06		02:16	射手
02/08		05:52	山羊
02/10		10:20	水瓶
02/12	●	16:23	魚
02/15		00:54	牡羊
02/17		12:11	牡牛
02/20		01:03	双子
02/22		12:52	蟹
02/24		21:23	獅子
02/27	○	02:07	乙女
03/01		04:17	天秤
03/03		05:38	蠍
03/05		07:43	射手
03/07		11:20	山羊
03/09		16:41	水瓶
03/11		23:44	魚
03/13	●	-	魚
03/14		08:44	牡羊
03/16		19:56	牡牛
03/19		08:47	双子
03/21		21:17	蟹
03/24		06:56	獅子
03/26		12:25	乙女
03/28		14:22	天秤
03/29	○	-	天秤
03/30		14:33	蠍
04/01		14:58	射手
04/03		17:13	山羊
04/05		22:03	水瓶
04/08		05:30	魚
04/10		15:11	牡羊
04/12	●	-	牡羊
04/13		02:44	牡牛
04/15		15:35	双子
04/18		04:25	蟹
04/20		15:10	獅子
04/22		22:08	乙女
04/25		01:06	天秤
04/27	○	01:18	蠍
04/29		00:42	射手
05/01		01:16	山羊
05/03		04:31	水瓶
05/05		11:08	魚
05/07		20:52	牡羊
05/10		08:46	牡牛
05/12	●	21:43	双子
05/15		10:30	蟹
05/17		21:44	獅子
05/20		05:59	乙女
05/22		10:35	天秤
05/24		12:00	蠍
05/26	○	11:39	射手
05/28		11:23	山羊
05/30		13:04	水瓶
06/01		18:07	魚
06/04		02:58	牡羊
06/06		14:46	牡牛
06/09		03:47	双子
06/10	●	-	双子
06/11		16:22	蟹
06/14		03:22	獅子
06/16		12:02	乙女
06/18		17:53	天秤
06/20		20:58	蠍
06/22		21:55	射手
06/24		22:05	山羊
06/25	○	-	山羊
06/26		23:08	水瓶
06/29		02:51	魚
07/01		10:21	牡羊
07/03		21:28	牡牛
07/06		10:23	双子
07/08		22:51	蟹
07/10	●	-	蟹
07/11		09:20	獅子
07/13		17:30	乙女
07/15		23:31	天秤
07/18		03:38	蠍
07/20		06:07	射手
07/22		07:36	山羊
07/24	○	09:12	水瓶
07/26		12:30	魚
07/28		18:57	牡羊
07/31		05:08	牡牛
08/02		17:46	双子
08/05		06:17	蟹
08/07		16:31	獅子
08/08	●	-	獅子
08/09		23:55	乙女
08/12		05:07	天秤
08/14		09:01	蠍
08/16		12:11	射手
08/18		14:58	山羊
08/20		17:49	水瓶
08/22	○	21:42	魚
08/25		03:57	牡羊
08/27		13:26	牡牛
08/30		01:42	双子
09/01		14:26	蟹
09/04		00:58	獅子
09/06		08:05	乙女
09/07	●	-	乙女
09/08		12:20	天秤
09/10		15:04	蠍
09/12		17:34	射手
09/14		20:34	山羊
09/17		00:23	水瓶
09/19		05:22	魚
09/21	○	12:13	牡羊
09/23		21:38	牡牛
09/26		09:36	双子
09/28		22:34	蟹
10/01		09:53	獅子
10/03		17:37	乙女
10/05		21:41	天秤
10/06	●	-	天秤
10/07		23:22	蠍
10/10		00:24	射手
10/12		02:15	山羊
10/14		05:47	水瓶
10/16		11:21	魚
10/18		19:04	牡羊
10/20	○	-	牡羊
10/21		04:59	牡牛
10/23		16:57	双子
10/26		06:00	蟹
10/28		18:07	獅子
10/31		03:09	乙女
11/02		08:11	天秤
11/04		09:52	蠍
11/05	●	-	蠍
11/06		09:52	射手
11/08		10:03	山羊
11/10		12:03	水瓶
11/12		16:53	魚
11/15		00:48	牡羊
11/17		11:18	牡牛
11/19	○	23:33	双子
11/22		12:33	蟹
11/25		00:58	獅子
11/27		11:11	乙女
11/29		17:55	天秤
12/01		20:55	蠍
12/03		21:12	射手
12/04	●	-	射手
12/05		20:30	山羊
12/07		20:48	水瓶
12/09		23:53	魚
12/12		06:46	牡羊
12/14		17:10	牡牛
12/17		05:42	双子
12/19	○	18:42	蟹
12/22		06:53	獅子
12/24		17:24	乙女
12/27		01:24	天秤
12/29		06:16	蠍
12/31		08:08	射手
2022年			
01/02		08:02	山羊
01/03	●	-	山羊

01/05		23:14	蟹
01/07	○	-	蟹
01/08		11:40	獅子
01/11		00:15	乙女
01/13		11:56	天秤
01/15		21:08	蠍
01/18		02:33	射手
01/20		04:11	山羊
01/22	●	03:28	水瓶
01/24		02:35	魚
01/26		03:48	牡羊
01/28		08:42	牡牛
01/30		17:35	双子
02/02		05:11	蟹
02/04		17:48	獅子
02/06	○	-	獅子
02/07		06:14	乙女
02/09		17:46	天秤
02/12		03:34	蠍
02/14		10:31	射手
02/16		13:59	山羊
02/18		14:34	水瓶
02/20	●	13:56	魚
02/22		14:14	牡羊
02/24		17:29	牡牛
02/27		00:47	双子
03/01		11:40	蟹
03/04		00:15	獅子
03/06		12:38	乙女
03/07	○	-	乙女
03/08		23:44	天秤
03/11		09:05	蠍
03/13		16:20	射手
03/15		21:05	山羊
03/17		23:25	水瓶
03/20		00:12	魚
03/22	●	01:01	牡羊
03/24		03:42	牡牛
03/26		09:41	双子
03/28		19:22	蟹
03/31		07:31	獅子
04/02		19:57	乙女
04/05		06:51	天秤
04/06	○	-	天秤
04/07		15:29	蠍
04/09		21:56	射手
04/12		02:33	山羊
04/14		05:42	水瓶
04/16		07:57	魚
04/18		10:09	牡羊
04/20	●	13:29	牡牛
04/22		19:11	双子
04/25		03:58	蟹
04/27		15:30	獅子
04/30		03:59	乙女
05/02		15:09	天秤
05/04		23:32	蠍
05/06	○	-	蠍
09/07		12:41	水瓶
09/09		13:42	魚
09/10	○	-	魚
09/11		15:47	牡羊
09/13		20:39	牡牛
09/16		05:16	双子
09/18		16:59	蟹
09/21		05:37	獅子
09/23		16:53	乙女
09/26	●	01:42	天秤
09/28		08:14	蠍
09/30		13:03	射手
10/02		16:37	山羊
10/04		19:20	水瓶
10/06		21:47	魚
10/09		00:56	牡羊
10/10	○	-	牡羊
10/11		06:03	牡牛
10/13		14:08	双子
10/16		01:11	蟹
10/18		13:44	獅子
10/21		01:25	乙女
10/23		10:24	天秤
10/25	●	16:18	蠍
10/27		19:54	射手
10/29		22:21	山羊
11/01		00:42	水瓶
11/03		03:46	魚
11/05		08:07	牡羊
11/07		14:14	牡牛
11/08	○	-	牡牛
11/09		22:37	双子
11/12		09:22	蟹
11/14		21:47	獅子
11/17		10:03	乙女
11/19		19:57	天秤
11/22		02:16	蠍
11/24	●	05:15	射手
11/26		06:18	山羊
11/28		07:07	水瓶
11/30		09:15	魚
12/02		13:41	牡羊
12/04		20:38	牡牛
12/07		05:48	双子
12/08	○	-	双子
12/09		16:49	蟹
12/12		05:08	獅子
12/14		17:45	乙女
12/17		04:49	天秤
12/19		12:30	蠍
12/21		16:12	射手
12/23	●	16:49	山羊
12/25		16:13	水瓶
12/27		16:34	魚
12/29		19:36	牡羊
2023年			
01/01		02:08	牡牛
01/03		11:44	双子
05/07		20:49	獅子
05/10		07:53	乙女
05/12		15:34	天秤
05/14		19:34	蠍
05/16	○	20:50	射手
05/18		21:02	山羊
05/20		21:53	水瓶
05/23		00:49	魚
05/25		06:39	牡羊
05/27		15:22	牡牛
05/30	●	02:22	双子
06/01		14:49	蟹
06/04		03:38	獅子
06/06		15:22	乙女
06/09		00:22	天秤
06/11		05:41	蠍
06/13		07:31	射手
06/14	○	-	射手
06/15		07:14	山羊
06/17		06:44	水瓶
06/19		08:01	魚
06/21		12:37	牡羊
06/23		20:58	牡牛
06/26		08:13	双子
06/28		20:53	蟹
06/29	●	-	蟹
07/01		09:39	獅子
07/03		21:31	乙女
07/06		07:24	天秤
07/08		14:15	蠍
07/10		17:34	射手
07/12		18:01	山羊
07/14	○	17:13	水瓶
07/16		17:18	魚
07/18		20:17	牡羊
07/21		03:22	牡牛
07/23		14:10	双子
07/26		02:53	蟹
07/28		15:36	獅子
07/29	●	-	獅子
07/31		03:10	乙女
08/02		13:05	天秤
08/04		20:47	蠍
08/07		01:38	射手
08/09		03:39	山羊
08/11		03:45	水瓶
08/12	○	-	水瓶
08/13		03:44	魚
08/15		05:43	牡羊
08/17		11:22	牡牛
08/19		21:06	双子
08/22		09:29	蟹
08/24		22:09	獅子
08/27	●	09:24	乙女
08/29		18:45	天秤
09/01		02:11	蠍
09/03		07:39	射手
09/05		11:02	山羊
01/04		07:44	水瓶
01/06		09:16	魚
01/08		14:26	牡羊
01/10		23:47	牡牛
01/13		12:08	双子
01/16		01:10	蟹
01/18	○	13:03	獅子
01/20		23:02	乙女
01/23		07:02	天秤
01/25		12:57	蠍
01/27		16:34	射手
01/29		18:09	山羊
01/31		18:42	水瓶
02/01	●	-	水瓶
02/02		19:59	魚
02/04		23:56	牡羊
02/07		07:52	牡牛
02/09		19:26	双子
02/12		08:26	蟹
02/14		20:17	獅子
02/17	○	05:42	乙女
02/19		12:51	天秤
02/21		18:19	蠍
02/23		22:29	射手
02/26		01:27	山羊
02/28		03:35	水瓶
03/02		05:53	魚
03/03	●	-	魚
03/04		09:52	牡羊
03/06		17:00	牡牛
03/09		03:39	双子
03/11		16:24	蟹
03/14		04:31	獅子
03/16		13:58	乙女
03/18	○	20:26	天秤
03/21		00:44	蠍
03/23		03:59	射手
03/25		06:54	山羊
03/27		09:55	水瓶
03/29		13:31	魚
03/31		18:30	牡羊
04/01	●	-	牡羊
04/03		01:50	牡牛
04/05		12:04	双子
04/08		00:30	蟹
04/10		12:59	獅子
04/12		23:07	乙女
04/15		05:46	天秤
04/17	○	09:22	蠍
04/19		11:16	射手
04/21		12:52	山羊
04/23		15:17	水瓶
04/25		19:14	魚
04/28		01:10	牡羊
04/30		09:19	牡牛
05/01	●	-	牡牛
05/02		19:46	双子
05/05		08:05	蟹

05/09		08:20	双子
05/11		12:13	蟹
05/13		19:36	獅子
05/16		06:33	乙女
05/18		19:22	天秤
05/21		07:34	蠍
05/23	○	17:24	射手
05/26		00:36	山羊
05/28		05:44	水瓶
05/30		09:32	魚
06/01		12:28	牡羊
06/03		14:55	牡牛
06/05		17:36	双子
06/06	●	-	双子
06/07		21:41	蟹
06/10		04:29	獅子
06/12		14:38	乙女
06/15		03:12	天秤
06/17		15:38	蠍
06/20		01:31	射手
06/22	○	08:08	山羊
06/24		12:14	水瓶
06/26		15:07	魚
06/28		17:52	牡羊
06/30		21:00	牡牛
07/03		00:50	双子
07/05		05:51	蟹
07/06	●	-	蟹
07/07		12:56	獅子
07/09		22:47	乙女
07/12		11:06	天秤
07/14		23:52	蠍
07/17		10:24	射手
07/19		17:13	山羊
07/21	○	20:43	水瓶
07/23		22:23	魚
07/25		23:52	牡羊
07/28		02:22	牡牛
07/30		06:27	双子
08/01		12:19	蟹
08/03		20:09	獅子
08/04	●	-	獅子
08/06		06:16	乙女
08/08		18:31	天秤
08/11		07:33	蠍
08/13		19:00	射手
08/16		02:51	山羊
08/18		06:44	水瓶
08/20	○	07:51	魚
08/22		08:01	牡羊
08/24		09:00	牡牛
08/26		12:04	双子
08/28		17:47	蟹
08/31		02:09	獅子
09/02		12:48	乙女
09/03	●	-	乙女
09/05		01:11	天秤
09/07		14:18	蠍

01/08		06:08	射手
01/10		10:33	山羊
01/11	●	-	山羊
01/12		12:01	水瓶
01/14		12:29	魚
01/16		13:48	牡羊
01/18		17:12	牡牛
01/20		22:58	双子
01/23		06:51	蟹
01/25		16:36	獅子
01/26	○	-	獅子
01/28		04:11	乙女
01/30		17:04	天秤
02/02		05:37	蠍
02/04		15:28	射手
02/06		21:08	山羊
02/08		22:59	水瓶
02/10	●	22:42	魚
02/12		22:26	牡羊
02/15		00:02	牡牛
02/17		04:39	双子
02/19		12:25	蟹
02/21		22:40	獅子
02/24	○	10:37	乙女
02/26		23:29	天秤
02/29		12:09	蠍
03/02		22:56	射手
03/05		06:15	山羊
03/07		09:38	水瓶
03/09		10:03	魚
03/10	●	-	魚
03/11		09:19	牡羊
03/13		09:28	牡牛
03/15		12:15	双子
03/17		18:40	蟹
03/20		04:32	獅子
03/22		16:41	乙女
03/25	○	05:37	天秤
03/27		18:02	蠍
03/30		04:51	射手
04/01		13:05	山羊
04/03		18:07	水瓶
04/05		20:12	魚
04/07		20:24	牡羊
04/09	●	20:23	牡牛
04/11		21:58	双子
04/14		02:45	蟹
04/16		11:24	獅子
04/18		23:10	乙女
04/21		12:08	天秤
04/24	○	00:20	蠍
04/26		10:37	射手
04/28		18:37	山羊
05/01		00:19	水瓶
05/03		03:51	魚
05/05		05:40	牡羊
05/07		06:42	牡牛
05/08	●	-	牡牛

09/06		05:06	双子
09/08		13:59	蟹
09/11		01:36	獅子
09/13		14:18	乙女
09/15	●	-	乙女
09/16		02:44	天秤
09/18		13:58	蠍
09/20		23:06	射手
09/23		05:20	山羊
09/25		08:29	水瓶
09/27		09:18	魚
09/29	○	09:17	牡羊
10/01		10:18	牡牛
10/03		14:03	双子
10/05		21:32	蟹
10/08		08:24	獅子
10/10		21:01	乙女
10/13		09:22	天秤
10/15	●	20:04	蠍
10/18		04:36	射手
10/20		10:54	山羊
10/22		15:06	水瓶
10/24		17:33	魚
10/26		19:01	牡羊
10/28		20:44	牡牛
10/29	○	-	牡牛
10/31		00:07	双子
11/02		06:30	蟹
11/04		16:21	獅子
11/07		04:39	乙女
11/09		17:08	天秤
11/12		03:39	蠍
11/13	●	-	蠍
11/14		11:23	射手
11/16		16:41	山羊
11/18		20:27	水瓶
11/20		23:29	魚
11/23		02:19	牡羊
11/25		05:28	牡牛
11/27	○	09:40	双子
11/29		15:53	蟹
12/02		01:00	獅子
12/04		12:50	乙女
12/07		01:34	天秤
12/09		12:34	蠍
12/11		20:11	射手
12/13	●	-	射手
12/14		00:31	山羊
12/16		02:56	水瓶
12/18		04:58	魚
12/20		07:46	牡羊
12/22		11:50	牡牛
12/24		17:14	双子
12/27	○	00:15	蟹
12/29		09:23	獅子
2024年★			
01/03		09:47	天秤
01/05		21:39	蠍

05/07		05:04	射手
05/09		08:33	山羊
05/11		11:05	水瓶
05/13		13:39	魚
05/15		16:55	牡羊
05/17		21:27	牡牛
05/20	●	03:48	双子
05/22		12:28	蟹
05/24		23:34	獅子
05/27		12:05	乙女
05/29		23:50	天秤
06/01		08:45	蠍
06/03		14:03	射手
06/04	○	-	射手
06/05		16:31	山羊
06/07		17:41	水瓶
06/09		19:14	魚
06/11		22:20	牡羊
06/14		03:31	牡牛
06/16		10:45	双子
06/18	●	19:57	蟹
06/21		07:04	獅子
06/23		19:35	乙女
06/26		07:57	天秤
06/28		17:55	蠍
06/30		23:59	射手
07/03	○	02:20	山羊
07/05		02:30	水瓶
07/07		02:32	魚
07/09		04:19	牡羊
07/11		08:55	牡牛
07/13		16:26	双子
07/16		02:13	蟹
07/18	●	13:39	獅子
07/21		02:12	乙女
07/23		14:54	天秤
07/26		01:55	蠍
07/28		09:24	射手
07/30		12:44	山羊
08/01		12:58	水瓶
08/02	○	-	水瓶
08/03		12:05	魚
08/05		12:19	牡羊
08/07		15:24	牡牛
08/09		22:05	双子
08/12		07:52	蟹
08/14		19:36	獅子
08/16	●	-	獅子
08/17		08:14	乙女
08/19		20:53	天秤
08/22		08:22	蠍
08/24		17:07	射手
08/26		22:05	山羊
08/28		23:31	水瓶
08/30		22:56	魚
08/31	○	-	魚
09/01		22:25	牡羊
09/03		23:59	牡牛

09/10		02:25	射手
09/12		11:37	山羊
09/14		16:53	水瓶
09/16		18:39	魚
09/18	○	18:24	牡羊
09/20		18:02	牡牛
09/22		19:24	双子
09/24		23:50	蟹
09/27		07:47	獅子
09/29		18:41	乙女
10/02		07:19	天秤
10/03	●	-	天秤
10/04		20:22	蠍
10/07		08:34	射手
10/09		18:38	山羊
10/12		01:31	水瓶
10/14		04:55	魚
10/16		05:34	牡羊
10/17	○	-	牡羊
10/18		04:59	牡牛
10/20		05:07	双子
10/22		07:49	蟹
10/24		14:24	獅子
10/27		00:47	乙女
10/29		13:29	天秤
11/01	●	02:29	蠍
11/03		14:19	射手
11/06		00:17	山羊
11/08		07:57	水瓶
11/10		13:00	魚
11/12		15:25	牡羊
11/14		15:59	牡牛
11/16	○	16:08	双子
11/18		17:50	蟹
11/20		22:51	獅子
11/23		08:01	乙女
11/25		20:19	天秤
11/28		09:20	蠍
11/30		20:53	射手
12/01	●	-	射手
12/03		06:09	山羊
12/05		13:21	水瓶
12/07		18:49	魚
12/09		22:37	牡羊
12/12		00:55	牡牛
12/14		02:21	双子
12/15	○	-	双子
12/16		04:21	蟹
12/18		08:39	獅子
12/20		16:37	乙女
12/23		04:07	天秤
12/25		17:06	蠍
12/28		04:46	射手
12/30		13:37	山羊
12/31	●	-	山羊
2025年			
01/01		19:49	水瓶
01/04		00:21	魚
01/06		04:01	牡羊
01/08		07:11	牡牛
01/10		10:06	双子
01/12		13:24	蟹
01/14	○	18:12	獅子
01/17		01:46	乙女
01/19		12:33	天秤
01/22		01:20	蠍
01/24		13:28	射手
01/26		22:42	山羊
01/29	●	04:31	水瓶
01/31		07:52	魚
02/02		10:10	牡羊
02/04		12:33	牡牛
02/06		15:43	双子
02/08		20:04	蟹
02/11		02:00	獅子
02/12	○	-	獅子
02/13		10:07	乙女
02/15		20:45	天秤
02/18		09:19	蠍
02/20		21:54	射手
02/23		08:08	山羊
02/25		14:39	水瓶
02/27		17:46	魚
02/28	●	-	魚
03/01		18:52	牡羊
03/03		19:36	牡牛
03/05		21:29	双子
03/08		01:29	蟹
03/10		07:59	獅子
03/12		16:55	乙女
03/14	○	-	乙女
03/15		03:59	天秤
03/17		16:30	蠍
03/20		05:17	射手
03/22		16:28	山羊
03/25		00:24	水瓶
03/27		04:31	魚
03/29	●	05:36	牡羊
03/31		05:15	牡牛
04/02		05:25	双子
04/04		07:50	蟹
04/06		13:34	獅子
04/08		22:40	乙女
04/11		10:12	天秤
04/13	○	22:54	蠍
04/16		11:37	射手
04/18		23:12	山羊
04/21		08:21	水瓶
04/23		14:06	魚
04/25		16:24	牡羊
04/27		16:16	牡牛
04/28	●	-	牡牛
04/29		15:34	双子
05/01		16:22	蟹
05/03		20:29	獅子
05/06		04:39	乙女
05/08		16:06	天秤
05/11		04:58	蠍
05/13	○	17:34	射手
05/16		04:57	山羊
05/18		14:29	水瓶
05/20		21:28	魚
05/23		01:25	牡羊
05/25		02:38	牡牛
05/27	●	02:21	双子
05/29		02:32	蟹
05/31		05:16	獅子
06/02		12:00	乙女
06/04		22:38	天秤
06/07		11:22	蠍
06/09		23:55	射手
06/11	○	-	射手
06/12		10:55	山羊
06/14		20:00	水瓶
06/17		03:08	魚
06/19		08:08	牡羊
06/21		10:52	牡牛
06/23		11:57	双子
06/25	●	12:44	蟹
06/27		15:05	獅子
06/29		20:43	乙女
07/02		06:16	天秤
07/04		18:33	蠍
07/07		07:06	射手
07/09		17:54	山羊
07/11	○	-	山羊
07/12		02:21	水瓶
07/14		08:45	魚
07/16		13:32	牡羊
07/18		16:58	牡牛
07/20		19:21	双子
07/22		21:26	蟹
07/25	●	00:28	獅子
07/27		05:55	乙女
07/29		14:43	天秤
08/01		02:25	蠍
08/03		15:00	射手
08/06		02:04	山羊
08/08		10:18	水瓶
08/09	○	-	水瓶
08/10		15:50	魚
08/12		19:33	牡羊
08/14		22:22	牡牛
08/17		01:00	双子
08/19		04:05	蟹
08/21		08:16	獅子
08/23	●	14:24	乙女
08/25		23:08	天秤
08/28		10:27	蠍
08/30		23:04	射手
09/02		10:44	山羊
09/04		19:32	水瓶
09/07		00:54	魚
09/08	○	-	魚
09/09		03:37	牡羊
09/11		05:03	牡牛
09/13		06:38	双子
09/15		09:30	蟹
09/17		14:20	獅子
09/19		21:23	乙女
09/22	●	06:41	天秤
09/24		18:00	蠍
09/27		06:37	射手
09/29		18:55	山羊
10/02		04:51	水瓶
10/04		11:07	魚
10/06		13:48	牡羊
10/07	○	-	牡羊
10/08		14:12	牡牛
10/10		14:12	双子
10/12		15:37	蟹
10/14		19:47	獅子
10/17		03:05	乙女
10/19		13:01	天秤
10/21	●	-	天秤
10/22		00:42	蠍
10/24		13:19	射手
10/27		01:53	山羊
10/29		12:55	水瓶
10/31		20:46	魚
11/03		00:39	牡羊
11/05	○	01:15	牡牛
11/07		00:20	双子
11/09		00:06	蟹
11/11		02:33	獅子
11/13		08:52	乙女
11/15		18:43	天秤
11/18		06:44	蠍
11/20	●	19:26	射手
11/23		07:52	山羊
11/25		19:15	水瓶
11/28		04:23	魚
11/30		10:07	牡羊
12/02		12:13	牡牛
12/04		11:48	双子
12/05	○	-	双子
12/06		10:54	蟹
12/08		11:48	獅子
12/10		16:20	乙女
12/13		01:04	天秤
12/15		12:51	蠍
12/18		01:38	射手
12/20	●	13:52	山羊
12/23		00:52	水瓶
12/25		10:09	魚
12/27		17:01	牡羊
12/29		20:57	牡牛
12/31		22:13	双子
2026年			
01/02		22:09	蟹
01/03	○	-	蟹
01/04		22:43	獅子

01/06		18:17	山羊
01/08	●	-	山羊
01/09		07:11	水瓶
01/11		19:35	魚
01/14		06:13	牡羊
01/16		13:43	牡牛
01/18		17:32	双子
01/20		18:21	蟹
01/22	○	17:45	獅子
01/24		17:45	乙女
01/26		20:12	天秤
01/29		02:21	蠍
01/31		12:13	射手
02/03		00:33	山羊
02/05		13:28	水瓶
02/07	●	-	水瓶
02/08		01:31	魚
02/10		11:48	牡羊
02/12		19:44	牡牛
02/15		00:58	双子
02/17		03:38	蟹
02/19		04:31	獅子
02/21	○	04:59	乙女
02/23		06:44	天秤
02/25		11:24	蠍
02/27		19:52	射手
03/02		07:35	山羊
03/04		20:31	水瓶
03/07		08:25	魚
03/08	●	-	魚
03/09		18:02	牡羊
03/12		01:16	牡牛
03/14		06:30	双子
03/16		10:10	蟹
03/18		12:40	獅子
03/20		14:37	乙女
03/22	○	17:01	天秤
03/24		21:18	蠍
03/27		04:43	射手
03/29		15:33	山羊
04/01		04:19	水瓶
04/03		16:25	魚
04/06		01:48	牡羊
04/07	●	-	牡羊
04/08		08:09	牡牛
04/10		12:21	双子
04/12		15:32	蟹
04/14		18:30	獅子
04/16		21:39	乙女
04/19		01:22	天秤
04/21	○	06:20	蠍
04/23		13:37	射手
04/25		23:52	山羊
04/28		12:23	水瓶
05/01		00:52	魚
05/03		10:42	牡羊
05/05		16:52	牡牛
05/06	●	-	牡牛
09/10		04:35	乙女
09/11	●	-	乙女
09/12		08:51	天秤
09/14		15:44	蠍
09/17		01:41	射手
09/19		13:55	山羊
09/22		02:14	水瓶
09/24		12:23	魚
09/26		19:23	牡羊
09/27	○	-	牡羊
09/28		23:40	牡牛
10/01		02:26	双子
10/03		04:54	蟹
10/05		07:54	獅子
10/07		11:52	乙女
10/09		17:10	天秤
10/11	●	-	天秤
10/12		00:21	蠍
10/14		09:59	射手
10/16		21:57	山羊
10/19		10:40	水瓶
10/21		21:35	魚
10/24		04:53	牡羊
10/26	○	08:34	牡牛
10/28		10:02	双子
10/30		11:05	蟹
11/01		13:18	獅子
11/03		17:27	乙女
11/05		23:38	天秤
11/08		07:40	蠍
11/09	●	-	蠍
11/10		17:35	射手
11/13		05:27	山羊
11/15		18:24	水瓶
11/18		06:19	魚
11/20		14:52	牡羊
11/22		19:09	牡牛
11/24	○	20:09	双子
11/26		19:51	蟹
11/28		20:20	獅子
11/30		23:12	乙女
12/03		05:04	天秤
12/05		13:35	蠍
12/08		00:06	射手
12/09	●	-	射手
12/10		12:08	山羊
12/13		01:05	水瓶
12/15		13:35	魚
12/17		23:34	牡羊
12/20		05:29	牡牛
12/22		07:27	双子
12/24	○	06:58	蟹
12/26		06:12	獅子
12/28		07:13	乙女
12/30		11:26	天秤
2027年			
01/01		19:16	蠍
01/04		05:57	射手
05/08		16:27	水瓶
05/11		02:39	魚
05/13		09:03	牡羊
05/15		11:31	牡牛
05/17	●	11:23	双子
05/19		10:46	蟹
05/21		11:47	獅子
05/23		15:57	乙女
05/25		23:34	天秤
05/28		09:52	蠍
05/30		21:45	射手
05/31	○	-	射手
06/02		10:19	山羊
06/04		22:45	水瓶
06/07		09:42	魚
06/09		17:33	牡羊
06/11		21:28	牡牛
06/13		22:06	双子
06/15	●	21:14	蟹
06/17		21:05	獅子
06/19		23:37	乙女
06/22		05:55	天秤
06/24		15:43	蠍
06/27		03:41	射手
06/29		16:18	山羊
06/30	○	-	山羊
07/02		04:33	水瓶
07/04		15:30	魚
07/07		00:07	牡羊
07/09		05:30	牡牛
07/11		07:41	双子
07/13		07:46	蟹
07/14	●	-	蟹
07/15		07:35	獅子
07/17		09:07	乙女
07/19		13:56	天秤
07/21		22:34	蠍
07/24		10:07	射手
07/26		22:44	山羊
07/29	○	10:46	水瓶
07/31		21:14	魚
08/03		05:36	牡羊
08/05		11:35	牡牛
08/07		15:07	双子
08/09		16:45	蟹
08/11		17:38	獅子
08/13	●	19:18	乙女
08/15		23:19	天秤
08/18		06:46	蠍
08/20		17:30	射手
08/23		05:59	山羊
08/25		18:01	水瓶
08/28	○	04:03	魚
08/30		11:37	牡羊
09/01		17:01	牡牛
09/03		20:47	双子
09/05		23:30	蟹
09/08		01:49	獅子
01/07		01:56	乙女
01/09		09:06	天秤
01/11		19:55	蠍
01/14		08:34	射手
01/16		20:47	山羊
01/19	●	07:18	水瓶
01/21		15:49	魚
01/23		22:25	牡羊
01/26		03:05	牡牛
01/28		05:55	双子
01/30		07:31	蟹
02/01		09:09	獅子
02/02	○	-	獅子
02/03		12:21	乙女
02/05		18:32	天秤
02/08		04:13	蠍
02/10		16:22	射手
02/13		04:44	山羊
02/15		15:16	水瓶
02/17	●	23:09	魚
02/20		04:39	牡羊
02/22		08:31	牡牛
02/24		11:29	双子
02/26		14:11	蟹
02/28		17:16	獅子
03/02		21:33	乙女
03/03	○	-	乙女
03/05		03:56	天秤
03/07		13:01	蠍
03/10		00:36	射手
03/12		13:07	山羊
03/15		00:13	水瓶
03/17		08:15	魚
03/19	●	13:03	牡羊
03/21		15:35	牡牛
03/23		17:18	双子
03/25		19:33	蟹
03/27		23:10	獅子
03/30		04:33	乙女
04/01		11:50	天秤
04/02	○	-	天秤
04/03		21:11	蠍
04/06		08:31	射手
04/08		21:04	山羊
04/11		08:55	水瓶
04/13		17:55	魚
04/15		23:04	牡羊
04/17	●	-	牡羊
04/18		00:57	牡牛
04/20		01:17	双子
04/22		02:00	蟹
04/24		04:40	獅子
04/26		10:04	乙女
04/28		18:02	天秤
05/01		04:02	蠍
05/02	○	-	蠍
05/03		15:33	射手
05/06		04:06	山羊

05/07		21:15	蠍
05/09	○	-	蠍
05/10		00:12	射手
05/12		06:00	山羊
05/14		15:26	水瓶
05/17		03:38	魚
05/19		16:12	牡羊
05/22		02:48	牡牛
05/24	●	10:35	双子
05/26		16:00	蟹
05/28		19:55	獅子
05/30		23:01	乙女
06/02		01:47	天秤
06/04		04:44	蠍
06/06		08:44	射手
06/07	○	-	射手
06/08		14:53	山羊
06/10		23:57	水瓶
06/13		11:41	魚
06/16		00:18	牡羊
06/18		11:25	牡牛
06/20		19:25	双子
06/23	●	00:17	蟹
06/25		03:02	獅子
06/27		04:57	乙女
06/29		07:10	天秤
07/01		10:27	蠍
07/03		15:24	射手
07/05		22:26	山羊
07/07	○	-	山羊
07/08		07:49	水瓶
07/10		19:24	魚
07/13		08:04	牡羊
07/15		19:51	牡牛
07/18		04:46	双子
07/20		10:02	蟹
07/22	●	12:17	獅子
07/24		12:56	乙女
07/26		13:41	天秤
07/28		16:02	蠍
07/30		20:55	射手
08/02		04:32	山羊
08/04		14:34	水瓶
08/05	○	-	水瓶
08/07		02:20	魚
08/09		15:01	牡羊
08/12		03:17	牡牛
08/14		13:22	双子
08/16		19:55	蟹
08/18		22:45	獅子
08/20	●	22:59	乙女
08/22		22:28	天秤
08/24		23:12	蠍
08/27		02:51	射手
08/29		10:07	山羊
08/31		20:26	水瓶
09/03		08:33	魚
09/04	○	-	魚
01/08		23:26	双子
01/11		02:15	蟹
01/12	○	-	蟹
01/13		02:43	獅子
01/15		02:40	乙女
01/17		03:51	天秤
01/19		07:35	蠍
01/21		14:24	射手
01/24		00:02	山羊
01/26		11:43	水瓶
01/27	●	-	水瓶
01/29		00:33	魚
01/31		13:22	牡羊
02/03		00:37	牡牛
02/05		08:45	双子
02/07		13:06	蟹
02/09		14:12	獅子
02/11	○	13:35	乙女
02/13		13:13	天秤
02/15		15:03	蠍
02/17		20:29	射手
02/20		05:45	山羊
02/22		17:43	水瓶
02/25	●	06:43	魚
02/27		19:22	牡羊
03/01		06:41	牡牛
03/03		15:49	双子
03/05		21:54	蟹
03/08		00:42	獅子
03/10		00:59	乙女
03/11	○	-	乙女
03/12		00:21	天秤
03/14		00:53	蠍
03/16		04:33	射手
03/18		12:26	山羊
03/20		23:57	水瓶
03/23		13:00	魚
03/26	●	01:30	牡羊
03/28		12:24	牡牛
03/30		21:23	双子
04/02		04:14	蟹
04/04		08:37	獅子
04/06		10:36	乙女
04/08		11:03	天秤
04/09	○	-	天秤
04/10		11:36	蠍
04/12		14:18	射手
04/14		20:45	山羊
04/17		07:11	水瓶
04/19		19:56	魚
04/22		08:26	牡羊
04/24		18:58	牡牛
04/25	●	-	牡牛
04/27		03:14	双子
04/29		09:37	蟹
05/01		14:23	獅子
05/03		17:35	乙女
05/05		19:34	天秤
09/06		23:01	射手
09/09		09:11	山羊
09/11		21:50	水瓶
09/14		10:39	魚
09/16	○	21:56	牡羊
09/19		07:05	牡牛
09/21		14:05	双子
09/23		19:02	蟹
09/25		22:00	獅子
09/27		23:28	乙女
09/30	●	00:30	天秤
10/02		02:45	蠍
10/04		07:56	射手
10/06		16:59	山羊
10/09		05:09	水瓶
10/11		18:01	魚
10/14		05:09	牡羊
10/15	○	-	牡羊
10/16		13:37	牡牛
10/18		19:46	双子
10/21		00:25	蟹
10/23		04:03	獅子
10/25		06:53	乙女
10/27		09:21	天秤
10/29	●	12:23	蠍
10/31		17:24	射手
11/03		01:40	山羊
11/05		13:13	水瓶
11/08		02:09	魚
11/10		13:38	牡羊
11/12		21:57	牡牛
11/14	○	-	牡牛
11/15		03:14	双子
11/17		06:39	蟹
11/19		09:27	獅子
11/21		12:25	乙女
11/23		15:52	天秤
11/25		20:10	蠍
11/28	●	02:00	射手
11/30		10:18	山羊
12/02		21:26	水瓶
12/05		10:20	魚
12/07		22:30	牡羊
12/10		07:35	牡牛
12/12		12:54	双子
12/14	○	15:24	蟹
12/16		16:41	獅子
12/18		18:16	乙女
12/20		21:13	天秤
12/23		02:00	蠍
12/25		08:50	射手
12/27		17:51	山羊
12/28	●	-	山羊
12/30		05:04	水瓶
2028年★			
01/01		17:52	魚
01/04		06:35	牡羊
01/06		16:56	牡牛
05/07		20:06	双子
05/09		21:59	蟹
05/12		00:00	獅子
05/14		03:05	乙女
05/16		07:33	天秤
05/18		13:33	蠍
05/20	○	21:27	射手
05/23		07:42	山羊
05/25		20:05	水瓶
05/28		08:55	魚
05/30		19:39	牡羊
06/02		02:33	牡牛
06/04		05:43	双子
06/05	●	-	双子
06/06		06:39	蟹
06/08		07:13	獅子
06/10		09:00	乙女
06/12		12:57	天秤
06/14		19:17	蠍
06/17		03:53	射手
06/19	○	14:35	山羊
06/22		03:00	水瓶
06/24		16:01	魚
06/27		03:35	牡羊
06/29		11:46	牡牛
07/01		15:55	双子
07/03		16:58	蟹
07/04	●	-	蟹
07/05		16:40	獅子
07/07		16:57	乙女
07/09		19:23	天秤
07/12		00:54	蠍
07/14		09:33	射手
07/16		20:39	山羊
07/19	○	09:15	水瓶
07/21		22:14	魚
07/24		10:09	牡羊
07/26		19:28	牡牛
07/29		01:10	双子
07/31		03:25	蟹
08/02	●	03:25	獅子
08/04		02:57	乙女
08/06		03:54	天秤
08/08		07:52	蠍
08/10		15:35	射手
08/13		02:34	山羊
08/15		15:19	水瓶
08/17	○	-	水瓶
08/18		04:11	魚
08/20		15:54	牡羊
08/23		01:32	牡牛
08/25		08:26	双子
08/27		12:20	蟹
08/29		13:42	獅子
08/31		13:43	乙女
09/01	●	-	乙女
09/02		14:07	天秤
09/04		16:44	蠍

日付		時刻	星座
09/05		13:53	獅子
09/07		17:22	乙女
09/08	●	-	乙女
09/09		18:12	天秤
09/11		18:24	蠍
09/13		19:50	射手
09/15		23:41	山羊
09/18		06:13	水瓶
09/20		14:59	魚
09/23	○	01:35	牡羊
09/25		13:41	牡牛
09/28		02:33	双子
09/30		14:28	蟹
10/02		23:14	獅子
10/05		03:48	乙女
10/07		04:48	天秤
10/08	●	-	天秤
10/09		04:08	蠍
10/11		04:00	射手
10/13		06:16	山羊
10/15		11:52	水瓶
10/17		20:38	魚
10/20		07:38	牡羊
10/22	○	19:56	牡牛
10/25		08:45	双子
10/27		20:57	蟹
10/30		06:54	獅子
11/01		13:09	乙女
11/03		15:34	天秤
11/05		15:22	蠍
11/06	●	-	蠍
11/07		14:34	射手
11/09		15:17	山羊
11/11		19:09	水瓶
11/14		02:49	魚
11/16		13:37	牡羊
11/19		02:05	牡牛
11/21	○	14:48	双子
11/24		02:42	蟹
11/26		12:50	獅子
11/28		20:15	乙女
12/01		00:28	天秤
12/03		01:54	蠍
12/05	●	01:52	射手
12/07		02:11	山羊
12/09		04:41	水瓶
12/11		10:43	魚
12/13		20:31	牡羊
12/16		08:48	牡牛
12/18		21:33	双子
12/21	○	09:03	蟹
12/23		18:31	獅子
12/26		01:46	乙女
12/28		06:50	天秤
12/30		09:55	蠍
2030年			
01/01		11:35	射手
01/03		12:54	山羊

日付		時刻	星座
05/04		14:00	水瓶
05/06		23:42	魚
05/09		11:49	牡羊
05/12		00:30	牡牛
05/13	●	-	牡牛
05/14		12:23	双子
05/16		22:45	蟹
05/19		06:59	獅子
05/21		12:33	乙女
05/23		15:22	天秤
05/25		16:14	蠍
05/27		16:37	射手
05/28	○	-	射手
05/29		18:20	山羊
05/31		23:00	水瓶
06/03		07:23	魚
06/05		18:50	牡羊
06/08		07:26	牡牛
06/10		19:13	双子
06/12	●	-	双子
06/13		05:01	蟹
06/15		12:34	獅子
06/17		18:00	乙女
06/19		21:35	天秤
06/21		23:51	蠍
06/24		01:37	射手
06/26	○	04:05	山羊
06/28		08:34	水瓶
06/30		16:05	魚
07/03		02:43	牡羊
07/05		15:08	牡牛
07/08		03:04	双子
07/10		12:42	蟹
07/12	●	19:28	獅子
07/14		23:55	乙女
07/17		02:58	天秤
07/19		05:34	蠍
07/21		08:26	射手
07/23		12:08	山羊
07/25	○	17:20	水瓶
07/28		00:48	魚
07/30		10:55	牡羊
08/01		23:07	牡牛
08/04		11:26	双子
08/06		21:32	蟹
08/09		04:09	獅子
08/10	●	-	獅子
08/11		07:40	乙女
08/13		09:28	天秤
08/15		11:07	蠍
08/17		13:52	射手
08/19		18:17	山羊
08/22		00:29	水瓶
08/24	○	08:33	魚
08/26		18:42	牡羊
08/29		06:46	牡牛
08/31		19:28	双子
09/03		06:30	蟹

日付		時刻	星座
01/02		11:35	獅子
01/04		14:27	乙女
01/06		16:50	天秤
01/08		19:38	蠍
01/10		23:26	射手
01/13		04:46	山羊
01/15	●	12:05	水瓶
01/17		21:47	魚
01/20		09:38	牡羊
01/22		22:14	牡牛
01/25		09:19	双子
01/27		17:05	蟹
01/29		21:15	獅子
01/30	○	-	獅子
01/31		22:53	乙女
02/02		23:39	天秤
02/05		01:15	蠍
02/07		04:51	射手
02/09		10:52	山羊
02/11		19:08	水瓶
02/13	●	-	水瓶
02/14		05:19	魚
02/16		17:07	牡羊
02/19		05:48	牡牛
02/21		17:45	双子
02/24		02:53	蟹
02/26		08:00	獅子
02/28		09:33	乙女
03/01	○	-	乙女
03/02		09:10	天秤
03/04		09:01	蠍
03/06		11:02	射手
03/08		16:20	山羊
03/11		00:49	水瓶
03/13		11:35	魚
03/15	●	23:39	牡羊
03/18		12:19	牡牛
03/21		00:37	双子
03/23		10:58	蟹
03/25		17:44	獅子
03/27		20:29	乙女
03/29		20:18	天秤
03/30	○	-	天秤
03/31		19:15	蠍
04/02		19:36	射手
04/04		23:10	山羊
04/07		06:39	水瓶
04/09		17:19	魚
04/12		05:38	牡羊
04/14	●	18:18	牡牛
04/17		06:28	双子
04/19		17:12	蟹
04/22		01:14	獅子
04/24		05:42	乙女
04/26		06:55	天秤
04/28	○	06:20	蠍
04/30		06:03	射手
05/02		08:08	山羊

日付		時刻	星座
09/05		21:15	牡羊
09/08		09:34	牡牛
09/10		20:24	双子
09/13		04:26	蟹
09/15		08:48	獅子
09/17		09:51	乙女
09/19	●	09:06	天秤
09/21		08:39	蠍
09/23		10:39	射手
09/25		16:33	山羊
09/28		02:21	水瓶
09/30		14:33	魚
10/03		03:18	牡羊
10/04	○	-	牡羊
10/05		15:22	牡牛
10/08		02:10	双子
10/10		10:57	蟹
10/12		16:53	獅子
10/14		19:38	乙女
10/16		19:55	天秤
10/18	●	19:29	蠍
10/20		20:29	射手
10/23		00:51	山羊
10/25		09:22	水瓶
10/27		21:06	魚
10/30		09:51	牡羊
11/01		21:44	牡牛
11/02	○	-	牡牛
11/04		07:58	双子
11/06		16:24	蟹
11/08		22:50	獅子
11/11		02:59	乙女
11/13		04:59	天秤
11/15		05:48	蠍
11/16	●	-	蠍
11/17		07:06	射手
11/19		10:42	山羊
11/21		17:56	水瓶
11/24		04:44	魚
11/26		17:19	牡羊
11/29		05:17	牡牛
12/01		15:09	双子
12/02	○	-	双子
12/03		22:42	蟹
12/06		04:19	獅子
12/08		08:28	乙女
12/10		11:29	天秤
12/12		13:51	蠍
12/14		16:28	射手
12/16	●	20:34	山羊
12/19		03:20	水瓶
12/21		13:16	魚
12/24		01:28	牡羊
12/26		13:46	牡牛
12/28		23:58	双子
12/31		07:06	蟹
2029年			
01/01	○	-	00:00

日付		時刻	星座
12/31		04:07	牡羊
2031年			
01/02		13:20	牡牛
01/05		01:28	双子
01/07		14:31	蟹
01/09	○	-	蟹
01/10		02:52	獅子
01/12		13:38	乙女
01/14		22:21	天秤
01/17		04:31	蠍
01/19		07:53	射手
01/21		08:52	山羊
01/23	●	08:47	水瓶
01/25		09:31	魚
01/27		13:06	牡羊
01/29		20:49	牡牛
02/01		08:16	双子
02/03		21:19	蟹
02/06		09:33	獅子
02/07	○	-	獅子
02/08		19:44	乙女
02/11		03:51	天秤
02/13		10:09	蠍
02/15		14:38	射手
02/17		17:20	山羊
02/19		18:44	水瓶
02/21		20:07	魚
02/22	●	-	魚
02/23		23:15	牡羊
02/26		05:48	牡牛
02/28		16:10	双子
03/03		04:54	蟹
03/05		17:16	獅子
03/08		03:16	乙女
03/09	○	-	乙女
03/10		10:35	天秤
03/12		15:54	蠍
03/14		20:00	射手
03/16		23:17	山羊
03/19		02:01	水瓶
03/21		04:48	魚
03/23	●	08:42	牡羊
03/25		15:05	牡牛
03/28		00:44	双子
03/30		13:00	蟹
04/02		01:36	獅子
04/04		12:01	乙女
04/06		19:11	天秤
04/08	○	23:34	蠍
04/11		02:22	射手
04/13		04:45	山羊
04/15		07:30	水瓶
04/17		11:08	魚
04/19		16:12	牡羊
04/21		23:19	牡牛
04/22	●	-	牡牛
04/24		08:59	双子
04/26		20:57	蟹
05/07		00:17	蟹
05/09		11:55	獅子
05/11		20:24	乙女
05/14		00:57	天秤
05/16		02:10	蠍
05/17	○	-	蠍
05/18		01:39	射手
05/20		01:22	山羊
05/22		03:10	水瓶
05/24		08:16	魚
05/26		16:57	牡羊
05/29		04:26	牡牛
05/31		17:18	双子
06/01	●	-	双子
06/03		06:11	蟹
06/05		17:49	獅子
06/08		03:04	乙女
06/10		09:07	天秤
06/12		11:56	蠍
06/14		12:24	射手
06/16	○	12:06	山羊
06/18		12:51	水瓶
06/20		16:23	魚
06/22		23:45	牡羊
06/25		10:41	牡牛
06/27		23:33	双子
06/30		12:18	蟹
07/01	●	-	蟹
07/02		23:33	獅子
07/05		08:37	乙女
07/07		15:16	天秤
07/09		19:29	蠍
07/11		21:33	射手
07/13		22:20	山羊
07/15	○	23:14	水瓶
07/18		01:57	魚
07/20		08:01	牡羊
07/22		17:56	牡牛
07/25		06:29	双子
07/27		19:14	蟹
07/30	●	06:07	獅子
08/01		14:29	乙女
08/03		20:40	天秤
08/06		01:11	蠍
08/08		04:24	射手
08/10		06:40	山羊
08/12		08:40	水瓶
08/13	○	-	水瓶
08/14		11:39	魚
08/16		17:08	牡羊
08/19		02:09	牡牛
08/21		14:11	双子
08/24		03:01	蟹
08/26		13:58	獅子
08/28		21:51	乙女
08/29	●	-	乙女
08/31		03:03	天秤
09/02		06:43	蠍
09/04		09:49	射手
09/06		12:50	山羊
09/08		16:06	水瓶
09/10		20:09	魚
09/12	○	-	魚
09/13		01:59	牡羊
09/15		10:39	牡牛
09/17		22:14	双子
09/20		11:10	蟹
09/22		22:41	獅子
09/25		06:49	乙女
09/27	●	11:30	天秤
09/29		13:58	蠍
10/01		15:49	射手
10/03		18:12	山羊
10/05		21:46	水瓶
10/08		02:46	魚
10/10		09:32	牡羊
10/11	○	-	牡羊
10/12		18:33	牡牛
10/15		06:00	双子
10/17		18:58	蟹
10/20		07:13	獅子
10/22		16:23	乙女
10/24		21:36	天秤
10/26		23:38	蠍
10/27	●	-	蠍
10/29		00:11	射手
10/31		00:59	山羊
11/02		03:25	水瓶
11/04		08:15	魚
11/06		15:37	牡羊
11/09		01:20	牡牛
11/10	○	-	牡牛
11/11		13:02	双子
11/14		01:57	蟹
11/16		14:38	獅子
11/19		01:03	乙女
11/21		07:46	天秤
11/23		10:40	蠍
11/25	●	10:58	射手
11/27		10:29	山羊
11/29		11:07	水瓶
12/01		14:27	魚
12/03		21:14	牡羊
12/06		07:13	牡牛
12/08		19:20	双子
12/10	○	-	双子
12/11		08:17	蟹
12/13		20:53	獅子
12/16		07:55	乙女
12/18		16:09	天秤
12/20		20:51	蠍
12/22		22:20	射手
12/24		21:54	山羊
12/25	●	-	山羊
12/26		21:26	水瓶
12/28		22:58	魚
01/04	●	-	山羊
01/05		15:17	水瓶
01/07		20:15	魚
01/10		04:46	牡羊
01/12		16:26	牡牛
01/15		05:15	双子
01/17		16:46	蟹
01/20	○	01:36	獅子
01/22		07:50	乙女
01/24		12:13	天秤
01/26		15:36	蠍
01/28		18:32	射手
01/30		21:24	山羊
02/02		00:52	水瓶
02/03	●	-	水瓶
02/04		05:58	魚
02/06		13:48	牡羊
02/09		00:44	牡牛
02/11		13:30	双子
02/14		01:29	蟹
02/16		10:27	獅子
02/18	○	15:57	乙女
02/20		19:04	天秤
02/22		21:17	蠍
02/24		23:52	射手
02/27		03:25	山羊
03/01		08:07	水瓶
03/03		14:12	魚
03/04	●	-	魚
03/05		22:17	牡羊
03/08		08:55	牡牛
03/10		21:33	双子
03/13		10:08	蟹
03/15		19:59	獅子
03/18		01:49	乙女
03/20	○	04:18	天秤
03/22		05:08	蠍
03/24		06:12	射手
03/26		08:51	山羊
03/28		13:37	水瓶
03/30		20:30	魚
04/02		05:22	牡羊
04/03	●	-	牡羊
04/04		16:14	牡牛
04/07		04:50	双子
04/09		17:47	蟹
04/12		04:44	獅子
04/14		11:49	乙女
04/16		14:53	天秤
04/18	○	15:16	蠍
04/20		14:59	射手
04/22		15:56	山羊
04/24		19:26	水瓶
04/27		01:57	魚
04/29		11:13	牡羊
05/01		22:34	牡牛
05/02	●	-	牡牛
05/04		11:17	双子

04/26	○	-	蠍
04/27		19:38	射手
04/30		00:10	山羊
05/02		03:23	水瓶
05/04		06:00	魚
05/06		08:40	牡羊
05/08		12:13	牡牛
05/09	●	-	牡牛
05/10		17:33	双子
05/13		01:31	蟹
05/15		12:16	獅子
05/18		00:40	乙女
05/20		12:32	天秤
05/22		21:49	蠍
05/25	○	03:50	射手
05/27		07:13	山羊
05/29		09:17	水瓶
05/31		11:22	魚
06/02		14:26	牡羊
06/04		19:00	牡牛
06/07		01:18	双子
06/08	●	-	双子
06/09		09:38	蟹
06/11		20:12	獅子
06/14		08:30	乙女
06/16		20:53	天秤
06/19		07:00	蠍
06/21		13:25	射手
06/23	○	16:19	山羊
06/25		17:09	水瓶
06/27		17:49	魚
06/29		19:57	牡羊
07/02		00:27	牡牛
07/04		07:24	双子
07/06		16:27	蟹
07/07	●	-	蟹
07/09		03:17	獅子
07/11		15:35	乙女
07/14		04:19	天秤
07/16		15:29	蠍
07/18		23:05	射手
07/21		02:35	山羊
07/23	○	03:03	水瓶
07/25		02:30	魚
07/27		03:03	牡羊
07/29		06:18	牡牛
07/31		12:51	双子
08/02		22:13	蟹
08/05		09:29	獅子
08/06	●	-	獅子
08/07		21:54	乙女
08/10		10:42	天秤
08/12		22:31	蠍
08/15		07:30	射手
08/17		12:28	山羊
08/19		13:45	水瓶
08/21	○	13:00	魚
08/23		12:25	牡羊

12/28		13:03	蟹
12/29	○	-	蟹
12/31		01:11	獅子

2032年★

01/02		13:51	乙女
01/05		01:45	天秤
01/07		11:02	蠍
01/09		16:24	射手
01/11		18:00	山羊
01/13	●	17:22	水瓶
01/15		16:41	魚
01/17		18:07	牡羊
01/19		23:07	牡牛
01/22		07:48	双子
01/24		19:03	蟹
01/27	○	07:27	獅子
01/29		20:02	乙女
02/01		08:01	天秤
02/03		18:16	蠍
02/06		01:20	射手
02/08		04:37	山羊
02/10		04:49	水瓶
02/11	●	-	水瓶
02/12		03:49	魚
02/14		03:53	牡羊
02/16		07:03	牡牛
02/18		14:20	双子
02/21		01:06	蟹
02/23		13:37	獅子
02/26	○	02:10	乙女
02/28		13:48	天秤
03/01		23:57	蠍
03/04		07:51	射手
03/06		12:45	山羊
03/08		14:43	水瓶
03/10		14:48	魚
03/12	●	14:54	牡羊
03/14		17:01	牡牛
03/16		22:42	双子
03/19		08:16	蟹
03/21		20:24	獅子
03/24		08:58	乙女
03/26		20:20	天秤
03/27	○	-	天秤
03/29		05:50	蠍
03/31		13:17	射手
04/02		18:38	山羊
04/04		21:54	水瓶
04/06		23:38	魚
04/09		00:56	牡羊
04/10	●	-	牡羊
04/11		03:19	牡牛
04/13		08:17	双子
04/15		16:41	蟹
04/18		04:04	獅子
04/20		16:36	乙女
04/23		04:04	天秤
04/25		13:07	蠍

08/28		02:46	山羊
08/30		03:52	水瓶
09/01	○	04:07	魚
09/03		05:28	牡羊
09/05		09:46	牡牛
09/07		18:05	双子
09/10		05:42	蟹
09/12		18:27	獅子
09/15		06:06	乙女
09/17	●	15:40	天秤
09/19		23:10	蠍
09/22		04:54	射手
09/24		08:56	山羊
09/26		11:27	水瓶
09/28		13:09	魚
09/30		15:18	牡羊
10/01	○	-	牡羊
10/02		19:28	牡牛
10/05		02:55	双子
10/07		13:42	蟹
10/10		02:15	獅子
10/12		14:07	乙女
10/14		23:34	天秤
10/16	●	-	天秤
10/17		06:18	蠍
10/19		10:56	射手
10/21		14:18	山羊
10/23		17:06	水瓶
10/25		19:55	魚
10/27		23:24	牡羊
10/30	○	04:26	牡牛
11/01		11:53	双子
11/03		22:08	蟹
11/06		10:25	獅子
11/08		22:42	乙女
11/11		08:46	天秤
11/13		15:30	蠍
11/15	●	19:13	射手
11/17		21:11	山羊
11/19		22:48	水瓶
11/22		01:19	魚
11/24		05:27	牡羊
11/26		11:35	牡牛
11/28		19:48	双子
11/29	○	-	双子
12/01		06:08	蟹
12/03		18:12	獅子
12/06		06:50	乙女
12/08		17:57	天秤
12/11		01:43	蠍
12/13		05:39	射手
12/14	●	-	射手
12/15		06:44	山羊
12/17		06:46	水瓶
12/19		07:40	魚
12/21		10:56	牡羊
12/23		17:13	牡牛
12/26		02:11	双子

04/29		09:43	獅子
05/01		20:55	乙女
05/04		04:48	天秤
05/06		09:10	蠍
05/07	○	-	蠍
05/08		11:01	射手
05/10		11:56	山羊
05/12		13:23	水瓶
05/14		16:31	魚
05/16		21:59	牡羊
05/19		05:55	牡牛
05/21	●	16:08	双子
05/24		04:10	蟹
05/26		17:00	獅子
05/29		04:54	乙女
05/31		14:01	天秤
06/02		19:23	蠍
06/04		21:22	射手
06/05	○	-	射手
06/06		21:24	山羊
06/08		21:19	水瓶
06/10		22:56	魚
06/13		03:32	牡羊
06/15		11:31	牡牛
06/17		22:13	双子
06/20	●	10:32	蟹
06/22		23:22	獅子
06/25		11:34	乙女
06/27		21:44	天秤
06/30		04:37	蠍
07/02		07:49	射手
07/04		08:08	山羊
07/05	○	-	山羊
07/06		07:19	水瓶
07/08		07:27	魚
07/10		10:28	牡羊
07/12		17:25	牡牛
07/15		03:57	双子
07/17		16:28	蟹
07/19	●	-	蟹
07/20		05:18	獅子
07/22		17:21	乙女
07/25		03:52	天秤
07/27		11:55	蠍
07/29		16:45	射手
07/31		18:25	山羊
08/02		18:05	水瓶
08/03	○	-	水瓶
08/04		17:40	魚
08/06		19:20	牡羊
08/09		00:47	牡牛
08/11		10:22	双子
08/13		22:40	蟹
08/16		11:29	獅子
08/18	●	23:15	乙女
08/21		09:22	天秤
08/23		17:36	蠍
08/25		23:29	射手

09/01		15:56	射手
09/04		01:17	山羊
09/06		06:36	水瓶
09/08		08:27	魚
09/09	○	-	魚
09/10		08:27	牡羊
09/12		08:28	牡牛
09/14		10:13	双子
09/16		14:45	蟹
09/18		22:24	獅子
09/21		08:44	乙女
09/23	●	20:56	天秤
09/26		10:00	蠍
09/28		22:35	射手
10/01		09:00	山羊
10/03		15:55	水瓶
10/05		19:07	魚
10/07		19:31	牡羊
10/08	○	-	牡羊
10/09		18:51	牡牛
10/11		19:04	双子
10/13		21:54	蟹
10/16		04:26	獅子
10/18		14:33	乙女
10/21		02:59	天秤
10/23	●	16:03	蠍
10/26		04:25	射手
10/28		15:05	山羊
10/30		23:11	水瓶
11/02		04:09	魚
11/04		06:09	牡羊
11/06		06:10	牡牛
11/07	○	-	牡牛
11/08		05:53	双子
11/10		07:18	蟹
11/12		12:10	獅子
11/14		21:12	乙女
11/17		09:22	天秤
11/19		22:28	蠍
11/22	●	10:32	射手
11/24		20:41	山羊
11/27		04:46	水瓶
11/29		10:44	魚
12/01		14:27	牡羊
12/03		16:09	牡牛
12/05		16:48	双子
12/06	○	-	双子
12/07		18:02	蟹
12/09		21:45	獅子
12/12		05:21	乙女
12/14		16:42	天秤
12/17		05:44	蠍
12/19		17:46	射手
12/22	●	03:22	山羊
12/24		10:35	水瓶
12/26		16:05	魚
12/28		20:19	牡羊
12/30		23:25	牡牛

04/28		21:01	牡牛
04/29	●	-	牡牛
04/30		22:03	双子
05/03		01:31	蟹
05/05		08:39	獅子
05/07		19:25	乙女
05/10		08:13	天秤
05/12		20:43	蠍
05/14	○	-	蠍
05/15		07:19	射手
05/17		15:30	山羊
05/19		21:32	水瓶
05/22		01:44	魚
05/24		04:28	牡羊
05/26		06:14	牡牛
05/28	●	08:02	双子
05/30		11:19	蟹
06/01		17:30	獅子
06/04		03:19	乙女
06/06		15:45	天秤
06/09		04:21	蠍
06/11		14:48	射手
06/13	○	22:18	山羊
06/16		03:24	水瓶
06/18		07:07	魚
06/20		10:13	牡羊
06/22		13:06	牡牛
06/24		16:12	双子
06/26		20:15	蟹
06/27	●	-	蟹
06/29		02:25	獅子
07/01		11:39	乙女
07/03		23:41	天秤
07/06		12:29	蠍
07/08		23:20	射手
07/11		06:43	山羊
07/12	○	-	山羊
07/13		11:00	水瓶
07/15		13:31	魚
07/17		15:43	牡羊
07/19		18:32	牡牛
07/21		22:21	双子
07/24		03:27	蟹
07/26	●	10:19	獅子
07/28		19:38	乙女
07/31		07:27	天秤
08/02		20:26	蠍
08/05		08:02	射手
08/07		16:08	山羊
08/09		20:25	水瓶
08/11	○	22:05	魚
08/13		22:53	牡羊
08/16		00:26	牡牛
08/18		03:44	双子
08/20		09:10	蟹
08/22		16:48	獅子
08/25	●	02:39	乙女
08/27		14:33	天秤
08/30		03:38	蠍

12/29		19:07	射手
2033年			
01/01	●	00:06	山羊
01/03		02:21	水瓶
01/05		03:38	魚
01/07		05:35	牡羊
01/09		09:07	牡牛
01/11		14:28	双子
01/13		21:30	蟹
01/15	○	-	蟹
01/16		06:24	獅子
01/18		17:24	乙女
01/21		06:07	天秤
01/23		18:45	蠍
01/26		04:45	射手
01/28		10:35	山羊
01/30		12:41	水瓶
01/31	●	-	水瓶
02/01		12:49	魚
02/03		13:04	牡羊
02/05		15:07	牡牛
02/07		19:52	双子
02/10		03:17	蟹
02/12		12:54	獅子
02/14	○	-	獅子
02/15		00:16	乙女
02/17		12:58	天秤
02/20		01:51	蠍
02/22		12:56	射手
02/24		20:20	山羊
02/26		23:38	水瓶
02/28		23:57	魚
03/01	●	-	魚
03/02		23:14	牡羊
03/04		23:33	牡牛
03/07		02:34	双子
03/09		09:01	蟹
03/11		18:37	獅子
03/14		06:23	乙女
03/16	○	19:11	天秤
03/19		07:57	蠍
03/21		19:22	射手
03/24		04:00	山羊
03/26		09:02	水瓶
03/28		10:46	魚
03/30		10:31	牡羊
03/31	●	-	牡羊
04/01		10:10	牡牛
04/03		11:37	双子
04/05		16:22	蟹
04/08		00:55	獅子
04/10		12:30	乙女
04/13		01:25	天秤
04/15	○	13:59	蠍
04/18		01:03	射手
04/20		09:53	山羊
04/22		16:02	水瓶
04/24		19:26	魚
04/26		20:42	牡羊

08/25		14:03	牡牛
08/27		19:11	双子
08/30		03:57	蟹
09/01		15:18	獅子
09/04		03:52	乙女
09/05	●	-	乙女
09/06		16:33	天秤
09/09		04:22	蠍
09/11		14:06	射手
09/13		20:34	山羊
09/15		23:30	水瓶
09/17		23:49	魚
09/19	○	23:16	牡羊
09/21		23:53	牡牛
09/24		03:27	双子
09/26		10:51	蟹
09/28		21:37	獅子
10/01		10:10	乙女
10/03		22:45	天秤
10/04	●	-	天秤
10/06		10:07	蠍
10/08		19:36	射手
10/11		02:39	山羊
10/13		07:02	水瓶
10/15		09:04	魚
10/17		09:45	牡羊
10/19	○	10:38	牡牛
10/21		13:24	双子
10/23		19:25	蟹
10/26		05:05	獅子
10/28		17:19	乙女
10/31		05:55	天秤
11/02		16:59	蠍
11/03	●	-	蠍
11/05		01:41	射手
11/07		08:05	山羊
11/09		12:39	水瓶
11/11		15:49	魚
11/13		18:08	牡羊
11/15		20:21	牡牛
11/17	○	23:33	双子
11/20		05:01	蟹
11/22		13:40	獅子
11/25		01:18	乙女
11/27		14:02	天秤
11/30		01:19	蠍
12/02		09:36	射手
12/03	●	-	射手
12/04		14:56	山羊
12/06		18:23	水瓶
12/08		21:10	魚
12/11		00:07	牡羊
12/13		03:39	牡牛
12/15		08:07	双子
12/17	○	14:07	蟹
12/19		22:29	獅子
12/22		09:35	乙女
12/24		22:22	天秤
12/27		10:20	蠍

絹華（きぬか）

占術研究家、フォーチュンカウンセラー、レイキセラピスト、西洋占星術講師。元テキスタイルデザイナーから雑誌編集者へ転身。雑誌編集者を始めたときに占いと出合い、その後、途切れることのないご縁に不思議な運命を感じ、西洋占星術を習得。雑誌や単行本での占い原稿執筆をメインに、西洋占星術講座、イベントやラジオ出演、占い玩具監修、メール鑑定、対面鑑定、オンライン鑑定などで活動中。主な使用占術は、西洋占星術、夢診断、心理テスト、タロット、数秘術、カラーセラピー、アストロダイス、ダウジング、エネルギーワーク等。主な著書は、『入門百科＋ハッピー＆ラッキー うらない入門』（小学館）、『ふたご魔女の誕生日うらない』『キラメキ★プリンセスの月星座うらない』（ともにポプラ社）、『ホロスコープが読める 西洋占星術LESSON BOOK』（池田書店）、『マンガで読む心霊体験 本当にあった怖い話』『ゾクゾク！あたる！こわ〜い心理テスト＆うらない』（ともに雅るな監修／池田書店）など。

占術研究家 絹華のブログ：https://ameblo.jp/kinuka87/

本文・カバーデザイン	月足智子
イラスト	深川優
編集協力	齋藤那菜（グループONES）
Webページ制作	アールアールジェイ
Webページ協力	説話社
校正	藤森緑、村上理恵

「わたし」を知るための
月星座・月相占い

著　者　絹華
発行者　池田士文
印刷所　図書印刷株式会社
製本所　図書印刷株式会社
発行所　株式会社池田書店
〒162-0851
東京都新宿区弁天町43番地
電話 03-3267-6821(代)
FAX 03-3235-6672

落丁・乱丁はお取り替えいたします。

ISBN 978-4-262-15826-6

[本書内容に関するお問い合わせ]
書名、該当ページを明記の上、郵送、FAX、または当社ホームページお問い合わせフォームからお送りください。なお回答にはお時間がかかる場合がございます。電話によるお問い合わせはお受けしておりません。また本書内容以外のご質問などにもお答えできませんので、あらかじめ ご了承ください。本書ご感想についても、当社HPフォームよりお寄せください。

[お問い合わせ・ご感想フォーム]
当社ホームページから
https://www.ikedashoten.co.jp/

23000011